KB155664

한국교육사의 통합적 이해

일제강점기 이전까지 남한과 북한의 교육사 인식

신창호

박영
story

일러두기

✱ 이 책은 남한과 북한의 교육사를 통합적으로 이해하기 위하여, 남한에서 출간된 『한국교육사』와 북한에서 출간된 『조선교육사』의 기본 내용을 상호 보완하는 차원에서 접근하였다. 정치경제체제상 자유민주주의와 자본주의에 기초하는 남한과 마르크스주의 혹은 사회주의와 유물론, 공산주의를 옹호하는 북한에서 서술한 교육사이기에 서로 다른 이념이나 사상, 이데올로기, 역사관의 측면에서 이질적 요소들의 결합이 있고, 논리적 일관성을 유지하지 못한 부분이 있다.

✱ 이 책은 신창호(2012), 『교육철학 및 교육사』(서현사), 신창호·서은숙(2003), 『한국사상과 교육윤리』(서현사), 홍희유·채태형(1995), 『조선교육사』1(사회과학출판사), 박득준(1995), 『조선교육사』2(사회과학출판사)를 기본 텍스트로 하여 정돈하고, 교육의 역사와 관련된 다양한 고전과 2차 연구자료를 참조하였다. 본문에서 일일이 출처를 밝히지 못한 부분은 참고문헌에 명기해 두었다.

✱ 〈부록〉에는 한국교육사에서 중요하다고 판단되는 사상과 제도를 다룬 논문 세 편을 수록하였다. 사상 측면에서는 효(孝)를 다룬 논문 1편, 제도 측면에서는 조선시대 향교(鄕校)와 서당(書堂) 관련 논문을 각각 1편씩 제시하였다. '효'는 신라 때 국학에서 『효경』을 필수과목으로 제시한 데서 알 수 있듯이, 한국교육사의 사상을 규정하는 대표성을 지니고 있고, 향교와 서당은 상대적으로 광범위하게 교육활동을 전개했고 많은 사람들이 다녔던 교육기관이라는 점에서 의미가 있기 때문이다. 그 출처는 다음과 같다. ① 신창호(2004), 「인간교육의 근원으로서 '효'

에 대한 탐구」, 동양고전학회, 『동양고전연구』 제20집 ② 신창호(2010), 「고등교육기관으로서 조선시대 향교의 교육이념과 역할」, 동양고전학회, 『동양고전연구』 제40집, ③ 신창호(1999), 「서당의 교학방법론과 현대적 가치」, 『처음처럼』 1999년 5~6월호 통권 13호(내일을 여는 책).

✴ 본문에 등장하는 인물에 대해서는 인물의 출생과 사망 연대가 불확실한 경우가 있어 인물의 생몰 연대와 왕의 재위기간을 별도로 표시하지 않았다.

✴ 이 책에 인용한 내용 중 한문으로 된 원문은 생략하고 번역문을 실었으며, 필요한 경우 인명, 지명, 서명, 주요 용어에 한자 혹은 외국어를 병기하였다. 인용문이나 강조할 필요가 있는 내용은 본문 가운데 망 처리를 하였다.

✴ 서명은 겹꺾쇠(『 』), 편명이나 논문은 홑꺾쇠(「 」), 장절이나 기사 등은 큰따옴표(" ")로 표시하고, 용어나 개념의 설명이 필요한 경우나 인용 강조는 문장의 상황에 따라 작은따옴표(' ')나 큰따옴표(" "), 괄호(( ))나 대괄호([ ])를 넣어 표시하였다.

✴ 편의를 위해 맨 뒤에 찾아보기를 제시하였으나, 참고문헌은 정보화 추세에 맞추어 QR코드로 처리하였다.

머리말

영국의 저명한 역사학자 카아는 역사를 "과거와 현재 사이의 끊임없는 대화"라고 하였다. 과거의 사실은 현재의 시선으로 새롭게 해석되고 가치가 부여되면서 역사적 의미를 지니는 중요한 사실로 전환된다. 하지만, 과거의 사실이 박물관의 유물처럼, 박제된 존재로 팽개쳐 있는 경우도 많다. 그럴 때 역사적 사실은 영혼 없는 사물로 전락한다. 과거 역사의 산물은 새로운 생각과 상상력을 통해 의미를 부여할 때, 살아 숨 쉬는 전통으로, 현재를 살아가는 인간에게 교훈과 깨달음을 준다. 현재성을 지닌 새로운 역사로 부활하는 것이다. 이런 점에서 과거의 사실을 기반으로 역사를 해석하는 사가(史家)는 우리 삶에 생명력을 불어넣는 소중한 역할을 한다.

나는 오늘 그런 역사철학자, 특히 교육사상사를 다루는 학인의 한 사람으로서, 한국교육사를 성찰하려고 한다. 한국교육의 역사는 단순한 것 같으면서도 매우 복잡하다. 한국의 역사를 형성한 핵심 지역인 한반도에는 과거부터 현재까지 여러 나라가 흥망성쇠를 거듭하였다. 나라마다 제 각각의 영토를 지니고 있었고, 현재도 한반도의 남쪽은 '대한민국', 북쪽은 '조선민주주의 인민공화국'으로 서로 다른 체제의 국가가 존재한다.

1945년 8월 15일은 한반도가 일제 식민 지배로부터 해방되던 날이다. 아울러 2차 세계대전도 종식을 맞았다. 그런 세계사적 흐름의 한 켠에서, 한반도는 북위 38도선을 기점으로 남쪽은 미국, 북쪽은 소련이라는 거대 국가의 지배 관리를 받게 된다. 그것은 우리 역사에서 너무나도 큰 사회적 전환의 계기로 작용하였다.

한반도! 이 호랑이 모양의 지도에는, 국제화·정보화를 통해 지구촌이 하나의 네트워크가 된 21세기 초반에도, 환갑의 나이를 넘긴 휴전선(休戰線)이라는 무시무시한 상징이 그어져 있다. 문자 그대로 본다면, 휴전은 전쟁을 잠시 멈춘 상태이다. 전쟁 중이지만 서로의 필요에 의해 잠깐이나마 전시 상태에서 벗어나 있을 뿐이다. 60여년을 전쟁에서 자유롭지 못한 상황에서, 그렇다면 휴전선은 우리에게 무엇인가? 국가와 국가를 구분하는 국경선인가? 민족 분단의 비극을 담은 철망선일 뿐인가? 수십 년 전 나는 그 선을 앞에 두고 군대 생활을 하였다. 그때 그 비무장지대 안에서는 동식물들이 평화롭게 자연을 즐기고 있었다. 본능에 충실한 자연의 동식물들도 저렇게 삶을 즐기는 데, 본능을 초월한 속성을 발휘하며 살아가는 인간이기에, 인위적으로 선을 그어놓고 온갖 문제 상황을 연출하며 사는 것인가?

동일한 언어인 한글을 사용하면서, 생각의 인연을 엮어가는 한 민족끼리, 너무나 다른 삶이 이어지고 있어, 마음이 착잡하다. 나는 교육의 역사와 철학을 고민할 때마다, 북한에서 출판된 『조선교육사』를 다양한 차원에서 분석하며 읽어보았다. 그러나 남한에서 출간된 『한국교육사』와 북한에서 출간된 『조선교육사』는 교육을 대하는 시각과 관점, 해석의 차원에서, 그 정도가 상당히 달랐다. 국가의 정치, 경제, 사회, 문화의 체제가 다르기 때문에, 교육을 대하는 태도에서 차이가 나는 것은 어쩌면 당연한 일이다. 그래도 나는 고민을 거듭하였다. 동일한 과거 우리 선조들의 교육을 읽어내는 어떤 동질성이 있지는 않을까?

이 책은 이런 문제를 고려하면서 한국교육사를 정돈하고 싶은 열망에서 시작되었다. 부제에서 밝히고 있듯이, 일제강점기 이전까지 남북한의 교육사를 통합적으로 이해하려는 차원에서 책을 엮었다. 그러다 보니, 교육사를 기술하는 관점상 특성이 희석될 수도 있다. 북한의 교육사가 내세우는 마르크스주의나 주체사상으로 서술의 일관성을 유지할 수도 없고, 한국의 교육사가 보여주는 왕조 중심의 제도적 차원만을 고집할 수도 없는 어정쩡한 상황이 될 수도 있다. 그러나 남한의 교육사 서술을 기초로 북한의 교육사적 평가를 부연하면서, 그 인식의 차이를 느껴보는 것만으로도 의미가 있다는 생각이 들어, 특정한 관점을 기반으로 서술하지 않았다. 대신, 남북한이 공통으로 제시한, 시대구분과 주요한 사회변화를 축으로 교육의 흐름을 정돈하며, 교육을 바라보는 시선을 정돈하였다.

특히, 북한은 우리의 전통교육을 어떤 차원에서 이해하고, 북한의 교육 발전을 추동해 나가려고 하는지, 남한의 전통교육 인식과 비교하면서 읽는다면, 한국의 교육의 역사를 보다 객관적으로 이해하는 데 도움을 줄 수 있을 것으로 판단해 본다.

나는 장기적 과업으로 『한국교육사』 집필을 구상하고 있다. 한 책 10권 내외의 분량으로 정리하고 싶은데, 그 속에는 교육제도사, 교육사상사, 교육문화사, 아동교육사, 여성교육사, 직업기술교육사, 평가교육사, 제도 외 교육사, 외국어교육사, 비교교육사 등 다양한 내용을 분류하여 담으려고 한다. 그 장기적 과업의 기본 뼈대를 대강이라도 구성해 보기 위해, 체계를 제대로 갖추지 않은 채로 시대 순으로 교육 관련 내용들을 정돈해 보려는 것이 이 책의 의도이기도 하다.

일일이 거론하지 못했지만, 한국사상과 한국교육사를 연구한 여러 선학들의 연구는 이 책의 밑바탕이 되었다. 선학들의 다양한 연구에도 감사의 인사를 전한다.

2014. 7.
안암동 연구실에서
수당(遂堂) 신창호(申昌鎬)

차 례

제3장　고대사회의 교육

제4장　삼국시대의 교육

제5장   후기 신라와 발해의 교육

제6장   고려시대의 교육

제 7 장   조선시대의 교육

제 8 장   전통교육의 해체와 근대교육의 도입

제 9장   조선교육의 새로운 국면

부록

한국교육사의 통합적 이해

－일제강점기 이전까지 남한과 북한의 교육사 인식－

제1장

한국교육사 연구의
시각과 관점

제1장
한국교육사 연구의 시각과 관점

　　교육사의 이해는 '교육'과 '역사'라는 중층적 시각을 이입하는 데서 출발해야 한다. 역사는 과거에 발생한 사건의 경과를 현재의 프리즘으로 이해하고 서술할 때 생명력을 지닌다. 특히, 교육의 역사는 인간 삶의 원형인 가르침과 배움을 핵심 내용으로 하기 때문에 보다 진지한 학문적 관점이 요청된다. 교육의 역사는 과거의 교육적 행위와 현상들을 일정한 관점을 지닌 교육사가의 학문적 관점에 따라 취사선택되어 특별한 의미가 부여되어야 한다. 한국교육사의 경우, 1945년 해방 이후, 남한과 북한의 분단으로 말미암아, 일정한 관점을 지니기 힘든 상황에 처하였다. 그것은 한국교육사 연구의 시각과 관점이 어떤 차원에서 진행되어야 하는지 심각한 고민을 하게 만든다. 이런 차원에서 동서양의 역사의 의미, 교육사의 개념, 북한의 교육사 기술 관점, 교육사의 시대구분 등을 점검하고, 그 융합과 용융의 기술을 고려할 필요가 있다.

1. 역사의 의미

(1) 서양의 역사 개념

역사학은 역사를 핵심 내용으로 다루는 학문이다. 역사학은 학문의 아버지라고 일컬어질 정도로 모든 학문 연구에서 중요하다. 학문 연구뿐만 아니라 일상생활에서 일반 사람들 조차도 '역사'라는 말을 많이 쓴다. 그러나 역사가 무엇인지 구체적으로 캐물어 들어가면 그에 대한 시원한 대답을 하기 어려울 때도 많다. 역사란 무엇인가?(고려대 사학과 교수실, 1985: 7-17).

서양에서 역사라는 말을 처음 사용한 사람은 고대 그리스의 헤로도투스 Herodotus와 투키디데스Thucydides라고 한다. 이들은 서양 역사서의 전범이 된, 『페르시아 전쟁사』와 『펠레폰네소스 전쟁사』를 집필한 장본인이다. 두 역사가는 책의 표제에 희랍어 '히스토리아Historia'라는 용어를 사용하였다. 헤로도투스는 책의 서두에서 "이 책의 내용은 할리카르나소스에서 출생한 헤로도투스가 탐구한 것이다."라고 밝혔고, 투키디데스는 "아테네인 투키디데스가 펠레폰네소스인들과 아테네인들 사이에 벌어진 전쟁이 위대한 의미를 지닌 것으로 생각하고, 그 이전의 어떤 것보다 가치가 있는 기록이 될 것이라 확신하면서, 이 전쟁이 발발한 당초부터의 상황을 기술하였다. 이 같은 확신은 이 전쟁이 발생한 원인들에 근거하고 있다."라고 기록하였다.

헤로도투스는 자신의 전쟁사를 '탐구'한 것이라고 명명하였다. 투키디데스는 전쟁의 역사를 기술하면서 전쟁 자체에 '하나의 중요한 의미'를 부여하고, 그 전쟁이 '발생한 원인'을 구명하려고 하였다. 이들은 공통적으로, 자신이 서술한 전쟁사에서 그것이 '탐구에서 얻어진 지식'이라는 점을 분명히 하였다. 그런 의미부여를 하기에 가장 무난한 용어가 희랍어 '히스토리아'였다. 이들은 자신들이 탐구한 내용, 혹은 탐구한 지식, 탐구한 결과를 세상에 알리려는 의도를 지니고 있었다. 역사History라는 말은 여기에서 기원하였다.

한편, 역사를 설명할 때, 독일어 '게쉬히테Geschichte'를 빼놓을 수 없다. 게쉬히테는 '일어난 일' 또는 '발생한 사건'을 의미하는 동시에 '그 같은 일이나 사건에 관한 지식과 설명'이라는 뜻을 포함하고 있다. 그러기에 헤겔Hegel은 "역사라는 낱말은 객관적 측면과 주관적 측면을 종합하고 있는 데, 이것은 사건을 의미하는 동시에 사건의 기술을 의미한다."라고 하였다. 이러한 역사에 대한 언급은 히스토리아라고 명명했던 헤로도투스와 투키디데스의 소박하고 단순한 개념을 철학 혹은 학문으로 승화한 것으로 이해된다.

역사란 무엇인가? 히스토리아와 게쉬히테를 통해 볼 때, 그것은 '사실의 발견'과 그것에 대한 '인과론적 설명'이라는 이중적 의미를 지니고 있다. 유명한 역사학자 베른하임Bernheim이 "역사란 사회적 존재로서의 인간이 여러 활동에서 시간적·공간적으로 이루어지는 발전의 모든 사실을 심리적인 인과관계 및 그때그때의 사회적 사치와 관련되는 인과관계에서 구명하고 서술하는 과학이다."라고 정의한 개념과도 통한다.

(2) 동양의 역사 개념

히스토리아나 게쉬히테에 해당하는 동양적 용어는 '사(史)'이다. '사(史)'는 '사관(史官)'이라는 관직(官職) 이름에서 유래하였다. 사는 전통적으로 '기록하는 사람'을 의미한다. 그들은 자신이 기록한 내용이 얼마나 공정하고 공평한지를 생명으로 삼았다. 사관은 기록자인 동시에 역사가로서 권력자의 측근에서 여러 가지 일을 공정하고 정확하게 기록한 공무원이었다.

그래도 동양적 역사의 의미 맥락을 제대로 이해하기 위해서는, 동양 역사서의 백미로 볼 수 있는 사마천(司馬遷)의 『사기』를 통해 살펴볼 필요가 있다. 사마천은 하늘[天]과 인간의 관계를 구명하여 고금(古今)의 변화를 밝히고, 그것이 고금의 인간 세계에 어떻게 작용하는가를 통찰하려고 하였다. 다시 말하면, 인간들이 겪어야 하는 모든 현상의 배후에는 인간의 힘으로 어떻게 할 방법이 없는 하늘의 의지[天意]가 작용하고 있는데, 이를 탐구하고 구명하려는 것이 역사이다.

그렇다면 중국의 역사에서 그렇게 강조하는 하늘[天]은 무엇인가? 중국인들에게 하늘은 만물의 생성과 존재의 근원인 동시에 생성과 존재의 여부를 결정하는 지고(至高)의 권위였다. 천(天)은 아들인 천자(天子)를 지상의 세계에 보내어 통치하게 하였고, 천자는 자연스럽게 하늘의 의지를 본받아 지상을 다스려야 했다. 이는 지상에 살고 있는 인간의 일상생활이 하늘의 의지에 지배된다는 의미이다. 하늘의 의지는 인간의 현실에서 실천되어야 하는 것이었다. 그것이 실천되지 않을 때, 인간의 세계는 혁명이나 멸망이 있을 뿐이다.

이런 하늘과 인간의 관계에서, 동양의 역사의식은 천(天)사상과 이를 바탕으로 한 인간생활의 실천적 규범 및 인간계의 변화하는 현상들에 관한 통찰과 구명 및 탐구로 가득 차 있다. 이는 서양의 '히스토리아'나 '게쉬히테'와는 약간 성격을 달리한다. 특히, 중국의 사관들은 조정의 관료들이었기 때문에 헤로도투스나 투키디데스처럼 일반 시민의 입장에서 권력자에게 저항하는 안목으로 역사를 서술하기 힘들었고, 독자성이 보장되었다고 하더라도 조정의 관직자로서, 국가 이데올로기의 틀 속에서 서술하였다.

특성에 따라 차이가 있지만, 동·서양을 막론하고 역사는 '사건 발생의 경과 자체'라는 의미와 '과거의 사건 경과를 어떤 방법으로 서술한다'라는 측면에서는 공통적이다. 중요한 것은 현재적 시점에서 객관적 존재로서의 사실을 어떻게 주관적인 것으로 파악하고 서술하는가이다.

2. 교육의 역사

교육사(教育史; history of education)는 과거에 행해지고 이루어진 교육적 행위 및 현상들을 역사적 관점에서 연구하는 학문이다. 즉 '교육의 역사', '교육에 관한 역사의 기술', '교육을 역사적으로 연구하고 기술하는 학문'이다. 다시 말하면, 교육의 사실과 사상, 교육의 실제와 학설에 대하여 그 변천과 발전을 서술하는 학문이다.

이만규는 『조선교육사』의 서론에서 교육사를 다음과 같이 설명하고 있다.

교육사는 문명사의 일종으로서 특히 교육에 관한 역사의 기술이다. 그 범위는 교육의 일반 상황과 학제연혁, 그리고 교육대가의 전기와 그들의 사상과 학설 따위를 기술하고 그 밖에 광범위한 교화사업도 포함하고 있다. 교육사는 인문 (人文)의 진보를 거슬러 찾고 사상의 변천을 연구하며 교육사업과 교육학설의 진보·발전한 상태와 이유를 찾는 데 필요한 것이며, 전 시대가 후 시대에 또 는 한 나라가 다른 나라에 주는 효과와 영향을 아는 데 필요한 것이다. 따라서 교육사는 교육학을 건설하는 데 재료를 제공해 준다. 그러므로 교육사에서 엽 기적 사실이나 궤변적 학설을 호기심으로 다루어서는 안 될 것이며, 또한 완고 한 보수적 사상으로 시대의 추이를 고려하지 않는 것은 우매한 일일 것이며, 한 학설을 맹신하여 완전무결한 것처럼 보는 것도 극히 삼가야 할 것이다. 교 육이란 것은 백년 천년을 두고 점점 수정하여 정리해야 할 큰 공동사업이니 한 사람이 쉽사리 좌우하여서는 안 되는 것이다. …… 교육이란 것은 인류의 생활 ·사상·정치가 그 시대를 개조하고 유지하는 것을 선전하고 돕는 사명을 가진 것이다. 그러므로 모든 역사적 사실은 교육의 배경이 되는 것이니, 교육사는 배우는 이에게 넓은 경험을 쌓는 데 가볍게 볼 수 없는 과정이다. 따라서 교육 사는 교육자만 알아야 하는 것이 아니라, 배우는 자도 정도의 차이는 있을망정 알아야할 필요성이 있는 것이다(이만규, 2010: 41-42).

20세기까지 전 세계적으로 다양한 차원에서 교육의 역사에 관한 학문적 연 구가 이루어져 왔다(한기언, 2004: 19-22).

먼저, 독일의 교육학에서 역사를 중시하는 입장을 살펴보면 다음과 같다. 라 우머K. Raumer는 교육사를 중요 인물에 관하여 열전적으로 서술하고 있는데, 이는 교육사 서술의 모범이 되었고, 교육사상가 연구와 함께 발전해 왔다. 이 방법은 뛰어난 교육자 또는 교육사상가는 언제나 민족과 시대를 대표하는 인물로, 그 사 회에서 살고 그 시대와 문화를 표현하고 있다.

라우머 이후에는 문화사, 문제사, 유형사의 형식으로 보다 발전된 교육사 연구방법이 나타났다. 슈미트K. Schmidt의 경우, 인류의 역사를 문화의 역사로 보고 교육을 문화와의 유기적 관련에서 파악하려고 하였다. 바르트P. Barth는 사회를 정신적 유기체라고 생각하여 사회의 성원은 각 시대의 사회적 의지에 의하여 규정되고 교육의 내용은 각 시대의 정신내용의 발달에 의하여 규정된다고 보았다. 따라서 교육사는 사회학적으로 해명되고 또한 정신사적으로 해명되어야 한다고 보았다.

　교육사 연구의 유형적 방법 및 교육의 역사적 이해에서 주목할 만한 견해를 보인 것은 크리크E. Krieck였다. 고대의 제 민족의 생활 구조를 유형적으로 파악하고, 그것이 각 시대, 각 사회의 인간을 형성하는 교육적 기능을 가지는 것이라고 해석하고 그 제 유형에 의지하여 교육의 기본 구조 및 교육의 보편적 법칙성을 인식하려고 하였다.

　미국의 교육사가 중에서는 몬로P. Monroe가 유명하다. 그는 교육사를 배우는 의의에 대해, 과거의 교육에 관한 충분한 사실을 파악하는 것, 교육실천의 지침으로서 교육을 해석하는 능력을 키우는 것, 이론과 실제 사이의 관계를 바르게 판단하는 것 등을 들고 있다. 특히, 교육의 의미, 성질, 목적 등에 관한 개념을 얻게 되는 데 의의가 있다고 하였다. 이러한 견해는 교육사 연구가 좁은 교육적 편견, 제한된 시야 등으로부터 벗어나서 교육에 관한 높은 식견을 얻게 되고, 인간의 본성에 근거한 깊은 신념의 기초를 얻게 되는 것을 지적한다.

　커벌리E. P. Cubberley의 경우, 이전의 교육사와는 달리, 교육의 실제 및 제도의 발전에 중점을 두고 있다. 그는 종래의 교육사 저술처럼 교육의 이론이나 학설의 역사를 되풀이하는 것이 아니라, 교육의 실제 및 제도 그 자체의 발전을 밝히려는 것이라고 말하였다. 그는 또 인류의 진보와 깊은 관련을 가지고 근대 학교제도를 발전시킨 위대한 역사의 힘을 올바르게 정치(定置)시키려고 했다.

　버쓰R. F. Butts의 경우는 교육사 연구가 현실의 교육문제 해결에 도움이 된다는 것을 강조하고 있다. 그에 의하면, 제2차 세계대전 중에 세계의 교육문제가 어느 때보다도 관심을 끌게 되었고, 우리들이 스스로의 교육적 전통의 장단점을 재검토·재평가해야 할 것임이 분명해졌다고 했다. 또한 현대는 우리에게 위기의 시대이며, 당면하는 여러 문제에 관하여 사람들 사이에 견해의 차이나 의견의 충돌이 있다. 이러한 경우에 문제해결을 위하여 우선 취하여야 할 수단은, 그 문제가 놓여 있는 장면을 분석하는 일이다. 현재의 장면은 항상 과거의 결과로서 존재하고 있는 것이며, 따라서 과거를 뒤돌아보고, 그 전통을 재검토함으로써 문제에 대한 해답을 거기에서 구할 수 있다. 현실문제에 대한 직접적 해결을 얻지 못한다고 하더라도, 문제의 소재, 문제의 유래, 과거에 있어서의 해결법 등을 알 수 있는 것이다. 그러한 의미에서 교육사의 연구는 당면한 교육문제를 합리적으로 해결하는 데 있어서 중요한 역할을 하고 있다.

한편, 브루박커G. S. Brubacher는 문제별로 교육 목적을 비롯하여 정치와 교육, 국민주의와 교육, 교육에 대한 경제적 영향, 교육심리학, 학습지도법, 교육과정, 종교와 도덕교육, 형식교육과 비형식교육, 초등교육, 중등교육, 고등교육, 교사양성, 공립학교와 사립학교, 교육행정과 장학 및 학교와 진보라는 여러 항목을 교육의 역사에서 다루고 있다. 이처럼 교육사 연구의 방법은 다양하다. 왜냐하면 교육사는 교육의 사실과 사상, 교육이 실제와 학설에 대하여 그 변천과 발전을 서술하는 학문이기 때문에 그러하다.

역사는 결코 그 자체로서 반복되는 것은 아니라고 논변될 때는 역사는 반복되나, 아마도 정확하게 같은 모양으로 반복되는 것은 결코 아니라는 의미로 이해되어져야 할 것이다. 이것은 특별히 교육문제점들이 해결되어지는 방법에 적용된다. 해결책은 시간과 장소에 따라서 다르지만, 그 문제점들 그 자체는 재발되는 경향이 있는 것이다. 교육사가들은 이러한 사실을 확신하고 있기 때문에 역사가들은 교육연구가들에게 그러한 문제점들의 임상적 기록과 그들의 축적된 해결책들을 제공해 주어야 할 것이다.

우리는 일반적인 역사뿐만 아니라 교육사에도 관심이 많은 것 같다. 왜냐하면 교육사는 현재라는 시대가 어떻게 지금의 상태로 되었는가에 대한 설명을 해 주기 때문이다. 물론 과거의 골동품을 수집하는 듯한 취향을 가지고, 흥미를 가지는 사람들도 있다. 정성들여 쓰여지긴 했지만, 불행하게도 그러한 교육사들이 가지게 되는 궁극적인 효과는 그러한 교육사가 오직 골동품 수집적인 흥미만을 자아내게 된다고 학생들에게 느끼게 할 수도 있다(손인수, 1987: 14-15).

그렇다고 교육에 관심을 두고 연구하는 사람이 과거에 일어난 모든 교육적 행위를 고찰할 수는 없다. 교육사는 교육적 사실 중에서 교육사가(敎育史家)들에 의해 취사선택되어 특별한 의미가 부여된 것을 주요 대상으로 한다. 따라서 교육사는 '과거의 교육적 행위와 현상들을 교육사가가 일정한 관점에 따라 특별한 의미를 부여하여 정리·분석·평가·서술한 학문'이라고 볼 수 있다.

3. 조선민주주의 인민공화국의 『조선교육사』를 기술하는 관점

북한은 마르크스의 이론을 기초로 김일성 주체사상을 국가 이데올로기를 확립한 독특한 나라이다. 때문에 모든 학문 연구에서 마르크스의 역사적 유물론과 변증법적 유물론, 계급투쟁론, 생산력과 생산관계 등을 다루는 정치경제학 이론을 사유의 핵심으로 내세운다. 그것은 흔히 사회주의(혹은 공산주의) 혁명 이론으로 명명된다.

북한에서 사회주의 혁명의 성공은 김일성주의로 통칭되는 주체사상의 확립과 더불어, 혁명 전통을 매우 중시하게 만들었다. 김일성-김정일-김정은으로 이어지는 백두혈통은 그들의 체제에 정통성을 부여할 뿐 아니라, 국가의 존재 이유이기도 하다. 1995년에 출간된 『조선교육사』의 머리말에는 당시 북한의 최고 지도자였던 김정일의 언표를 화두로 삼아 『조선교육사』의 집필이념을 분명하게 제시한다. 이때 김정일의 지적은 다음과 같다.

> 우리나라는 반만년의 유구한 역사를 가지고 있으며 우리나라에는 우리 민족의 슬기를 보여주는 귀중한 문화유산이 많습니다(홍희유·채태형, 1995: 5).

집필자들은 이를 조선교육 역사의 프리즘으로 활용하였다. 반만년의 유구한 조선의 역사를 잘 알기 위해서는 나라의 찬란한 역사와 문화의 주요 구성 부분의 하나를 이루고 있는 교육의 발전 역사를 아는 것이 중요하다고 인식하였던 것이다. 그리하여 『조선교육사』에서, 고대사회로부터 봉건 시기에 이르기까지 교육의 발전과정을 연구·해명하고 체계적인 정돈을 시도하였다. 여기에서 고대사회의 봉건은 고조선, 삼한시대로부터 삼국, 발해, 고려, 조선, 19세기 초 중엽, 근대사회에 들어서기까지의 시기이다.

앞에서 언급한 역사적 유물론에 의지하는 연구자들은 역사 발전의 매 단계에서 진행된 교육의 과정을 주체적 입장에서 해명하고 체계화하려는 경향성을 지닌다. 따라서 북한의 『조선교육사』 연구는 다음과 같이 세 차원에서 구명되었다(홍희유·채태형, 1995: 5).

첫째, 사회 발전의 각이한 단계가 지닌 교육의 특징과 우수한 유산들을 밝히고, 그것이 빈터 위에서 생겨난 것이 아니라 앞선 시기의 진보적인 것들을 이어받아 새 것으로 더욱 풍부화하는 과정에서 이루어진 것이라는 점을 해명하였다.

둘째, 매개역사적 시기에서의 교육내용과 방법을 밝히고 그 우수한 측면들을 해명하였다.

셋째, 봉건시기의 교육을 취급하면서 봉건국가가 직접 조직 운영한 관한과 개별적 학자들이나 민간인들에 의하여 운영된 사학을 나누어 고찰하면서, 그것들이 각이한 시기에 차지하는 위치와 역할을 밝히고, 매 시기 우리나라의 대표적인 교육활동가들과 사상가들이 나라의 교육 발전에서 기여한 역할과 그 지위도 밝혔다.

이를 요약하면, 조선교육의 역사는 고대로부터 진보적 교육과 반동적 교육이 끊임없이 투쟁하는 역사이며, 이 투쟁과정의 집중적인 반영이었다. 때문에 조선교육사는 시대마다 일련의 특성을 지니고 있으며, 시대마다 고유한 교육의 역사를 자랑하게 되는 것이다(홍희유·채태형, 1995: 16).

4. 역사의 시대구분 문제

한국의 역사에 대한 시대구분은 학자에 따라 견해 차이가 있다. 이기백(1999)은 시대구분의 기준을 사회적 지배세력, 즉 주도세력이 누구냐에 두었다. 사회적 지배세력의 변천과정에 기준을 두고 한국 역사의 큰 흐름을 파악하려고 했다. 그것은 해당 시대의 사회적 지배세력과의 연관 속에서 역사를 이해하고 그들의 삶과 사유를 통해 다음 세대를 지향하는 작업이었다. 이와는 다른 시각에서 한영우(2008)는 우리 역사의 고유한 발전법칙을 찾으면서 동시에 세계적 보편성을 가질수 있는 시대구분을 고민하였다. 국가의 주권, 민주의 실현, 자유와 평등의 발전, 자연과의 공생, 과학기술의 진보, 합리적 사고의 발전 등 보편적 기준을 고려한다.

한국교육사의 경우, 다양한 차원의 시대구분론이 있다(한국교육연구소 편, 1993). 대부분의 교육사 시대구분은 왕조교체를 준거로 한 시대구분이다. 즉 삼국시대이후, 고려시대의 교육, 조선시대의 교육, 개화기, 일제강점기, 미 군정, 대한민국교육 등의 구분이 그것이다.

신천식의 경우, 이를 조금 더 세분하여, 8가지로 시대구분을 하는 데 다음과 같다.

① 삼국시대 초중엽 – 통일신라(교육 질서 확립기)
② 고려 초 – 무인란(과거 교육의 확립기)
③ 무인란 – 고려 말(주자학의 유입 및 발전시기)
④ 조선 초 – 숙종(독선적 교육철학시기)
⑤ 영조 – 고종 13년(독선적 교육철학에 대한 반성시기)
⑥ 고종 13년 – 한일합방(구교육에 대한 방성과 신교육 사조기)
⑦ 일제강점기(민족의 수난과 민족교육의 각성기)
⑧ 해방 후 – 현재(민주교육 사조시대)

이는 다시 '고대교육 시대(①), 중세교육 시대(②-⑤), 근대교육 시대(⑥), 현대교육 시대(⑦-⑧)'의 네 부분으로 나누어 고찰된다.

정재걸은 이런 논의를 비판하면서, 교육 내적 발전논리에 입각하여 다음과 같이 시대구분론을 제기하였다.

제1시대(기원전 5세기 경까지의 문자발생시기)
제2시대(5세기경~15세기' 후반에서 16세기 초까지의 대중적 교화기구의 창출시기)
제3시대(16세기 초~18세기 후반에 이르는 자생적 근대교육의 맹아형성시기)
제4시대(18세기 후반~현대, 근현대교육시기)

북한의 경우, 『조선교육사』1의 차례를 보면, 시대구분이 어떻게 되어 있는지 짐작할 수 있다.

제1장. 고대 및 삼국, 발해와 후기 신라의 교육
　　제1절. 조선 고대사회의 교육
　　제2절. 삼국시기의 교육(고구려, 백제, 신라)
　　제3절. 발해와 후기 신라의 교육(발해, 후기 신라)
제2장. 고려시기의 교육
　　제1절. 고려 전반기의 교육(관학, 사학, 과거제도)
　　제2절. 고려 후반기의 교육(관학, 사학, 성리학)
제3장. 리조 전반기의 교육
　　제1절. 15세기의 교육 발전(성리학, 교육체제, 학교규정, 과거제도, 교수교
　　　　　양, 훈민정음창제)
　　제2절. 16세기의 교육(관학, 학교규정, 학자들)
제4장. 리조 후반기의 교육
　　제1절. 17~18세기의 교육(기술, 군사, 외국어, 교육기관, 서원, 서당)
　　제2절. 17~18세기의 교육사상(초기실학자, 후기실학자)
　　제3절. 19세기 초중엽의 교육(관학, 서원, 교육사상)

『조선교육사』1의 차례만 보면, 북한의 교육사도 개화기 근대교육 도입 이전까지는 남한의 『한국교육사』에서 일반적으로 기술하고 있는 시대구분과 크게 차이가 나지 않는다. 왕조의 교체와 주요 사건에 의한 시대상황을 중심으로 시대를 구분하고 있다. 하지만, 조선시대 교육을 '리조교육'으로 특칭하고, 유물론적 시각에서 바라보는 제도의 정비와 기술, 군사, 외국어 등 실학교육에 초점을 두고 있다는 점에서 실제와 실용성을 강조하는 측면이 엿보인다.

시대구분론에 대한 논의는 차후의 다른 연구에서 다루기로 하고, 이후에 다룰 내용은, 남북한이 유사하게 사용하고 있는 시대구분, 즉 왕조교체시기를 기준으로 시대를 구분하여 한국교육의 흐름을 살펴볼 것이다.

5. 교육사 연구의 필요성

그렇다면 우리는 왜 교육사를 연구할 필요가 있는가? 우주 첨단 과학 시대를 살고 있는 현재, 과거의 교육적 행위와 현상이 무슨 의미가 있을까?

영국의 역사학자 카아E. H. Carr는 "역사란 역사가와 사실 사이의 부단한 상호작용의 과정이요, 현재와 과거의 끊임없는 대화이다."라고 하였다. 과거의 사실이 없으면 역사는 뿌리가 없고 쓸모가 없다. 결국 우리가 역사를 배우는 이유는 과거의 사실을 반추하여 현재의 상황을 이해하고, 보다 진보적이고 발전적인 미래를 준비하는 작업이기 때문에, 과거와 현재 및 미래는 시간적으로 구분되는 것이 아니라 역사 속에서 연속되는 과정 중의 일부이다. 그러기에 철학자 산타야나 G. Santayana는 "과거를 기억할 줄 모르는 사람은 과거를 되풀이 한다."라고 하였다.

이들의 언급은 역사 연구의 가치를 잘 일러 주고 있다. 역사를 연구하는 이유는 과거에 대한 지적 호기심을 채우는 동시에 현재를 개선하여 좀 더 나은 미래를 설계하려는 뜻을 담고 있다. 따라서 우리는 교육사 연구를 통해 현재 한국의 교육문제를 해결하는 데 필요한 다양한 시야를 확보하고, 교육의 방향 정립에 기여해야 한다.

이런 점에서 교육사 연구의 필요성을 다음과 같이 정리할 수 있다(한기언, 2004: 13-17).

첫째, 교육적 지혜와 슬기[educational wisdom]를 얻기 위해서이다. 교육사는 인류가 오랜 세월에 걸쳐 겪어온 교육적 경험과 사상을 역사적 관점에서 정리한 교육적 지혜의 보고이다. 우리는 인류가 수많은 시행착오를 거쳐 축적해 놓은 삶과 교육적 경험을 매개로 과거와 현재, 그리고 현재와 미래의 대화가 가능하다. 그런 대화를 통해 현재의 교육문제를 해결하고 미래를 내다볼 수 있는 지혜를 얻을 수 있다.

둘째, 교육 현실에 대한 본질적 이해를 위해서이다. 현재의 다양한 교육문제는 어떤 특정한 사건에 의해 어느 날 갑자기 생겨난 것이 아니다. 과거로부터 잉태된 복잡한 원인에 의하여 발생한 것이다. 따라서 현재 교육의 본질을 이해하기 위해서는 과거로부터 지속되어온 교육 행위와 현상을 입체적으로 파악하여 이해할 필요가 있다.

셋째, 현대 문명의 비판과 미래사회 발전의 방향을 제시하기 위해서이다. 교육은 현실에 만족하지 않고 보다 나은 이상을 추구한다. 그러므로 교육을 통한 현대 문명 비판과 미래 발전을 위한 방향 제시가 요청된다.

다시 정리하면, 교육사 연구는 과거의 교육적 사실과 경험을 연구함으로써 현재 교육의 이론과 실재를 이해하고, 과거 교육의 성공과 실패의 자취를 살펴봄으로써 교육에 대한 정당한 판단과 식견을 가질 수 있게 하며, 과거의 위대한 교육가의 업적을 밝혀 그 노력에 대해 인식하여 교육자의 자각을 환기하고 신념을 고취하게 한다(손인수, 1987: 15).

한국교육사의 통합적 이해

－ 일제강점기 이전까지 남한과 북한의 교육사 인식 －

제 2 장

한국교육의 사상적 근원

제 2 장
한국교육의 사상적 근원

　　사상은 인간의 사유 혹은 사고의 내용이다. 사상은 역동적인 인간 세계 내에서 전개되는 삶의 시공간을 바탕으로 싹트고 꽃을 피운다. 그것은 인간정신의 자각적 영위를 통해 솟아나오는 사고의 총체이자, 지성의 산물이다. 교육은 이러한 사상을 통해 변증법적 승화를 거듭한다. 한국의 교육은 다름 아닌 한국의 사상을 바탕으로 이론과 실천을 추동해 왔다. 특히, 한반도라는 자연적 풍토와 역사문화적 풍토를 통해 문명을 창조하고 교육문화의 흥망성쇠를 거듭해 왔다. 그것은 일종의 전통으로 자리매김 된다. 한반도 자체에 존재했건, 외부로부터 유입이 되었건, 한국교육의 사상적 기반은 크게 몇 가지 차원으로 나누어 볼 수 있다. 토테미즘과 샤머니즘, 유교, 불교, 그리고 도교가 대표성을 띤다. 이들은 때로는 융화되기도 하고 때로는 배타적으로 작용하면서 다양한 양상을 띠면서 성장하였다.

1. 사상과 풍토, 그리고 전통의 영향

인간은 사고하는 동시에 행위하는 동물이다. 사고와 행위의 변증법적 지속을 통해 인간의 삶이 살아진다. 혹은 인간은 삶을 살아간다. 인간의 삶에서 생각하는 일, 즉 고차원적 사고는 인간을 상징하는 본질적 요소이다. 인간 이외의 타자들―금수(禽獸), 곤충, 식물, 무생물 등―은 그들 나름대로의 삶의 방식은 있겠지만, 인간처럼 사유를 근간으로 생명을 지속하지는 않는다. 이런 점에서 인간은 파스칼의 지적처럼 '생각하는 갈대'이자 '이성적' 동물이다.

일반적으로 인간의 사유, 혹은 사고의 내용을 사상(思想)이라고 한다. 사상은 영어로는 쏘오트Thought, 독일어로는 게당케Gedanke, 불어로는 팡세Pensée라고 하는데, 사전에서는 다음과 같이 설명하고 있다.

> 우리의 의식은 항상 무엇에 대하여 작용하고 있고, 그것은 사고의 작용으로 나타나며 사고작용은 어떤 내용을 낳는다. 그리고 이 내용에 체계와 통일이 주어질 때, 한 사상이 견해·관념·개념 등으로 표현된다. 한편 시대적 현실 속에 있는 개인이나 집단이 자기가 처해 있는 현실에 정당하게 대처하여 의미 있는 행동을 하기 위한 실천적 규준을 사상이라고도 부른다. 이때의 사상은 각 시대의 개인·사회·민족·인류 속에 잠재하여 그 시대의 현실을 움직이는 원동력이 되며, 정치·경제·사회·문화 일반을 지도하고 때에 따라서는 변혁까지 일으킨다. 여기에 이르게 되면, 사상은 단순한 사고의 내용이 아니라 '-ism', '-ity', 즉 '-설', '-주의', '-교' 등의 표현으로 나타난다. 이리하여 사상은 이상(理想)과 정의(正義) 또는 선악(善惡)과 관련을 갖게 되고, 예술적 미추(美醜)와 문화적 가치, 더 나아가서는 종교적 영혼·해탈·구제 등 고차원적 가치의 실현에까지 사상이라는 말을 사용하게 된다. 사상은 지식(知識)보다는 지혜(智慧)에 의한 산물이며, 따라서 학문(學問)보다는 평론·예술작품·이데올로기·교훈·교리·예언·신앙 등에 보다 가까운 것이다.

사상은 개인의 의식과도 관련되지만, 필연적으로 시대적 현실을 받아 안고 있다. 즉 인간은 현실이라는 세계와 관계한다. 그러기에 하이데거M. Heidegger가 인간을 '세계-내-존재'라고 표현했으리라. 공존성 및 자기 존재로서의 세계내 존재, 즉 세인世人이라는 언표로 말이다(하이데거, 1992: 164).

인간은 세계 내에서 울고 웃고 고뇌하며 기뻐한다. 사상은 바로 이런 삶의 시간과 공간이 역동적으로 움직이는 마당(場; field)에서 꽃핀다. 인간은 생활환경 속에서 직접·간접으로 수많은 난관에 부딪히는데, 맞닥뜨린 문제를 해결하기 위하여 짜낸 생활관으로서의 지성의 산물, 인간이 지닌 사유능력의 소산이 사상이다. 다시 말하면, 사상은 인간정신의 자각적 영위를 통해 나오는 사고의 총체를 포괄한 것이다. 이렇게 볼 때, 한국사상이란 과거로부터 지금까지의 모든 한국인들, 즉 한 민족의 사유능력이 전개하여 온 생활관으로서의 사유 세계이다. 한국 민족이 생활 속에서 당면하였던 모든 사고-예컨대, 역사적 난관 극복을 위한 사고, 지성이 창출하거나 배워서 응용한 사고, 상상하여 믿기도 하고 느껴 찬탄하기도 했던 사고, 비판적으로 분석하고 시정하기도 했던 사고, 경험에 의해 종합하기도 했던 사고-의 체계와 내용이 한국사상일 것이다(윤사순, 1984: 133-134).

그렇다면, 이러한 사상은 어디에 자리하고 있는 것일까? 특히 한국사상이라고 했을 때, 한국이라는 위상은 무엇을 의미하는가?

인간은 세계내존재로서 세계에 기대어 살아간다. 세계는 모든 존재자가 거주하는 집이다. 이 세계는 다른 표현으로 우주(宇宙)라고도 한다. 『회남자(淮南子)』「제속훈(濟俗訓)」에 의하면, "옛날부터 지금까지에 이르는 지속성을 주(宙)라 하고, 동서남북의 사방과 하늘 땅의 상하로 둘러쌓인 곳을 우(宇)라고 한다." 즉 우주는 공간이라는 횡적 개념과 시간이라는 종적 개념으로 시간과 공간을 아울러 지칭한 용어이다. 공간은 동서남북의 사방과 천지의 상하로 둘러싸인 구체적 장소이다. 그리고 시간은 인간의 삶이 지속되는 흐름과 과정이다. 인간은 바로 시간과 공간, 즉 '여기-이때'라는 세계를 발판으로 거주하며, 그에 따라 사상을 창출한다.

문제는 어떤 시공 속에서 삶을 경험했느냐에 따라 사상이 달라진다는 점이다. 인간이 삶을 누리고 있는 세계는 시공의 차이로 말미암아 구성되는 하나의 풍토(風土)이다. 풍토는 달리 표현하면 환경이다. 풍토[환경]와 '나[인간]'는 서로 제약 — 협력하는 관계에 있다. 그러기에 인간의 역사는 인간과 지구 및 그 위에 살고 있는 모든 것과의 관계에 대한 역사이다. 또 인간이 지각하는 질서에 대하여 책임을 느끼는 자로서, 보고 상상하는 힘에 관한 역사이다(에드워드 하임스, 1998: 15). 이런 측면에서 우리가 살고 있는 시공간[한국], 즉 한반도라는 풍토를 구체적으로 인식할 필요가 있다. 다시 말해 한국사상을 제대로 보기 위해서는 한반도를 근거로 하는 인간 삶의 환경을 이해해야 한다. 왜냐하면 사상은 풍토의 자식이기 때문이다.

그렇다면 우리가 살고 있는 한반도는 어떤 풍토를 자아내어 왔는가? 먼저, 자연 풍토를 간략히 보자(유명종, 1999: 3-4).

자연은 기후와 식생을 바탕으로 인간이 호흡하는 공간이다. 이 공간의 특성에 따라 인간은 삶의 방식을 달리 한다. 예컨대, 산악지대에 사느냐, 해변가에 사느냐, 평야지대에 사느냐에 따라 사고양식과 행동 패턴에 차이가 있다는 말이다.

첫째, 한반도는 계절풍이 부는 온대에 처해 있다. 이런 풍토는 수경(水耕) 농업을 발달시켰다. 그 결과 농경을 경제적 바탕으로 삼게 되었다. 수경 농업은 많은 노동력과 협력을 필요로 한다. 이는 '대가족주의'를 발전시키는 계기가 되었다. 대가족주의 사회는 개인을 단위로 하지 않고 가족을 사회구성의 단위로 삼는다. 그러므로 가족 구성원 사이의 질서체계를 매우 중시한다. 그것은 효도와 자애, 형제 사이의 존중이라는 효제(孝悌)의 가족윤리로 표출되었다. 이는 동시에 가부장적 제도를 탄생시켰다.

둘째, 한반도는 지정학적으로 대륙과 해양을 연결하는 반도이다. 반도는 지리적 특성상 대륙이나 대양에 비해 땅이 협소하다. 협소하다는 것은 통제가 용이함을 의미한다. 그러기에 중앙에 권력을 집중시키기 쉽다. 이는 광활한 대륙인 중국에서 한 왕조의 지속 기간이 200여년 정도인데 비해, 한반도에서 한 왕조의 지속 기간은 500여년 이상인 역사적 사실로도 짐작할 수 있다. 또한 좁은 땅이다 보니, 문화의 전달도 비밀 전수의 방식으로 이루어지고, 하나의 사조에 고착되기도 하였다. 예컨대, 조선조 리학(理學)의 도통의식, 선종(禪宗)의 전수방식 등이 대표적인 예이다.

다음으로 역사·문화적 풍토를 보자(조지훈, 1964: 22-37; 유명종, 1987: 10-12, 유명종, 1990: 21-23).

고고학적 발굴에 의하면, 한반도에는 구석기 시대부터 사람이 살았다고 한다. 구석기 시대에는 불을 사용하고, 곰을 숭배하는 사상이 있었던 것 같다. 그리고 신석기 시대에는 즐문 토기를 사용한 흔적이 있는데, 이는 바이칼 호에서 핀란드·스웨덴·북부 독일 지역에 살던 인간들이 남하하여 한반도의 하천변에서 활동하며 영향을 미친 것으로 추정된다. 그후 무문토기인은 구릉이나 언덕에 자리잡고 청동기 문화와 거석 문화를 형성하였다. 이들은 애니미즘Animism에 근거를 두고, 토테미즘적 세계관을 지니고 있었다.

그러나 진정한 지성적 사고는 철기시대에 들어와서 싹트기 시작했다. 철기문화는 북방으로부터 여러 차례 파급되었다. 전국시대 연나라 화폐인 명도전이 출토된 점으로 미루어 볼 때, 기원전 3~4세기 경에 한반도에 이미 철기가 보급되었고, 한 사군의 설치 때에도 철기가 크게 보급되었다. 이 무렵 북방의 유목민족이 남하하여 중국은 물론 한반도에 영향을 미치기 시작했는데, 부여·고구려·백제 및 가야까지도 반목반농(半牧半農)의 경향이 있었다. 뿐만 아니라 중국 요녕성 조양현에서 발굴된 청동 창과 경북 영천에서 발굴된 마구馬具, 말이나 호랑이 모양의 대구(帶鉤) 등의 발견으로 보아, 유목 기마 민족의 시조인 스키타이 문화의 영향을 받은 것으로 보인다.

이처럼 청동기·철기시대에 들어서면서 한반도는 농경 정착민의 존재와 더불어 이미 기마 민족들도 동시에 거주하며 활동하는 무대가 되었다. 이들 기마 민족의 경우 대부분 천신(天神)을 숭배했다. 그것은 고구려·백제·신라·가야 등 한반도 고대국가들의 건국신화에 반영되어 있다. 즉 기마 민족의 북방적 요소와 농경 문화의 남방적 요소가 결합되어, 반농반목적 성격을 드러낸다.

이렇게 볼 때, 한반도의 사상은 남방적 농경사회의 태양신을 최고로 섬기면서 모권적(母權的)·대지모신적(大地母神的)·신비적(神秘的)·풍요의례(豊饒儀禮)·비합리적(非合理的) 사상을 바탕으로 하고, 북방유목민의 상천신(上天神)을 중심으로 한 부권적(父權的)·합리적·정복적 사상이 파상적으로 남하하여 지배적 사고를 굳혀 왔다고 판단된다. 그러기에 모권과 부권, 정복과 평화, 합리와 비합리, 상천 남신 (男神)과 태양 여신(女神)이 결합되어, 지성과 생명이 서로 화합하는 새로운 양식의 독자적 풍류를 자아내게 되었다.

이러한 한반도 인류 문명의 시작은 삼국시대의 유학과 불교의 전래, 고려시대 성리학의 수용, 조선 주자학의 전개, 조선 후기 서학[천주교: 기독교]의 전래와 수용, 일제강점기와 해방, 6.25, 그리고 분단과 미국 중심의 문화가 침투되어 왔고, 다시 융합의 과정을 거쳐 현재에 이르고 있다.

그렇다면 현재에 이어져 있는 한국사상은 무엇일까? 정체성identity이 있는 건가? 이 지점에서 한국사상을 보는 눈은 어떤 프리즘을 사용하느냐에 따라 백인백색이 될 수 있다. 왜냐하면, 인간은 어떤 사유에 대해 자기 나름의 판단과 신조를 지니고 있기 때문이다.

인간의 사고라는 것은 사람에 따라, 시공에 따라 천차만별이다. 한국사상 중에서도 무엇에 대한 사상인가? 같은 사상을 바라본다고 할지라도 독단적 오류로 가득 찬 경우도 있지만, 객관적·합리적으로 대부분의 사람들에게 승인을 얻을 수 있는 논리적인 것도 있다. 똑같은 사상이라고 하더라도 사상의 우열이 있을 수 있고, 영향력의 크기와 깊이에도 단계의 차이가 있다. 이런 사상 가운데서 원리적인 문제를 다루고 일관된 논리적 정합성을 갖춘 것을 철학사상이라고 한다 (金谷治 외, 1986: 10). 우리가 눈여겨보아야 할 것이 바로 철학성을 갖춘 사유이다.

그렇다면, 우리는 왜 사상을 배우는가? 특히 한국인으로서 한국의 과거 사상을 배워서 무엇 하려는가? 다음의 인용구를 하나의 잣대로 삼아 보자.

> 과거의 사상을 배운다는 것은 단순히 그 사실을 밝히는 데에서 그치는 것이 아닌 보다 중요한 의미를 갖는다. 왜냐하면, 그것은 현재 우리 사상의 존재방식과 밀접히 관련되어 있기 때문이다. 사고·사상을 지니지 않는 인간의 인간다운 생활은 존재하지 않는다. 우리는 끊임없이 무엇인가의 사상을 갖고 행동하는 데, 그 사상의 정당성을 확인하게 되는 것은 한편으로는 현실생활에서 얻어

> 지는 경험에 의해서이고, 다른 한편으로는 과거의 사상에 의존하는 바가 크다.
> 사상은 그것이 생겨난 시대나 사회와 밀접한 관계를 갖는다. 따라서 사상이 가
> 진 상대성을 부정할 수는 없지만, 다른 한편으로는 그러한 상대성을 관통하는
> 현저한 유사성·공통성을 발견할 수 있는 것 또한 사실이다. 우리가 사색을 할
> 경우에도, 과거의 사상을 열쇠로 삼을 때가 많은 것은 그 때문이다(金谷治 외,
> 1986: 10-11).

사실, 인간의 삶은 늘 현실에 처해 있다. 과거와 미래는 현재에서 말해지는 관념이다. 즉 과거는 현재에서 '다시 당겨보는 것'이요, 미래는 현재에서 '미리 당겨보는 것'이다. 그렇다면 과거는 늘 현재에 다시 살아올 수 있고, 미래는 현재에서 잉태되는 성격을 지닌다. 이렇게 과거-현재-미래를 연속적으로 이어가는 것이 바로 전통이다.

한국의 과거사상이 현재 살아 있는 사상으로 될 때 그 사상은 전통사상으로 부활한다. 여기에서 우리는 전통(傳統)과 인습(因襲)을 구분해야 한다. 과거의 가치관만을 고집하는 것은 현재의 삶을 생명력 넘치게 하는 전통이 아니다. 그것은 현재를 거역하는 인습이 된다. 인간은 전통을 내면화 할 때 새로운 미래를 창조할 수 있다. 그것이 진정한 전통이다. 쉴즈는 다음과 같이 표현한다.

> 전통이 받아들여질 때 그것은 너무나도 자명한 것이고, 자기네의 그 어떤 행동
> 이나 신념처럼 중요한 것이다. 그것은 현재에 존재하는 과거이며, 그 어떤 새
> 발명품과 마찬가지로 현재의 큰 부분이 된다. 우리가 전통에 관해 말할 때, 그
> 것은 본보기나 청지기를 의미한다(에드워즈 쉴즈, 1992: 25-26).

공자도 『논어(論語)』에서 "온고이지신(溫故而知新)"이라고 하였다. 온고(溫故)는 학문을 하는 것으로 문화적 전통을 학습하고 습득하는 일이다. 즉 "여기-이때-이 상황"에서 과거의 사유를 다양한 측면으로 탐구하는 일이다. 지신(知新)은 새로운 문화와 문명의 발견이요, 창조이다. 문명과 문화 창조는 전통에 대한 반성과 의심, 성찰이 없다면 불가능하다.

인간 삶의 상황은 늘 과거와 현재, 미래가 겹치며 스쳐간다. 그것은 인간이 과거로부터 벗어날 수 없는 동시에 이미 미래로 나아가고 있다는 의미이다. 그러므로 인간은 과거에 대한 이해를 통해 미래를 개척해 나갈 힘을 얻는다. 과거와 미래는 현재 속에서 연속적이고 지속적이다. 우리가 한국의 전통사상을 교육사상사적으로 이해하려는 이유가 여기에 있다.

2. 한국교육의 사상적 기반

(1) 토테미즘(Totemism)

먼 옛날 우리의 조상 부족은 지금의 만주와 한반도에 걸쳐 원시적 신앙의식을 바탕으로 삶을 영위하고 있었다. 원래 원시사회는 신비적인 잡다한 신들에 대한 신앙의식을 통해 그들 나름대로의 가치관을 형성하고 있었다. 그러므로 우리 조상 부족도 동북아시아 원시사회의 일반적인 '토테미즘'과 '샤머니즘'적인 정신생활을 하였으리라 추정된다.

부여·고조선·초기 고구려 족 등은 신석기 시대로 들어서면서 '돌멘'과 '선돌'등의 거석 문화권을 형성하였다. '돌멘'은 씨족 공동묘 혹은 씨족적 영웅묘로 우리 조상 족이 살던 지방에 많이 나타나고 있다. 하지만 우리와 이웃해 있는 중국과 몽고, 시베리아 일본 등지에서는 발견되지 않고, 서양, 아프리카, 인도 남양 등지에 널리 분포되어 있다. 이렇게 볼 때, 우리의 조상 부족은 극동의 거석 문화권을 형성하여 독자적인 문화 발전을 이루었다고 할 수 있다. 예컨대, '돌멘'은 조상 숭배의 사상을 나타내며, '선돌'은 경계의 표식인 동시에 지역 수호와 동족 단결정신을 나타낸다. 그러므로 우리는 고대로부터 '품앗이'라는 상호 부조 노동과 '두레'라는 윤번의 상호 부조 노동이 발전한 것으로 판단된다.

이러한 우리 조상 부족은 '토테미즘'과 '샤머니즘' 등의 원시신앙으로 정신생활을 영위하였다.

고조선 족은 일찍이 부족 연맹체로 발전하여 부족의 통일 운동을 일으킨 것 같다. 원래 부족 시조신에 관한 신화는 부족 통일과 아울러 생겨나는 것이다. 『삼국유사』에 수록되어 있는 「건국신화」인 단군설화에 의하면, 곰과 범이 한 곳에서 살면서 곰은 여인이 되어 단군을 낳게 되었으나, 범은 사람되기에 실패하였다고 기록하고 있다. 이와 같은 설화는 고조선 족이 '곰'을 숭배하는 '곰 토템'을 나타내는 것으로, 곰 겨레의 정치적 승리를 뜻한다. 한편 곰과 범의 동거는 '토템'사회의 족외혼(族外婚)제도를 보여준다고 생각된다. '토템'은 '집단' 토템과 '개별' 토템으로 나눌 수 있는데, '곰 토템'은 집단 토템을 나타낸다.

시베리아의 '기리야크' 족, 일본의 '아이누' 족도 곰 토템집단이었다. 이런 점에서 '토템'사상은 동북아시아의 일반적인 원시종교였다고 볼 수 있다. 이들은 철저한 외혼제도를 실시하여 같은 토템집단끼리는 통혼을 엄금하였다. 그러므로 다른 토템집단과 서로 같이 살 수 있는 것이다.

토템은 원시사회에서 맹수 혹은 동물이나 식물을 시조신으로 삼는 종교적 행위이다. 우리나라 강원도 지방에 있었던 동예족은 범신[虎神]에 제사하는 습관이 있었다. 이 범신은 여신격으로 동예(東濊)의 시조요, '범 토템'집단이라 생각된다. 진한(辰韓)의 혁거세 탄생도 자란(紫卵)과 관계가 있고 그의 비(妃)인 알영의 탄생도 계룡(鷄龍)과 관계가 있으며 김알지의 탄생 역시 계림(鷄林)의 흰 닭과 관계가 있다. 중국의 기록에도 "계림은 계종(鷄種)이라 닭고기를 먹지 아니한다. 만약에 닭고기를 먹으면 화가 생긴다."고 믿었다. 또 경주 남산 기슭에서 발견된 석각 그림에 계종전설(鷄種傳說)을 뜻하는 그림이 있는데, 이는 신라 왕실의 '닭 토템'사상을 엿보게 한다. 또 『삼국유사』의 기록에도 "인도 사람들은 신라를 계귀(鷄貴)라 하고 계신(鷄神)을 숭배하여 닭털로써 표식했다."고 하였는데, 이것은 분명 집단토템사회에서 시조신으로 믿은 새나 짐승을 그 집단의 회장으로 삼는다는 설과 일치하는 기록이다.

이러한 계신[닭신]의 숭배는 광명신·태양신 숭배와 관계가 깊다. 중국 남쪽 지역에 사는 묘족(苗族)의 전설에 "닭이 울면서 태양을 부른다."라는 말이 있는데, 토템사회에서 닭신과 태양신은 동일 계열의 신앙물이다. 원시사회에서 태양신과 동일 계열의 신앙물에는 동물과 식물 등이 계열적으로 되어 있는데, 닭이나 알 등의 새, 쑥과 같은 식물, 활과 화살 등은 모두 태양신과 같은 계열에 속하는 신앙물이었다.

혁거세와 계정과의 관계라든지, 알영과 계룡과의 관계, 또는 김알지와 흰 닭, 동명의 알생산설 등은 태양신 숭배에서 오는 토템사상이라 할 것이다. 태양신 숭배는 강렬한 부족국가의 통일을 바라는 과정에서 나타나는 것으로, 잡다한 신들의 통일자로 숭앙된다.

(2) 샤머니즘(Shamanism)

「건국신화」의 단군설화에 의하면 웅녀가 인간으로 화할 때, 신웅(神熊)으로부터 쑥[靈艾]과 마늘[蒜] 20조각을 받았다고 한다. 그렇다면 이 쑥과 마늘은 어디에 쓰인 것인가?

원시신화에서 쑥은 여러 곳에서 나타난다. 일본 아이누 족 신화에 쑥활[蓬弓]·쑥화살[蓬矢]이 보이고, 중국의 『예기』「내칙」편에는 태양빛을 빌려 불을 만들 때 쑥을 사용하고, 단오에는 쑥을 채집하는 습관이 있었다. 원시인들은 태양빛이 왕성할 때, 태양의 오묘한 힘으로 자란 쑥에 무언가 신령스런 힘이 담겨 있다고 믿었다. 아이누신화에 "쑥화살로 악신(惡神)을 쏘아 죽이고 인간을 구제하였다."라고 한 것으로 보아, 쑥에는 광명신의 성격이 부여되어 있다. 우리의 민간에서도 소아정신 이상에 혹은 뇌막염에 쑥을 사용하여 치료하는데 쑥은 악귀를 몰아내는 신통력이 있는 식물로 생각되었다. 마늘 또한 서양 및 중국에서는 악신·악귀를 퇴치하는 식물로 여겨졌다. 우리 민속에도 전염병 귀신은 마늘 냄새를 싫어한다고 생각하고 그것을 문턱이나 창문가에 달아두어 악귀의 침입을 막는 습관이 있다.

이와 같이 쑥과 마늘은 악신을 몰아내고 광명신을 불러들이는 의무적(醫巫的)인 주술력이 있다고 생각되었다. 무당이 치병(治病)과 살풀이에 사용하는 신품(神品)이 바로 쑥과 마늘이었다. 쑥과 마늘을 받은 웅녀는 무당이면서 정치적 지도자로 판단된다. 또한 단군 탄생에 백일 기도가 있었음은 무당이 태양에 봉사하는 풀이 행위이며, 3·7일의 금기는 잉태 중의 '타부' 행위로서 새로운 신의 탄생을 위한 무당의식이었다.

고구려의 주몽 탄생설화에서도 "하백녀[수신(水神)]가 방 속에 유폐되어 태양빛을 피하였으나 태양빛이 뒤따라 큰 알을 낳으니 주몽이더라."라 한 것으로 보아, 이 하백녀도 태양에 봉사하는 무당의 성격을 지니고 있다. 그리고 유폐는 무녀의 금기의식이라 해석된다.

신라의 혁거세 탄생설화에서도 "나정(蘿井) 숲에 서광이 빛나므로 가보았더니 큰 불그스런 알[紫卵] 속에서 동자가 나왔기에 동천(東泉)에 씻으니, 광채가 영롱하고 새 짐승이 춤추며, 천지가 진동하고 일월이 청명하였다."라고 한다. 이것은 새로운 신 탄생의 광경이며 동천물에 씻는 것은 풀이 행위이다. 그러므로 "광명이세(光明理世)"라 한 것이다.

부여인의 제천의식에 영고(迎鼓)가 있었다. 이는 국가적인 대행사로 옥사(獄事)를 결정하고 죄수를 석방하여 남녀노소가 춤추고 노래하며 축배를 들었다. 부여는 목축과 농경을 겸한 사회였다. 영고는 공동수렵제의 행사로 신체(神體)임과 동시에 일종의 악기인 나무통[鼓]를 맞이하는 굿이다. 그러기에 영고라고 하였다. 이와 유사한 예는 중국 남방의 요족(搖族)이 나무통을 치면서 견조(犬祖)를 제사하는 습관이 있고, 일본 궁중의 진혼식(鎭魂式)에서 원녀(猿女)가 복조(覆槽)를 공이 자루로 치면서 춤을 추는 굿이 있다. 이렇게 볼 때, 나무통은 고대 씨족 간에 악기로 사용되었으며, 동시에 여성기를 상징하는 신례(神禮)였다. 다시 말하면, 영고는 씨족 공동신에게 풍년과 행복을 비는 굿으로 연중행사라 해석된다. 고구려의 동맹, 동예의 무천 등 가무음주하여 즐긴 습속도 이와 유사하다.

마한도 5월에는 밭에서 귀신에게 제사를 하면서 노래하고 춤추며 몇 날을 함께 보냈고, 10월에도 다시 되풀이했다고 전한다. 이것은 5월의 농업 신에 대한 제사이며, 10월의 추수감사제이다. 『위지(魏志)』「삼한전(三韓傳)」에 의하면, "이들은 귀신을 믿어 국읍(國邑)에는 천신을 주제하는 천군(天君)이 있으며, 별읍(別邑)에는 소도(蘇塗)가 있어서 큰 나무에 방울[鈴]과 북[鼓]을 걸어두어 귀신을 섬겼다."

라고 한다. 천군은 샤만이요, 소도는 샤만의 의식을 하는 장소이며, 방울과 북은 샤만의 신품(神品)이며 신굿[齋神]에 필요한 물품이다.

진한 사람에게는 일월신, 산악신(山嶽神) 등 잡다한 신앙이 있었는데, 남해왕의 경우 속어로 차차웅(次次雄)[중]이라 하였고, 그의 누이 아노(阿老)가 신묘에 봉사하는 무당이었다. 왕실의 이와 같은 집단 무격의 형태는 정치와 주술적 무당집단이 함께 하는 군무일치(君巫一致)의 형태를 보여준다.

이러한 굿을 주관하는 인간을 무당이라고 한다. 무당, 즉 샤만은 여진(女眞)의 샤만Shaman · 살만(薩滿) · 사무(師巫)에서 유래한다. 이를 우리는 무당Mutang, 혹은 여무(女巫)라고 한다. 무(巫)는 고대의 신교(神敎)를 주관하던 사람으로 가무(歌舞)로 신이 내리기를 빌어 복(福)을 구하였다. 여진의 살만은 우리의 무당이며 만신(万神)이었다. 이들이 제사 지내는 곳을 당(堂)이라고 한다. 예를 들면 국사당(國師堂), 성황당(城隍堂), 산신당(山神堂), 칠성당(七星堂), 도당(都堂), 신당(神堂) 등으로 불리운다.

(3) 유교(儒敎)

중국에서 한자가 도입되어 사용되면서 유교적 합리주의 사상이 지배층을 중심으로 일반화되기 시작하였다. 그리하여 원시신앙인 태양신 숭배는 유교의 천(天)사상과 결부되어 강력한 국가를 구성하는 이론적 뒷받침이 되었으며, 농경의 발달과 아울러 대가족주의 질서의 근본 윤리인 유교의 효(孝)가 적극적으로 받아들여졌다. 또 가부장적인 전제군주제도가 채택되어 발전함에 따라서 충(忠)도 강조되었다.

고구려 소수림왕 2년에 처음으로 유교교육기관인 태학(太學)이 건립되고 교과로는 오경(五經)과 삼사(三史)가 채택되었다(『三國史記』「高句麗本紀」 小獸林王; 『北史』卷94「高句麗傳」). 『구당서(舊唐書)』에 의하면, "책을 사랑하여 비천한 자도 큰 집을 거리에 세워 '경당(扃堂)'이라 하고, 자제들은 혼인할 때까지 주야로 이곳에서 글을 읽고 궁술(弓術)을 연마하였으며, 교과로는 오경과 『사기』 · 『후한서』 · 『삼국지』 또

손성의 『진춘추』·『옥편』·『자통』·『자림』 등을 사용하고, 특히 『문선』을 애독하였다.”라고 하였다(『舊唐書』「列傳」第149 東夷高麗). 이와 같은 기록은 유교가 적극적으로 보급되었음을 의미한다.

백제의 유교 보급도 고구려의 경우와 흡사하였는데, 건국 초부터 유교를 수용하여 4세기 경에는 유교교육기관이 완비되었다. 근초고왕 29년에 고흥(高興)이 박사가 되었으며, 박사 왕인(王仁)은 『천자문』과 『논어』를 일본에 전하였고, 무령왕 때에는 오경 박사라는 관직을 두었다.

신라는 6세기 경부터 적극적으로 유교가 보급되어, 신라 진흥왕은 「북한산비」에서 “충신정성(忠信精誠)”이라 하고, 「황초령비」와 「마운령비」에 “수기이안백성(修己以安百姓)”이라 하여, 유학에서 쓰는 용어가 많이 보인다. 503년에는 왕호를 중국식으로 개칭하고, 국호와 연호도 유교식으로 고쳤다. 639년 성덕여왕 8년에는 당나라로 유학을 장려하여 수많은 청소년들이 당으로 보내졌다. 이에 당의 선진 문물 수입을 위해 진취적 노력을 계속하여 김대문(金大問), 강수(强首), 설총(薛聰)과 같은 석학을 배출하였다. 특히 설총은 7세기 무열왕 때부터 8세기 성덕왕 때까지 활동한 동국(東國) 유학의 시조로 『화왕계(花王戒)』 일편이 『삼국사기』에 전하고 있다. 그 내용은 간사하고 아부하는 무리를 버리고 정직한 자를 등용해야 한다는 군왕의 길을 신문왕에게 설파하고, 소인과 군자를 가리어 써야 한다는 유교적 도덕관으로 일관되어 있다. 이로 보아 유교적 사유가 성행했음을 알 수 있다.

(4) 불교(佛敎)

한국 불교는 고구려 때부터 전해졌다. 중국의 지도림(支道林; 支道, 314-366)은 고구려 미천왕 15년에서 고국원왕 63년 사이에 생존한 승려로, 고구려 도인(道人)에게 글을 보냈다고 전한다. 또한 372년 여름 6월에 중국의 전진왕(前秦王) 부견(符堅, 314-385)이 사자(使者)와 승려 순도(順道)를 보내오고 불상과 경문을 가져온 것에 비하면, 연대적으로 앞서 있다. 그러나 374년에 승려 아도(阿道)가 다시 와서 초문사(肖門寺)와 이불사(伊弗寺)를 건립하고, 순도·아도로 각각 포교하게 한 것이 '해동불법(海東佛法)의 시초'라 하여 불교가 공식적으로 전래된 것으로 삼는다. 순도와 아도가 어떤 종류의 신앙을 가진 자인지, 따라서 고구려 불교의 초기 성격이 어떤 것인지 알 길이 없다. 뿐만 아니라 순도·아도가 가져 온 경문과 불상의 종류도 알 길이 없다. 그러므로 당시의 중국 교계의 형편으로 짐작할 수밖에 없다.

당시 중국은 5호 16국 시대로 군주들이 서로 다투어 불법을 독실하게 믿었다. 후조(後趙, 328-352)의 석륵(石勒)·석호(石虎), 양 군주는 신이영험(神異靈驗)하며 덕화(德化)로 이름 높은 불도징(佛圖澄, 232-348)의 감화를 받았으며, 전진의 부견은 도안(道安)을 존중하였다.

『고승전(高僧傳)』「도안조」에 "부견이 외국에 사신과 7척 금박동상 및 금좌상을 보내고 또 결주미륵상을 보냈다."라고 하였으니, 고구려에 보낸 것도 미륵상 종류이며 경문도 도안과 관계가 있는 미륵의 두솔왕생의 전토계가 아닐까 하는 학자도 있다. 그러나 소수림왕 2년에 도안은 아직 부견의 귀의를 받지 못하고 양양에 있을 때이다. 부견이 도안의 명성을 듣고 양양을 공격하여 장안으로 데려온 것은 그보다도 7년 후인 379년이니, 순도·아도는 도안계이며 도안사상이 반영된 경문과 불상을 가져왔다고 믿기는 어렵다.

도안 이전의 중국 불교는 격의불교(格義佛敎) 시기로 노장(老莊)의 무(無)와 반야경의 공(空)을 동일시하였으며, 무인무과(無因無果), 악인악과(惡因惡果)처럼 인과적인 것으로 이해하였다. 또 도안의 스승인 불도징은 신이영위(神異靈威)하고 덕화력이 강하며, 신주(神呪)와 계행(戒行)에 뛰어 났었다. 원래 이러한 주술력의 발휘는 그 지방의 토속신앙과 습합된 것이다. 그러므로 부견과 불도징 간에 서로 직접적인 관계가 없었다 하더라도 감화가 미쳤을 것으로 생각되며, 순도·아도 역시 주술계행(呪術戒行)과 인과구복(因果求福)의 도덕 불교로서 감화를 주로 한 승려가 아니겠는가 상상된다. 왜냐하면 '샤만'적인 주술의 토속신앙과 습합한 형태가 첫 단계의 교선(敎線)을 펴는 데는 유리했기 때문이다. 그러므로 고국양왕 9년에 불법을 숭신하여 복을 구하라 하고, 국사종묘(國社宗廟)를 수립하는 령(令)이 있었다.

『북사』「고구려전」에 의하면, "10월에 제천(祭天)하고 또 불법을 믿으며 귀신을 공경하여 음사(淫祠)가 많았다."라고 하였다. 또한 『동사강목(東史綱目)』에도 "다신(多神)의 하나로 부처를 섬기며 구복(求福)과 양요(禳妖)로 씨족신, 국사신 등과 귀신을 아울러 모셨다."라고 했으니, 이는 고구려의 토속신과 불교의 습합 형태라 해석되며 기도 불교가 수용되었음을 뜻한다.

이후, 광개토왕(廣開土王) 때, 담시(曇始)가 경율 수 십부를 전하고 요동에서 선화(宣化)하여 삼승교(三乘敎)를 밝히고 귀계(歸戒)를 세우니, 고구려 문도(聞道)의 시초라 하였다. 문도의 시초라 한 것은 경율을 전하였다는 사실보다도 교리의 이해가 깊어지고, 신도의 수준이 비약했음을 뜻한 것이라 해석하고 싶다. 결국 고구려 초기 불교는 기도 구복을 본질로 하고 토속적인 무습(巫習)과 습합한 신앙이 주류를 이룬 것이라 생각된다.

백제는 고구려보다도 12년 늦게 침류왕 원년(384년) 9월에 동진으로부터 호승(胡僧) 마라난타가 왔으며, 다음 해 9월에는 한산(漢山)에 불사(佛寺)가 창건되어 승려 10인을 두었다. 『해동고승전』「마라난타전」에는 그가 신이감통(神異感通)이라 할 뿐이며, 성왕 19년(541년) 양무제(梁武帝)에게 조공할 때 모시박사(毛詩博士)와 열반등경(涅槃等經) 경의(經義) 및 공장(工匠)·화사(畫師) 등을 청하였다고 한다. 『삼국유사』에 의하면, 침류왕자 아신왕(阿莘王)이 즉위한 해, 즉 동진 태원 12년 2월에 불법을 숭신하여 복을 구하라고 명령하였으니, 백제 불교가 동진 불교와 어떤 관계가 있었는지 알 길 없다. 그러나 진쯥에서 건너온 마라난타는 서역 사람이라, 동진 불교의 주류인 반야사상을 그대로 수용하리 만치 백제의 지적 수준이 성숙되어 있었다고 이해하기는 곤란하다. 그러나 아신왕의 구복하교(求福下敎)는 인과응보의 기도 불교로 발전한 것이라 생각된다. 특히 중국의 불도징의 개인적인 덕화 위주의 포교방식과 같이 마라난타도 신이감통이라 한 것으로 미루어 주술계행과 덕화를 목적으로 한 기도 불교가 아닌가 생각된다. 그리하여 고유의 신앙과 별 마찰이 없었다 생각된다.

백제 불교는 그 후 동진(東晋)·송(宋)·위(魏)·제(齊)·량(梁) 등의 영향을 계속적으로 받고 발전하여 성왕(聖王) 때는 수많은 경론이 다시 전래되는 한편 일본에까지 교선을 폈다.

『일본서기』권20에 백제 성왕의 아들 때에, "경론과 율사·비구니·주금사·조불사·조사공 6인을 보내왔다."라고 하였고, 또 "백제에서 온 녹심신(鹿深臣)이 미륵석상 1구를 가졌다."라고 하였다. 동진의 도안계인 혜원 등의 정토신앙과 백제에서 미륵석상을 일본에 보냈다는 사실을 아울러 생각한다면, 백제에서도 동진의 유행사상이던 정토신앙의 영향을 받았으며, 특히 미륵 정토신앙이 발전되어 일본에까지 영향을 준 것이라 짐작된다. 성왕은 처음 석가불의 금동상 하나를 일본에 보냈는데, 그 후에 미륵상과 같은 특수한 신앙의 대상인 불상을 일본에 전하였다는 사실은 성왕으로부터 위덕왕 때까지 백제 불교가 조직적으로 발전하고 교리의 깊은 이해가 선행되었다 할 것이다.

신라는 삼국 중에서 가장 늦게, 즉 고구려보다는 약 256년 늦고, 백제보다는 144년이나 늦은, 법흥왕 15년(528년)에 불교가 전해졌다. 그러나 지눌왕때, 벌써 사문 묵호자가 고구려를 거쳐 지금의 경북 선산의 모례(毛禮) 집에 머물면서, 향(香)의 용도로 삼보(三寶)에 치경(致敬)할 때 분향(焚香)함으로써 영험이 있다고 알리고, 왕녀의 병을 고쳤다. 이는 다분히 주술적인 냄새를 풍기고 있다. 그도 서역에서 온 주술적인 밀교계(密敎系)의 승려가 아닐까 생각된다.

그 후 초지왕 때 아도(我道) 화상이 시자 3인과 더불어 경율을 강하여 신봉자를 얻었으며, 모례 집에 있다가 도리사를 창건하였다고 한다. 조사결과 모례장자의 집터와 아도화상의 사적비가 선산 해평의 태조산에서 발견되었다. 이는 법흥왕 15년 신라 불교 전래 이전에 이미 고구려 불교의 영향을 입어 민간에 유표된 예의 하나다. 그러나 불교 공인에 이르러 찬성과 반대의 양론이 있어서 그 실행을 보지 못하였다. 이는 이차돈의 순교로서 해결되었다. 그때의 반대론자들은 반대 이유로, 첫째, 승려의 모습이 동두(童頭)·동복(童服)으로 일반 습속과 맞지 않고, 둘째, 불교의 교화가 종래의 습속과는 달라 기이하며, 셋째, 유포했다가 해를 당하면 어떻게 하느냐는 것 등이었다.

이로 미루어 신라인의 자주적이며 비판적인 기상과 외래 문물 수용에 있어 민족적 자부심을 엿보게 한다. 불교의 수용이 고구려나 백제와는 달리 첫째, 256

년이라는 연대적 격차로 그동안 이론적으로 발전한 고구려 혹은 백제의 지적 수준에 뒤따르지 못했을 것이고, 둘째는 당시 삼국 간의 국제적인 감정관계도 적지 않게 적용되어 신라의 불교 수용이 그다지 쉽지 않았다고 판단된다.

그러나 법흥왕은 이미 불교를 이해하고 있어 공인을 강행할 때 이차돈의 순교는 결정적인 도움이 되었다. 이차돈이 "불(佛)에 신이 있다면 반드시 기이한 일이 일어날 것이다."라고 한 그의 유언에는 주술적인 냄새가 있다. 법흥왕 16년에는 벌써 법력으로 살생을 금지하였으니 교리의 이해가 급진했음을 알려주며, 기도구복의 현세 이익 불교가 청산되어 가는 과정을 설명해 주고 있다. 진흥왕 26년(565년)에는 진(陳)의 명관(明觀)이 불교경론 1,700여권을 가져왔고, 동왕 때 장육동상(丈六銅像)이 주조되는 등 대규모의 불교 수용이 이루어졌다.

(5) 도교(道敎)

고구려 국강왕(國岡王)이 백제를 칠 때, 백제의 근초고왕은 태자에게 방위하게 하였다. 태자가 외적을 격퇴하고 다시 추적하려 할 때 장군 막고해(莫古解)가 간하기를, "일찌기 도가의 말에 지족(知足)이면 불욕(不辱)이라 하고 지지(知止)면 불태(不殆)라 하였으니 이제 얻은 것도 많은지라, 하필 또 더 구할 것이 무엇이냐." 하여 중지하게 하였다(『삼국사기』『백제본기』). 이처럼 『도덕경』의 구절이 인용된 것으로 볼 때, 백제에 『노자도덕경』이 전해져 이해되고 있었다고 생각된다.

신라는 효성왕 2년(738년)에 당으로부터 『노자도덕경』이 수입되었다. 도교는 도(道)를 우주의 유일자로 삼고 무위자연(無爲自然)을 처세철학으로 삼았는데, 당나라 때 특히 유행한 사상이다. 도교는 불교의 공(空)과 노장학의 무(無)가 비교 연구되기도 하였으나, 유학의 실천철학과는 근본을 달리하여 우주론에 있어서 특이한 논리를 전개하였다. 그러나 가부장적인 전제정치가 발달함에 따라 그 이념적 뒷받침의 자리를 유학에 빼앗기고 만다. 그러므로 도가의 사상은 불교의 성행과 더불어 연구되었다. 중국 동한(東漢) 때부터는 노자를 신격화하여 도를 왜곡하고 주술적 방법으로 장생불노(長生不老)와 질병구제(疾病救濟)의 방법을 혼용하여 도교를 만들었다.

이 도교는 고구려 보장왕 때 당 고조가 무덕 7년에 도사 숙달(叔達) 등 8명을 고구려에 보내어 그 선화(宣化)를 도왔다. 보장왕 때 연개소문은 도교 수입을 건의하여 "삼교[유교·불교·도교]를 비유하면 솥의 세 다리와 같아 그 중의 하나도 없어서는 안 된다. 지금 유교와 불교는 번창하지만 도교는 성하지 못하니 천하의 도술을 다 갖출 수 없다."고 하였다. 왕은 정책적으로 도사와 『노자도덕경』을 수입하고 불교 사원에 도관(道觀)을 마련하였다. 또 도사에게 승려보다 높은 지위를 주어 불(佛)과 도(道)의 항쟁을 일으키기도 하였다. 연개소문의 건의는 유·불·도의 장점을 취하여 종합적인 새로운 기풍과 사상을 창조하려는 것이었다. 이는 고구려 말의 새로운 사상 개혁 운동이라 볼 수 있다.

한국교육사의 통합적 이해

－일제강점기 이전까지 남한과 북한의 교육사 인식－

제 3 장

고대사회의 교육

제 3 장
고대사회의 교육

    동서양을 막론하고 고대사회의 교육은 일상생활 속에서 거의 무의식적으로 이루어졌다. 가족과 사회집단 속에서 생활하면서 가르치고 배우고 익히는 삶이 바로 교육의 과정이었다. 대부분의 아이들은 어른들의 생활을 보고 따라하면서 어른들을 닮아 갔다. 교육사학자 몬로P. Monroe는 원시교육의 두드러진 특징으로 '비진보성'과 '모방'을 들었다. 즉 원시인들은 있는 그대로의 자연 환경에 순응하며 실제 생활의 필요에 따라 무의식적인 모방에 의존하다가, 점차 의식적 모방의 단계를 거쳐 정교(政敎)적 의식과 주문, 수렵, 원정, 파종, 부족의 신화와 전설 등에 관한 이론적 교육으로 이행해 갔다고 설명한다. 인간의 의식이 높아지고 문화가 발달하면서 점차 의식적인 훈련 형태의 교육이 나타나게 되었다는 말이다. 요컨대, 사회생활이 조직화 과정을 거치고, 그 구성원에게 요구되는 자질이 새롭게 대두되면서 성년식과 같은 공적인 교육과정이 생겨났다.

1. 고대사회에 대한 인식

한국의 고대사상을 정돈하는 작업은 간단하지 않다. 먼저, 한국의 고대를 어떻게 설정해야 하는가? 시대구분 문제에 봉착한다. 다음으로 사상에 관한 기록의 실존 여부와 그 신빙성도 문제다. 당시의 역사 기록은 존재하는가? 역사적 사실을 통한 사유나 사상을 확인할 수 있는가?

한국의 고대사상에서 교육적 사유와 활동을 도출하는 문제는 형이상학의 영역으로 남아 있을 수밖에 없다. 우리는 역사에 대한 이해와 후대의 기록을 통해 형이하학의 차원으로 인식하려고 노력할 뿐이다. 왜냐하면 역사는 과거를 공부하지만 과거를 위해서가 아니라 현재와 미래를 위해서 탐구하기 때문이다. 문제는 과거를 살펴보는 행위 자체로 현재와 미래가 저절로 열리지 않는다는 점이다. 과거의 사실들은 박물관에 전시되어 있는 유물과도 같다. 그러기에 우리는 박제(剝製)처럼 남아 있는 과거에 생명력을 불어넣어 현재적으로 일으키고 미래의 삶을 인도할 필요가 있다. 그것이 역사적 해석이다. 한국 고대사상의 교육적 독해도 이런 맥락에서 진행된다.

한국의 고대사회는 초기 연맹국가 수준에서 귀족국가 단계로의 발전시기, 즉 한 민족 최초의 국가인 고조선에서 신라의 삼국통일에 이르는 기간에 한 민족의 정신 세계를 지배한 사유로 정돈할 수 있다. 그런데 안타깝게도 당시의 당사자들에 의한 직접적 역사 기록은 존재하지 않는다. 따라서 중국의 역사서에 의존하여 구명할 수밖에 없다. 다행인 것은 고려시대의 기록인 『삼국사기(三國史記)』와 『삼국유사(三國遺事)』를 통해 추론할 수 있다는 점이다. 지은이의 정치적 입장과 신분 특성을 고려할 때, 김부식이 지은 『삼국사기』는 유교적 사유가 반영된 것이고, 일연의 『삼국유사』는 불교적 세계관이 녹아 있다. 이 중에서도 한국 고대교육의 구체적 내용과 특성을 드러내는 장면은 많지 않다. 고조선 건국신화나 신라 때의 풍류, 화랑도, 원광법사의 세속오계 등이 이에 속한다.

한편, 북한은 역사적 유물론에 근거하여 고대사회의 교육을 다음과 같이 인식한다.

> 우리나라 고대사회의 교육은 당시의 사회계급과 경제, 문화 발전과 밀접한 연
> 관 속에서 발전하였다. 노예소유자 사회의 교육은 무엇보다도 당시의 사회계급
> 관계와 떼어놓고 생각할 수 없다. 노예주와 노예 사이의 대립과 투쟁이 사회관
> 계의 기본을 이루고 있던 고대사회에는 노예소유자 계급이 노예와 하호를 비
> 롯한 광범한 근로대중을 억압하고 착취하기 위하여 만들어낸 관료조직과 행정
> 기구, 법, 군대, 감옥 등이 있었으며 사적 소유에 기초한 노예소유자들의 경리
> 가 주도적인 경리 형태로 되어 있었다. 한 마디로 말하여 우리나라 고대국가들
> 에서의 정치적 및 경제적 관계는 모두 노예소유자 계급의 이익에 맞게 편성되
> 어 있었다(홍희유 · 채태형, 1995: 6-7).

그렇다고 할지라도, 남한과 북한에서 서술한 교육사의 공통점은 국가의 건립
을 기준으로 시대구분을 하고 있다는 점이다. 물론 북한에서는 이때의 국가를 우
리나라 역사상 초기의 계급국가로 이해한다(홍희유 · 채태형, 1995: 11). 남북한 교육
사에서 공히 한국의 고대에 속한 국가로는 고조선과 부여, 동예 등의 열국, 귀족
국가인 고구려 · 백제 · 신라의 삼국과 통일신라와 발해로 대별되는 남북국 시대가
이에 해당한다.

2. 고조선의 교육: 건국신화의 교육적 맥락

한국의 고대사상, 그 시원을 찾기 위해서는, 『삼국유사』 「기이(紀異)」의 첫 번
째 대목인 "고조선"으로 들어갈 수밖에 없다. 그런데 고조선에 등장하는 환웅이
나 환인 등은 신(神)으로 묘사되고, 그들과 관련된 이야기는 신화(神話)로 치부된
다. 신을 믿느냐 믿지 않느냐의 문제도 심각한 일인데, 괴이한 이야기로 가득한
신들의 이야기인 신화를 어떻게 믿을 수 있는가? 하지만 『삼국유사』의 저자 일

연은 신화를 괴이하게 여기지 않았다. 그러기에 나름대로 확신을 갖고 "고조선"에 대한 기록을 자신의 저서 맨 앞쪽에 다음과 같이 기록하였다.

> 옛날 성인이 문화를 가지고 나라를 창건하고, 인의(仁義)의 도로 교화를 베풀 때, 괴이한 일이나 폭력, 도깨비 이야기와 같은 것은 어디에서도 말하지 않았다. 그러나 제왕이 일어나 나라를 건설하려고 할 때, 하늘은 천자가 될 자에게 신비로운 표식을 내렸다. 이런 일은 기록상으로 보아도 무수히 많다. 고구려·백제·신라 삼국의 시조들이 모두 신비로운 기적으로부터 태어났다는 것이 무엇이 그리 괴이한가! 그것은 괴이한 일이 아니라 얼마든지 그렇게 형용할 수 있는 부분이다. 그래서 고조선 건국 당시에 일어난 이야기도 『삼국유사』 첫 머리에 그대로 싣는다(『三國遺事』「紀異」).

그것은 신들의 이야기라기보다 인간들의 삶을 반영한 이미지 형상이다. 동서고금을 막론하고 인류 최초의 지혜는 신화 속에 결정(結晶)되어 있다. 원시인의 신앙·도덕·과학·역사에 대한 요구와 노력은 종합적으로 신화로서 표현되었다. 신화[Myth]라는 것은 유사 이전에 내려오는 희랍어 뮤토스Muthos를 번역한 용어로 원시시대, 또 원시사회의 인류가 그들의 독특한 심리, 감각 또는 추리력으로 자연계와 인간생활상 등 모든 사물의 내력을 설명하는 데서 발생 또는 성립한 지식의 덩어리이다.

신화의 내용은 초자연적 세력을 빌어 모든 것을 설명한다. 주술이나 제례와 더불어 친밀한 관계를 지는 측면에서는 종교와 비슷하다. 자연계의 물상(物象)이나 현상의 유래, 그것의 성립을 탐구하려는 측면에서는 과학과 비슷하다. 또한 사회집단생활의 문화 현상을 천명하려는 측면에서는 역사와 비슷하기도 하다. 이는 곧 원시인의 종교나 과학, 역사를 통괄한 존재가 신화라는 사실을 나타내는 것이다.

이를 테면 미개시대의 인간은 문화적 인간과 판이한 사고방법을 지니고 있다. 그들은 이 천지 간에 일종의 영력이 있다고 믿고, 만물과 사람 사이에 서로 융통감응(融通感應)하는 관계가 있다고 생각한다. 그 중에 어떤 것은 씨족의 뿌리나 수호자로 삼고, 어떤 것은 집단의 표상으로 받듦으로써 사회약속의 유대로 삼는다. 그런 것이 진보하면, 신령스러운 힘은 인격화 과정을 거치고, 표상은 신격화 과정을 거쳐, 하나의 강고한 민족신앙으로 성립된다.

학술적으로 볼 때, 이러한 신령스러운 힘을 '마나Mana'라 하고, 씨족의 수호자로 믿는 것을 '토템Totem'이라 이른다. 신령스러운 힘 또는 신격화 과정을 거친 것을 외경하기 위해, 사회적으로 금지하는 행위를 '타부Taboo'라고 한다. 이런 것을 통합하여 만든 신앙의 형태가 원시종교이며, 원시사회는 이 종교를 중심으로 하여 기축(祈祝), 제사본위(祭祀本位)로 다스림을 지속한다. 그 정치 형태를 '신정(神政; Theocracy)'이라고 말한다.

이러한 사실과 관계되는 여러 신의 활동을 종합적으로 표현하여 신념적으로 전승한 것이 신화의 내용이다. 신화는 그때 그들에게 있어서 비유도 아니고, 우어(寓語)도 아니다. 엄숙하고 적실(的實)한 움직일 수 없는 사실이었다.

신화에 나타나는 여러 신의 행위는 곧 신화를 가지고 있는 여러 사람의 행위와 동일하다. 신화에 나오는 일체의 관계는 신화가 있는 여러 사람의 상호관계로서 통일체이다. 그러기에 그것은 신과 인간이 동체(同體)요, 세계의 모든 관계가 상즉상입(相卽相入)해 있는 관계이다. 이러한 형태에서는 당연히 신의 세계가 인간의 세계요, 신화가 곧 사실이었다.

다시 말하면, 신화는 단지 신화로 그치는 것이 아니다. 물론 신화는 신의 이야기임에 분명하다. 따라서 신화의 주인공은 신이요, 신화는 신의 세계를 풀이한 것이다. 하지만, 그 신은 실상 인간의 영웅을 신화화한 것이요, 인간의 생활을 신화한 것이므로, 신화는 곧 고대 사람들의 생활과 지식, 이상이 반영된 삶의 이야기이다. 그러므로 신화는 신의 이야기가 아니라 인간이 터득하고 만든 원초적인 인간의 이야기이다. 때문에 신화는 인간이 발견한 정치와 사회, 과학과 문학, 역사와 교육의 원형으로서 의의를 지닌다(이은봉, 1986).

모든 신화는 신화라는 공통된 본질의 민족적 표현과 민족적 변성(變性), 민족적 소장(消長)에 지나지 않는다. 그러므로 우리는 신화로서 고대 한국인의 심리와 민족적 사고방식의 원형을 찾을 수 있고, 고대의 사회구조와 문화권의 접촉이 어떠했는지 그 유연성을 찾을 수 있다. 신화를 통해 한 민족의 역사적 풍토와 민족 문화의 성격, 민족이 추구한 이념의 원형과 방향을 추출할 수가 있는 것이다.

우리가 신화에서 신화적 요소를 제거한다면, 거기에는 인간학적 요소가 풍부하게 담겨 있다(이을호, 1986). 우리 민족의 건국신화에 등장하는 환인과 환웅, 단군과 관련된 이야기도 단순히 형이상학적인 신들의 괴이한 이야기가 아니다. 그것은 철저하게 당시 인간의 삶이 녹아 있는 윤리적이고 정치적인 삶의 지속을 염원하는 교육적 차원의 설화이다. 『삼국유사』에는 고조선, 이른 바 왕검조선(王儉朝鮮)의 건국설화 내용을 다음과 같이 기록하고 있다.

2천년 전에 단군왕검이라는 이가 있어 현재의 황해도 구월산 지역인 아사달(阿斯達)에 도읍을 정하고 나라를 세워 이름을 조선이라 하였다. …… 옛날에 하느님인 환인(桓因)의 아들 중에 환웅(桓雄)이 있었다. 그는 자주 자신의 나라를 가져볼 뜻을 내비쳤다. 그러면서 인간 세상을 탐내었으며 그곳에 가고 싶어 했다. 아버지 환인은 아들 환웅의 이러한 뜻을 알아차렸다. 늘 인간 세상을 내려다보며 아들이 어디로 가면 좋을지 고민했다. 그러다가 황해도 구월산 일대의 삼위(三危) 태백(太白)을 발견했다. 이곳은 아들이 인간을 널리 이롭게 할만한 곳으로 판단되었다[弘益人間]. 그리하여 한나라의 임금을 상징하는 천(天)·부(符)·인(印) 셋을 주며 내려가서 다스리도록 하였다.

환웅은 3,000명의 무리를 거느리고 현재의 묘향산인 태백산 꼭대기 신단수(神檀樹) 아래로 이주해 왔다. 그리고 거기를 신시(神市)라 명명했다. 아울러 환웅은 환웅천왕(桓雄天王)으로 일컬어졌다. 그는 바람을 담당하는 고문인 풍백(風伯)과 비를 담당하는 고문인 우사(雨師), 구름을 담당하는 고문인 운사(雲師)를 통해, 농사와 생명, 질병과 형벌, 선악(善惡) 등을 맡게 하였다. 그리고 인간이 살아가는 데 필요한 360여 가지의 일을 주관하여, 세상을 살면서 정치와 교화를 베풀었다[在世理化].

이때, 곰 한 마리와 범 한 마리가 같은 굴에 살면서, 늘 신령스러운 환웅에게 인간으로 되게 해달라고 기원하고 있었다. 이에 환웅은 쑥 한 다발과 마늘 스무개를 주면서, 이렇게 말하였다. "너희들이 이것을 먹고 100일 동안 햇빛을

보지 않으면 사람의 형상이 될 수 있으리라." 곰과 범은 이를 받아먹었다. 그
리고는 21일 동안 햇빛을 보지 않는 금기를 지키기 시작했다. 금기를 제대로
지킨 곰은 여자가 되었으나, 범은 금기를 지키지 못해 사람이 되지 못하였다.
곰은 여인[熊女]이 되기는 했으나 혼인 할 상대가 없었다. 늘 신단수 아래에서
아기를 잉태하게 해달라고 빌었다. 이에 환웅이 잠시 사람으로 둔갑하여 웅녀
와 혼인을 하고, 웅녀는 아들을 낳았는데, 그 이름을 단군왕검(檀君王儉)이라 하
였다.
이 분은 중국의 요(堯)임금 즉위 50년에 나라를 세웠는데, 지금의 서경인 평양
성에 도읍을 정하고 국호를 조선(朝鮮)이라 하였다(『三國遺事』 「紀異」).

환인에서 환웅, 그리고 환웅과 웅녀, 단군의 관계망에서 우리는 무엇을 발견
할 수 있을까? 환웅은 농경사회의 최고지도자이다. 왜냐하면, 그는 농사의 근본
요건인 바람과 비와 구름을 주관하는 참모들을 거느리고 왔기 때문이다. 뿐만 아
니라 농업·의료·법률·도덕 등을 통해 국가를 다스리며 정치력을 발휘했다. 여
기에는 인간사·인간 행위를 관장하여 '모든 사람이 더불어 사는 세상'을 만들려
는 열망이 깃들어 있다.

그 열망은 환웅 자신의 포부와 아버지인 환인의 지원이 결합하면서 현실태
로 등장한다. 환인이 제기한 홍익인간의 바람은 아들 환웅을 통해 지상에서 구현
된다. 환웅은 앞에서 비, 구름, 바람을 담당하는 고문들의 도움을 받아서 인간을
다스리는 존재다. 지상의 세계로 내려온 환웅천황은 인간을 다스린다. 그 다스림
의 이념적 도구는 아버지 환인이 고려한 '홍익인간'이다. 널리 인간을 이롭게 할
수 있으리라! 이는 현재 대한민국의 교육이념으로 자리하고 있다.

그렇다면 환웅은 무엇을 통해, 인간을 이롭게 할 수 있었을까? 다시 환웅설
화 속으로 들어가 보자. 환웅은 "바람을 담당하는 고문인 풍백(風伯)과 비를 담당
하는 고문인 우사(雨師), 구름을 담당하는 고문인 운사(雲師)를 통해, 농사와 생명,
질병과 형벌, 선악(善惡) 등을 맡게 하였다. 그리고 인간이 살아가는 데 필요한
360여 가지의 일을 주관하여, 세상을 살면서 정치와 교화를 베풀었다[재세이화
(在世理化)]."라고 자신의 홍익인간 사실을 드러낸다.

　　그것은 환웅으로 상징되는 한국 고대인들의 사유였다. 이러한 다스림을 통하여 '인간을 이롭게 할 수 있다'고 우리의 선민(先民)들은 생각했던 것이다. 홍익인간의 핵심 내용을 다시 정돈하면 다음과 같다.

　　첫째, 경제적 풍요를 지향한다.
　　둘째, 사회적 지위를 획득한다.
　　셋째, 일신의 안녕을 추구한다.
　　넷째, 사회적 질서를 유지한다.
　　다섯째, 도덕·윤리적 가치를 부여한다.

　　경제적 풍요를 비롯하여 도덕·윤리적 가치의 부여에 이르기까지, 고조선 건국신화의 내용을 뒷받침할 만한 자료는 중국의 사료인 『한서』이다(『漢書』「地理志」). 특히, 『한서』에 등장하는 '8조범금(八條犯禁)'의 내용은 매우 중요하다. 그것은 엄밀히 말하면 단군조선의 것이 아니다. 은나라의 기자가 조선으로 가서 백성을 다스렸다는 '기자조선'의 이야기이고 한사군(漢四郡)의 낙랑군에 속하는 사람들의 제도이다. 하지만, 고조선이라는 한반도의 선인들의 생활풍습임을 고려한다면, 한국 고대 사유의 일부로 보는데 무리는 없다고 판단한다.

　　'홍익인간'의 핵심 내용 중, 경제적 풍요는 농사를 통해 생산력을 확보하는 과정에서 발생하였다고 추측된다. 중국측 사료에 의하면 고조선은 "상곡(上谷)으로부터 요동(遼東)에 이르기까지 땅은 넓고 인구는 적어 자주 외적의 침입을 받기도 했지만, 생선과 소금, 대추, 밤 같은 것이 풍족하였다."고 기록되어 있다.

　　사회적 지위는 사회에 필요한 다양한 직책과 그런 것에 대한 생명력 부여 차원에서 살펴볼 수 있다. 예컨대, "농사짓는 백성들은 대부분 대나 나무로 만든 그릇을 사용하여 음식을 먹었고, 도읍지에 사는 관리나 장사꾼들은 종종 술잔 같은 용기를 사용하여 음식을 먹었다." 이는 처한 상황에 따라 그에 적절한 문화를 향유한 것으로 이해된다.

　　일신의 안녕은 질병의 예방과 치료를 고려하여 공동체 구성원의 생명과 안전을 고민하는 데서 확인된다.

사회적 질서는 형벌을 주관하는 참모를 통해 체제유지를 모색한 데서 알 수 있다. 특히, 사회적 질서유지는, '8조범금'을 통해 구체적 내용을 확인할 수 있다. 현재 전하는 '8조범금'은 여덟 가지 모두를 갖추고 있지는 않다. 그러나 사회 질서유지의 내용을 자세히 전하고 있다. "사람을 죽인 자는 즉시 죽인다. 남에게 상해를 입한 자는 곡식으로 갚는다. 도둑질 한 자는 남자의 경우 그 집의 남자 종으로 만들고 여자인 경우 여자 종으로 만든다. 죄를 지었는데 용서받으려는 자는 한 사람 앞에 50만을 내게 한다."

도덕·윤리적 가치는 선악의 개념과 의미 부여를 통해 실천되었다고 판단된다. 그러기에 "죄 지은 자가 용서를 받아 평민이 되어도 부끄러움을 씻지 못하여 결혼을 하려고 해도 짝을 구할 수 없었고, 여자들은 모두 정조를 지키고 신용이 있어 음란하고 편벽된 짓을 하지 않았다."

이러한 내용은 건국신화를 구성하던 시기의 사회적 상황과 요구를 반영한다. 단군조선의 시대는 곡식을 주된 식량으로 삼는 농업 경제의 시대였다. 아울러 사회적 지위가 문제되는 계급사회의 시대이다. 질병으로부터의 해방을 위한 의료 행위가 존재하던 시대이고, 죄악을 다스리기 위한 사회적 장치로서의 형법이 존재하던 시대였다. 뿐만 아니라 옳고 그름의 도덕적 기준이 분명히 제시되던 시대였다. 이러한 시대적 요청이 건국신화에 반영되어 '홍익인간'의 이념으로 구성되었을 것으로 판단된다.

총체적으로 홍익인간의 내용을 다음과 같이 정돈할 수 있다. 정치적 차원에서는 단군을 통해 삶을 실현하는 민족국가의 성격을 지니며, 경제적으로는 이용후생(利用厚生)의 민본주의를 염원한다. 그런 정신을 실현하는 모습은 광제창생(廣濟蒼生)하는 인류 복지의 형태로 드러난다. 그러기에 현대교육적 의미에서 보면, 인간주의를 지향하는 휴머니즘humanism이요, 박애정신이 가득한 민본적 인간상을 염원하는 데모크라시democracy와 비슷하게 이해되기도 한다.

그리고 실제로 고조선에는 '박사'라는 벼슬이 있어, 과학문화 교육사업 전반을 담당하면서 교양교육사업을 체계적으로 진행하였다. 고조선 사람들은 『주역』

을 비롯한 각 부분의 서적을 널리 연구하고, 특히 천문기술과 수학에 능통하다고
전해지고 있다(홍희유·채태형, 1995: 11-12; 『三國志』; 『後漢書』). 이런 점에서 고조선
사회는 지식을 다루는 분야의 제도적 정비가 이루어졌고, 다양한 학문 연구가 진
행되었을 것으로 추측된다.

요컨대, 건국신화의 교육은 광명(光明), 사랑, 생명, 평등, 평화, 조화 등 인류
의 보편이념을 주요 내용으로 한다. 그것은 좁게는 한 공동체의 구성원에게 따뜻
하고 행복한 생활을 보장하는 것이 목표다. 공동체 구성원에게 삶의 조건과 교육
의 마당을 마련한다. 천상의 하느님인 환인이 자식인 환웅을 통해 지상의 세계에
관심을 갖고 삶의 조건을 적절하게 베푸는 장면을 연출한다. 달리 말하면, 천상
이라는 문명 세계의 교육 모습을 지상이라는 미개사회에 제공함으로써 교육의
질을 향상시킬 수 있는 자리를 마련한 것이다.

북한의 교육사에서는 이러한 건국신화의 내용에 대해 국가기구의 하나로서
교육기관의 존재와 공적 권력기구의 발생, 교육교양사업이 동시에 진행되었을
가능성을 제기한다.

건국신화의 내용을 잘 따져보면, 우리나라 고대국가들에는 국가기구의 하나
로서 교육기관이 있었다는 것을 알 수 있다. 환웅이 풍백, 우사, 운사들로서 곡
식, 생명, 질병, 형벌, 선악을 맡게 하고, 인간살이의 360여 가지 일을 맡아보면
서 세상을 다스리게 하였다는 이야기는 바로 공적 권력기구의 발생을 시사해주
는 내용으로 볼 수 있다. 당시 곡식을 맡아보는 사업이 중요한 직능의 하나로 되
어 있었던 것은 사회가 농업에 기초를 두고 있었다는 것을 말해주며, 형벌을 맡
아보는 사업이 직능의 하나로 되어 있었던 것은 상설적인 공적 권력이 있었다는
것을 의미한다. 이와 함께 생명, 질병, 선악을 맡아보는 직능이 동시에 수행되고
있었다는 것은 주민의 생명과 질병을 담당한 행정관이 있었다는 것을 보여준다.
그리고 사회질서를 유지하고 사회 도덕생활을 담당한 행정관이 있었으므로 경제
사업과 보건사업, 교육교양사업이 다같이 진행되었으리라는 것을 짐작할 수 있
다(홍희유·채태형, 1995: 11).

이러한 교육은 국가적으로 노예소유자 계급의 자식들을 위한 교육으로 정돈

된다. 즉 고대 노예사회에서 국가가 진행한 교육은 철저하게 노예소유자 계급의 계급적 지배와 착취를 성과적으로 보장하는데 필요한 인재 양성을 기본 사명으로 한다는 인식이다. 그러한 생각은 부여나 마한, 진한, 변한 등의 부족국가에도 동일하게 반영된다.

3. 고대 부족국가의 교육: 성년식과 도덕·군사교육

성년식initiation ceremony은 청소년기에 접어든 젊은이들이 공적인 시험의 과정을 거쳐 성인의 자질과 자격을 공인 받는 의식이다. 동서양을 막론하고 인류의 고대사회에서 성년식은 대개 종교적 의식과 함께 이루어졌으며, 젊은이들에게 신체적 고통을 가하여 시련을 이겨내게 하였다.

원시사회에서의 성인식은 젊은이들을 그 사회의 어른으로 만들어 주며, 종족의 집단적 동일성을 갖게 해 준다. 대부분의 경우, 신체의 일부에 고통을 주는 고난의식을 통해, 상징적으로 죽음의 분위기를 만들어 주고, 거기서 다시 상징적으로 재생(再生)의 기분을 맛보게 한다. 이런 재생의 의식을 통해 청소년들은 구출되었다는 경험을 하고, 그것은 씨족이나 부족 집단과 자아와의 진정한 통합을 인식하게 한다. 성년식은 고대 인류사회를 살았던 대부분의 부족에게 행해졌던 것으로 그 형식은 다양하다.

우리나라 고대의 성년식에 관한 기록은 『삼국지』「위서」"동이전"과 『후한서』「동이전」에 아주 짧게 전해오는 데 그 내용은 유사하다.

> 나라에서 성곽을 쌓을 때, 장정들이 필요하여 젊고 용감한 청소년들을 모아 등 가죽에 구멍을 내고 새끼줄을 꿰웠다. 아울러 그 줄에 큰 나무를 매달아 하루 종일 환호하면서 힘을 써도 아프지 않았다. 이런 일을 성년식 때 실천하여 청소년들은 더욱 강건해졌다.

이러한 성년식은 여러 가지 교육적 의의를 갖는다.

첫째, 성년식에는 도덕교육·정치교육적 의미가 들어 있다. 성년식을 치르는 동안 청소년들은 고통을 견디고, 어른들에게 복종함으로써 인내와 존경을 배운다. 동시에 어른들은 성년식을 통해 자신들의 권위를 높이고, 사회의 질서와 체제를 유지하였다. 이는 일종의 사회적 책무성을 부여하는 작업으로 강력한 사회성이 담겨 있다.

둘째, 성년식에는 실용적인 생활교육이 포함된다. 성년식을 통해 청소년들은 실생활에 필요한 여러 가지 지식과 기술을 습득하고, 부족을 보호하고 전쟁을 수행하는 데 필요한 능력도 익힐 수 있었다.

셋째, 성년식에는 종교교육의 의미가 스며있다. 고대사회의 생활양식은 토테미즘과 애니미즘 등 무속적이며 종교적이었다. 종교는 부족의 구성원들이 공통된 가치관과 신념체계로 결속될 수 있는 구심점이었다. 성년식은 바로 이러한 부족 고유의 종교적 의식으로 행해졌다.

한편, 북한에서 기술한 고대사회의 교육은 남한과는 사뭇 다른 양식이다. 위에서 언급한 성년식에 관한 내용은 적극적으로 다루어지지 않았다. 북한의 역사 인식은 마르크스주의에 의존하고 있다. 역사는 지배계급과 피지배계급의 투쟁의 역사이다. 따라서 북한의 고대사회는 노예소유자 계급의 착취와 억압을 반대하는 인민들의 투쟁의 역사이다. 그러다보니, 고대사회의 교육은 인민들이 노예적 예속에서 벗어나기 위하여 지배계급에 대한 반항의식을 끊임없이 교양하고, 개별적·집단적으로 끊임없는 투쟁을 줄기차게 벌여온 것으로 귀결된다.

조선의 고대사회를 형성했던 고조선, 부여, 진국 등의 교육적 특색은, 『진서』, 『위서』, 『삼국지』, 『후한서』 등에 근거하여 다음과 같이 기술되고 있다(홍희유·채태형, 1995: 14-15).

우리 민족은 고대시기부터 나라를 열렬히 사랑하였으며 외적의 침입으로부터 나라를 보위하는 애국심이 매우 강한 민족이었다. 그들은 집단적으로 무예를 습득하기 위해 노력하였으며, 자제들에게 군사훈련 시키는 것을 고상한 도덕적 의무로 여겼다. 고대시기 인민들은 착취계급의 윤리도덕과는 전혀 인연이 없는 소박하고 예절바른 진보적인 윤리도덕으로 후대들을 교육하기 위하여 노력하였다. 옛기록에 "사람들이 길을 가다가 만나면 서로 양보하여 길을 비켜주며 예의범절이 엄격하다(『삼국지』「위서」"변진전")."라고 하였고, 또한 "사람들이 서로 도둑질을 하지 않으며 문을 걸고 자는 법이 없다(『후한서』「열전」"예")."라고 하였다.

북한에서는 이러한 고상한 도덕풍모와 아름다운 풍습이 교육을 통하여 후대에 이어지면서 우리 민족의 전통적인 미풍양속으로 발전되었다고 평가한다. 이는 고대사회의 인민들이 정의를 사랑하는 마음이 강하고, 진리와 도덕을 소중하게 여기는 고상한 윤리관과 도덕적 품성을 지니게 되었으며, 사회생활에서 사람들 사이에 서로 화목하고 명랑하게 사는 것을 존중하고, 무엇보다도 노동을 사랑하고 즐기는 근면한 존재로 인식되게 하는 데 기여하였다.

한국교육사의 통합적 이해

－일제강점기 이전까지 남한과 북한의 교육사 인식－

제 **4** 장

삼국시대의 교육

제 4 장
삼국시대의 교육

　고구려·백제·신라가 고대국가적 형태를 이루어 본격적으로 발전한 시기는 4세기에서 7세기 무렵이다. 이 시기에는 유교와 불교가 유입되어 전통적인 무속신앙과 낭가사상이 조화를 이루면서 정치와 교육 문화 전반에 큰 영향을 주었다. 물론 삼국시대 초기에는 고조선 시대와 마찬가지로, 형식교육인 학교교육이 이루어졌다는 기록은 없다. 다만 고구려 초기에 문자를 사용했다는 기록은 볼 수 있다. 문자의 사용은 유학의 보급과 함께 학교교육의 발전을 가져온 계기가 되었고, 불교는 전통신앙과 결부되어 우리 민족의 생활과 의식 전반에 영향을 미쳐 토착신앙으로 자리 잡았다. 국가의 체제가 정비되고 외국과의 교류가 활발해지면서 상당한 수준의 교육체제가 갖추어지고, 제도적 측면이나 학문적 차원에서도 심오한 발전을 이루었다. 특히, 불교의 융성은 중국과 일본 등 주변국에 큰 영향을 미칠 정도로 국제적 명성을 드날렸다.

1. 문자의 사용과 한자·유학·불교의 전래

문자의 사용은 공식적인 제도교육인 학교교육을 성립시키는 기본 요건이다. 문자는 인류의 경험들을 기록으로 남겨 축적하고 직접 경험하지 않은 내용도 인식할 수 있게 한다. 문자의 전파와 사용으로 인해 인류의 문화가 축적되고 의도적이고 전문적인 교육이 체계적으로 이루어지게 되었다.

북한의 교육사에서는 조선 민족의 고유한 언어 발전에 대해 특별히 중요하게 자리매김하고 있다. 그것은 고대사회의 과학문화 발전에서 일종의 쾌거처럼 여겨진다.

조선 인민은 아득히 먼 원시사회 때부터 집단적인 생활과 창조적인 노동활동 과정에서 자기의 고유한 언어를 창조하여 사용하면서, 그것을 통하여 문화를 발전시켜 왔다. 역사 기록에 의하면, 고조선 시기에 우리 민족은 고유한 문자를 사용하여 왔다는 것을 알 수 있다.

15세기 후반까지 전해 온『삼성기』라는 책에서는 "단군 때에는 신지 글자(신전, 신지전자, 신지전서라고도 함)가 있었다."라고 하였고, 『태백일사』에서도 "단군 때에 신지 글자가 있었는데, 그것을 태백산과 흑룡강, 청구(조선) 등의 지역에서 널리 썼다."라고 하였다.

16세기 말에 편찬된『평양지』에서는 우리 고유의 글자와 관련하여 다음과 같이 적혀 있다. "1583년에 평양 범수교 아래에 묻혀 있던 옛 비석이 출토되었는데, 그 비석에 글자가 새겨져 있었다. 그것은 우리 글자인 훈민정음도 아니고 인도의 범자(梵字)도 아니며, 중국의 옛글자인 전자(篆字)도 아니어서 누구도 알아볼 수 없었다. 어떤 사람이 말하기를 단군 때의 신지가 썼다는 글자일 수 있다고 하나 너무 오래된 일이고 지금은 그 비석이 없어졌다."

이밖에도 신지 글자에 대한 기록은『규원사화』,『영변지』등 여러 책에서 찾아볼 수 있는데,『영변지』에는 신지 글자 16자가 소개되어 있다.『신지의 예언시』라는『신지비사』에 대한 기록도『삼국유사』와『용비어천가』를 비롯한 여러 책에 남아 있다.

신지 글자는 고조선 시기의 토기들에서도 찾아볼 수 있다. 평안북도 용천군 신암리를 비롯한 여러 곳에서 드러난 고조선 시기의 토기들에는 『영변지』에 나오는 신지 글자와 같거나 비슷한 글자들이 새겨져 있다. 이런 점에서 고조선 시기에는 신지 글자로 우리 말을 적는 서사생활이 진행되었다. 그것은 언어를 전수하는 기능을 담당하는 교육기관이 있었음을 말해준다(홍희유·채태형, 1995: 10-11).

이런 점에서 한자가 전래되기 이전, 고조선 시대를 비롯하여 여러 부족국가들은 고유한 문자를 사용한 것으로 판단된다. 하지만 삼국시대에 한자가 전래되면서 교육의 내용과 규모, 체제는 이전과는 상당히 다른 형태로 발전된다. 삼국은 모두 문자를 사용하였는데, 중국에서 전래된 한자와 한자로 기록된 유학의 이념은 삼국의 교육을 발전시키는 모태가 되었다.

유학은 자기를 먼저 닦고 남을 다스리는 수기치인(修己治人)을 기본 이념으로 하고, 인의예지(仁義禮智)를 실현하려는 공자(孔子)의 가르침이다. 이런 가르침은 『천자문』이나 『논어』, 『맹자』, 오경(五經) 등에 잘 담겨 있다. 유학이 도입되고 이를 생활 속에서 실천하기 위해서는 이를 가르치고 배울 교육기관의 필요성이 절실하였다. 요컨대, 유학은 삼국시대에 학교의 설립과 발달을 촉진시켰으며, 이후 한국교육에 지대한 영향을 미쳤다.

불교는 석가모니, 즉 부처의 설법에 따라 깨달음을 얻고 열반에 들 것을 목적으로 하는 종교이다. 부처의 설법은 세상의 모든 존재가 덧없다는 실상론(實相論)과 모든 존재는 인과율에 의하여 생성소멸 한다는 연기론(緣起論)을 기반으로 하고 있다. 그리하여 인생을 고통의 바다로 보고 집착과 욕망을 버림으로써 일체의 번뇌와 고통에서 해탈되도록 가르친다. 이런 불교는 우리나라에 전해져 우리 민족의 고유사상들과 습합되면서 수용되었다. 특히, 불교는 대중 교화에 힘을 써서, 고대 신분제 사회에서 지위의 고하를 막론하고 누구나 불교의 가르침을 들을 수 있게 하였다.

2. 고구려의 교육

중국의 역사 자료에 의하면 고구려는 상당한 수준의 교육이 발달한 것으로 보인다. 『구당서』나 『신당서』에는 다음과 같이 고구려의 교육 상황을 자세하게 기술하고 있다.

고구려의 풍속 중 하나는 서적을 좋아하는 것이었다. 누추한 심부름꾼이나 하인들이 모여 사는 곳에 이르기까지, 거리마다 큰 집을 지어놓고, '경당'이라고 불렀다. 자제들이 혼인하기 전에는 밤낮으로 여기에서 글을 읽고 활쏘기를 익혔다. 그들이 읽는 책은 오경과 『사기』, 『한서』, 범엽의 『후한서』, 『삼국지』, 손성의 『진춘추』, 『옥편』, 『자통』, 『자림』이 있었고, 또 『문선』이 있었는데 매우 중요시 하였다. 고구려 사람들은 배우기를 좋아했는데, 보잘 것 없는 마을에 사는 서민의 집일지라도 서로 부지런히 배우도록 권하였다. 네 거리마다 육중한 건물을 지어 놓고 '국당'이라 불렀다. 여기에는 자제 중에 혼인하지 않은 자들이 모였는데, 경전을 외우고 활쏘기를 익혔다(『舊唐書』, 『新唐書』).

역사 기록으로 볼 때, 고구려에는 태학(太學)과 경당(扃堂)이라는 두 종류의 교육기관이 있었다. 태학은 소수림왕 2년(372년)에 설립된 역사 기록상 우리나라 최초의 관학이며 고등교육기관이다. 『삼국사기』에는 "태학을 세워 자제를 교육했다."라고만 기록되어 있어, 그 자세한 모습은 알 수 없다. 중국의 교육제도를 모방한 것으로 추측해 본다면, 귀족의 자제들을 대상으로 오경과 삼사(三史) 등 유학을 가르쳐 국가의 관리를 양성하려고 했던 것 같다. 다시 말하면, 태학은 봉건지배계급의 자식들이 15세 무렵에 입학하여 9년간 공부하였는데, 유교경전을 주요 교과목으로 하였다(홍희유·채태형, 1995: 17).

그리고 경당은 언제 설립하였는지 분명하지 않으나, 일반인들을 대상으로 한 민간교육기관이다. 『구당서』와 『신당서』의 기록처럼, 경당(국당)은 큰 집에 설립되었으며, 미혼의 자제들이 모여 오경과 삼사, 삼국지, 진춘추 등의 경서와 사서들을 읽고 활쏘기를 익혔다.

경당(扃堂)에서 '경(扃)'자는 비짱문을 의미한다. 때문에 경당은 화려한 집은 아닌 것으로 추측된다. 하지만 '큰 집'이라고 표현한 것은 마을 사람들이 집단적으로 함께 모여 공부하는 곳이므로, 일반 서민의 주택에 비해 상대적으로 크다는 점을 역설적으로 표현한 것으로 보인다.

북한의 교육사에는 고구려의 경당교육을 매우 중요시한다(홍희유·채태형, 1995: 17-19). 왜냐하면, "고구려 경당은 비교적 어렵게 사는 사람들도 자식들을 공부시키려 하였고, 또 그것을 자랑으로 여겨오던 우리 인민의 전통적인 교육 열의를 보여주는 것으로서 우리나라 중세교육사에 매우 중요한 자리를 차지한다."라고 인식하기 때문이다.

경당의 교육 대상은 일반적으로 신분적 차별 제한이 크게 없었던 것으로 보인다. 그러나 수도의 경당과 지방의 경당은 입학 대상에서 약간의 차이와 특성이 있었다. 수도의 경당에는 태학에 다니지 못하는 귀족 양반가문의 자식들, 기타 수도에 사는 일반 관리들과 상인, 수공업자 등 평민들의 자식들이 다녔다. 경당에 따라 양반 관리들의 자식들이 다니는 경당과 일반 평민들의 자식들만 다니는 경당으로 나뉘어 졌다. 이와는 달리 지방에 있는 경당, 특히 농촌 마을의 경당들에는 주로 평민들인 농민의 자제들이 절대 다수를 차지하였다.

특히, 경당의 활쏘기를 비롯한 무예교육은 고구려 인민들이 열렬한 애국주의 정신을 키우고 그들을 씩씩하고 용감한 인간으로 성장시키는데 매우 중요한 지위를 차지하고 커다란 역할을 하였다(홍희유·채태형, 1995: 21). 이외에도 고구려 사회에서는 자연기술 교과목도 중요시 되었다. 천문학, 의학을 비롯한 과학기술의 발전과 관련하여 수학이 발전하였다. 그것은 천체 관측을 비롯한 과학기술의 발전, 광범위한 인민대중에 대한 착취를 보다 효과적으로 실현하기 위해 절실한 교육이었다. 다시 말하면, 조세와 공물을 거두어들이고 부역을 시키는 데 수학을 통한 계산이 필요했기 때문이었다.

이처럼 고구려 때는 태학과 경당에서 진행된 유교교육을 기본으로 하면서,

자연기술 교과목과 같은 다양한 교육내용이 취급되었다. 뿐만 아니라 불교 사원에서는 불교교리를 전파하기 위한 불교교육이 진행되었다.

고구려에 불교가 유입된 시기는 372년 진나라로부터 승려들이 들어와 불교를 전파하면서부터이다. 그리고 몇 년 지나지 않아 사원들이 건립되고 불교도 급속도로 전파되었다. 20년 후인 392년에는 불교를 국교로 선포되는 데 이르렀다(『삼국사기』「고구려본기」제6 "소수림왕", "고국양왕").

『삼국유사』의 기록에 의하면, "고구려의 승려 보덕은 평양성 안에 살고 있었는데, 하루는 어떤 산골 승려가 찾아와서 불경강의를 요청하였기에, 거기에 가서 『열반경』 40여권을 강의하였다."라고 전한다(『삼국유사』 권3 "탑과 불상"). 고구려의 불교학자들은 여러 가지 불교교리에 대한 연구를 심화하여 국내에서 뿐만 아니라 국외에까지 명성을 드날렸다. 특히, 삼론종(三論宗) 연구는 유명하다. 승려이자 불교학자인 실법사, 인법사 등은 고구려 삼론종의 대가였는데, 중국에까지 가서 삼론종을 전파하여 중국의 불교학자들에게 그것을 가르쳐 주었다(『속고승전』 권14; 『고승전』 권15). 혜관의 경우, 일본으로 가서 원흥사에서 삼론종을 가르쳐 주고 일본 삼론종의 시조가 되었고, 도등은 일본 불교학자들에게 삼론종 강의를 행하기도 하였다(『해동고승전』 "혜관", "도등").

이런 점에서 고구려의 불교교육은, 당시 불교가 전파되기 시작하던 초창기였으므로, 논리를 갖춘 질서 정연한 형태의 교육체계를 가지지는 못했더라도, 나름대로 고유한 내용을 지니고 있었던 것만은 분명하다.

북한의 교육사에서 특별하게 기록하고 있는 내용은 인재 선발에 관한 것이다(홍희유·채태형, 1995: 17-19). 고구려에서는 인재 선발과 등용의 과정에서 무술과 지혜, 그리고 용맹성을 중요한 기준으로 삼았다. 미천한 온달이 사냥 경기에서 우승하고 등용되어 조국 방위에서 큰 공을 세웠다는 이야기는 그러한 사실을 뒷받침한다(『삼국사기』 권45 "온달").

또한 인재 선발 및 등용제도로 상징되는 과거제도에 대한 초보적 언급도 엿보인다. 우리나라에서 과거제도가 언제부터 있었는지 자세히 알 수는 없다. 그러나 고구려 시기에 이미 그런 제도가 있었을 가능성을 일러주는 자료가 있다.

> 고구려의 어떤 서생이 유학하러 다니다가 명주에 이르러 한 양가의 처녀를 사
> 모하게 되었다. 그러자 그 처녀는 서생인 총각에게 과거에 급제하고 부모의 승
> 낙을 받아야 혼인이 성사될 수 있을 것이라고 말하였다. 서생은 곧 수도로 올
> 라가서 과거 공부를 하였다(『고려사』 권71 지25 "삼국속악", '고구려 명주').

자세한 기록이 없어 과거의 종류나 시험방법, 시험기간 등 구체적인 내용은
알 수가 없다. 하지만, 고구려의 교육은 상당한 체제와 내용을 갖추고 있었던 것
으로 판단된다.

요컨대, 유교교육을 기본으로 불교교육과 기타 과학기술 교육도 동시에 진행
되었다. 유교교육의 경우, 중앙의 태학과 전국 곳곳에 설치된 경당이 있어, 전국적
교육망을 구축하고 있었고, 교육내용도 유교경전을 기초로 하면서도, 군사교육, 문
자교육, 과학기술 교육에 이르기까지 다방면의 교육이 이루어졌다고 볼 수 있다.

3. 백제의 교육

백제는 고구려 족의 한 갈래가 남쪽으로 이주하여 세운 국가이다. 따라서 여
러 차원에서 고구려의 영향을 받았다. 교육 분야에서도 직접적으로 고구려의 영
향을 받아 일정한 수준을 이루고 있었을 것으로 판단된다.

하지만, 백제의 교육과 관련된 역사 기록은 매우 제한적이다. 특히 공식적
교육기관인 학교를 세웠다는 기록은 현재까지 확인된 사료에서는 보이지 않는다.
중앙에 어떤 학교가 존재했고 지방의 학교들은 어떻게 불렸는지 알 수가 없다.

대신, 백제에는 국가적 행사와 교육에 관한 사무를 맡아 보는 사도부(司徒部)
라는 국가기관이 있었다. 이는 국가의 의례에 관한 사무와 교육의 행정을 맡아
보았다(『삼국사기』 권40 "잡지", '직관'). '시도부'라는 교육행정기관이 존재하는 것으로
볼 때, 백제의 교육은 고구려와 유사하게 중앙에서는 주로 귀족 관료의 자식들을
대상으로 하는 국가적 차원의 교육기관들이 있고, 지방에는 지방 관리와 서민들

의 자식들이 공부할 수 있는 고구려의 경당과 유사한 교육체제가 있었을 것으로 추측된다(홍희유 · 채태형, 1995: 26).

이외에 박사제도, 문자 기록, 유학의 전래 등을 보여주는 단편적인 자료도 있다. 백제의 교육과 관련된 사료는 『삼국사기』, 『주서(周書)』, 『수서(隋書)』, 『구당서(舊唐書)』, 『일본서기(日本書紀)』가 대표적이다. 따라서 중국 및 일본과의 관계를 통해 그 대강을 알 수 있다.

『고기』에 이르기를, "백제가 나라를 창건한 이래, 문자로 사실을 기록한 것이 없었으나, 이때에 이르러 박사 고흥에 의하여 비로소 『서기』가 있게 되었다." 그러나 고흥의 이름이 일찍이 다른 서적에 보이지 않으니 그가 어떤 사람인지는 알 수 없다(『삼국사기』「백제본기」).

백제의 풍속은 말타기와 활쏘기를 중요하게 여겼고, 고서(古書)와 사서(史書)를 좋아했으며, 특별한 자들은 문장을 잘 짓고 풀이하였으며, 음양오행도 이해하였다. …… 또한 의약, 복서, 점성술도 이해하였다(『주서』「열전」).

백제의 풍속은 말 타기와 활쏘기를 중요하게 여겼고, 경서와 사서를 읽은 관리들은 서무에 능숙하였으며, 또한 의약, 점술, 관상법을 알았다. 두 손을 땅에 짚는 것으로 경의를 표하였다(『수서』「열전」).

그 서적으로 오경과 자부(子部)와 사부(史部)가 있고, 또 표문(表文)과 소문(疏文)은 나란히 중국의 법에 의거하였다(『구당서』「열전」).

백제의 왕이 아직기를 보내면서 좋은 말 두필을 함께 바쳤는데, 경 지역의 제방에 만든 마구간에서 길렀다. 아직기에게 말 기르는 관직을 맡겼는데, 말 기르던 곳을 구자카(廐坂)라고 했다. 뿐만 아니라 아직기는 경전도 능숙하게 읽었다. 때문에 우지노와 끼이라쓰코(菟道稚郞子)태자의 스승이 되었다. 이에 천황이 아직기에게 물었다. "너희 나라에 너보다 나은 박사도 있는가?" 아직기가 대답하였다. "왕인이라는 사람이 있는데 아주 뛰어납니다." 그러자 백제에 사신을 보내어 왕인을 모셔 왔다. 그 아직기라는 사람은 아직기 역사의 시조가 되었다. 이듬 해 봄에 왕인이 왔는데, 태자의 스승이 되었다. 태자는 여러 가지 전적을 왕인에게서 익혔는데, 모조리 통달했다. 이에 왕인이란 사람은 문장가의 시조가 되었다(『일본서기』권10).

이런 점에서 볼 때, 백제는 일찍부터 중국과 교섭이 잦았으며 교육을 담당하는 관직인 박사제도를 두었다. 백제에는 오경(五經)박사, 모시(毛詩)박사, 의(醫)박사 등 각종 전문박사가 있었으며, 이들이 자주 일본에 초빙되어 갔다. 박사 왕인이 『천자문』과 『논어』를 일본에 전했다고 하는 데, 그것이 고구려에 태학이 설립되기 87년 전인 285년인 것으로 보아, 백제의 교육이 매우 수준이 높았음을 짐작할 수 있다.

특히, 375년에 박사 고흥이 백제 왕조의 역사인 『서기』를 편찬하였다고 했는데, 왕조의 역사를 편찬한다는 것은 그러한 일을 담당하여 수행할 수 있는 유학자들이 이미 준비되어 있었음을 의미한다. 이는 백제에서 상당한 수준의 유교교육이 이루어졌음을 뒷받침한다. 또한 의약과 점술, 관상법 등의 발달은 과학기술에 대한 교육도 성행하고 있음을 상징적으로 보여준다.

한편, 백제에 불교가 처음으로 들어오기 시작한 것은 384년 동진으로부터 마라난타라는 승려가 불교를 전파하는 데서 비롯된다(『삼국사기』「백제본기」제2 "침류왕"). 그 다음 해에는 한산에 사찰을 짓고 거기에 승려 10명을 두었다. 이후, 불교는 급속도로 전파되었고, 훌륭한 승려와 불교학자가 쏟아져 나왔다. 특히, 삼론종에 통달한 승려 혜현은 중국의 당나라에까지 명성을 떨쳤고, 많은 승려들이 일본으로 건너가 불교교리를 전파하였다(『삼국유사』권5 「피은」 "혜현 구정"). 7세기 초 백제의 승려와 불교학자들은 일본에 건너가 불교교리를 전파하면서 동시에 역법, 천문, 지리, 둔갑술, 방술 등 여러 분야의 지식을 전해 주었다. 이런 학문과 교육문화의 전파는 일본 문화의 발전과 교육 발전에 큰 영향을 미쳤다. 불교의 전파는 일본에서 승려들을 위한 학문의 공간을 법륭사에 설치하게 만들었고, 그것은 일본 최초의 학교로 평가되기도 한다.

4. 신라의 교육

북한의 교육사에 의하면, 1세기 초 중엽, 삼국 가운데 제일 늦게 나라를 세운 신라는 앞서 발전한 고구려와 백제의 영향을 받으면서 교육을 발전시켜 나갔다고 한다(홍희유·채태형, 1995: 29-30). 신라는 고구려의 교육제도를 직접 받아들이거나 또는 백제를 통하여 그것을 전수하였다. 때문에 신라의 교육은 여러 측면에서 고구려나 백제보다 뒤늦게 발전하게 되었으며, 여러 차원에서 유사성을 지니게 되었다. 한자 사용과 보급은 그러한 사실을 보여주는 대표적 사례이다.

신라에서 한자가 보급된 것은 3세기 중엽이다. 251년에 글씨와 산수에 능통했던 한기부 사람 부도를 불러 아찬으로 삼고 물장고 사무를 맡긴 일이 있다. 부도는 집안이 가난하였지만 글씨에 능통하고 계산에 밝았기 때문에 국가의 재정 사무를 담당하는 관리로 등용될 수 있었다(『삼국사기』「신라본기」 "첨해니사금"). 이런 점에서 신라에서 한자는 관리 등용의 기본 내용이 될만큼 보급되어 있었다는 말이다. 4세기 후반부터는 고구려와 자주 관련을 맺으면서 유교 문화도 많이 받아들였다. 6세기 초에 이르러서는 유교사상에 근거하여 국호와 왕호를 한자로 고치고 나라의 예법을 유교에 맞게 제정하기에 이르렀다(『삼국사기』「신라본기」 "지증마립간").

그러나 신라는 지리적 조건으로 보아 고구려나 백제에 비하여 중국 문화의 수입이 다소 늦어진 것 같다. 한자의 보급과 유교사상의 확장은 글자를 아는 유학자들을 양산하게 되었고, 마침내 545년 『국사』를 편찬할 수 있을 정도의 능력을 갖추게 되었다. 이런 사실로 미루어 보건대, 신라에서도 청소년들에 대한 교육사업이 일정한 체계를 가지고 진행되었음을 암시한다.

물론, 삼국통일이 될 때까지는 27대 선덕왕 9년(640년)에야 비로소 자제를 당나라에 파견하여 국학에 입학시켰다는 기록이 있을 뿐, 학교교육에 관한 구체적인 사료는 없다. 하지만 7세기 초의 설총, 강수, 왕자 김인문 등 여러 사람들의 기록을 보면, 어릴 때부터 취학하여 유학을 공부하였다는 사실이 나타난다. 623년에 출생한 설총은 소년 때부터 유학을 공부하였으며, 강수 역시 소년 시기부터 한학을 전공하였다고 한다. 629년에 출생한 김인문은 어렸을 때부터 취학하여 유교 서적을 많이 읽었고, 동시에 장자, 노자의 저서와 불경까지도 널리 공부하였으며, 또 글씨, 활쏘기, 말부리기, 향악에도 정통하였다(『삼국사기』 권46 「렬전」 "강수", "김인문"). 이런 점에서 초기 신라사회에도 고구려의 경당과 유사한 교육기관이 존재하였을 것으로 추측된다.

한편, 신라의 불교교육도 고구려와 백제에 비해 뒤늦게 진행되었다. 528년에 이르러서야 정식으로 불교를 받아들이고 공식적으로 승인하게 되었다(『삼국사기』「신라본기」 "법흥왕"). 544년에는 신라 사람이면 누구나 승려가 될 수 있다는 것을 공식적으로 승인하였고, 심지어는 왕과 왕비까지도 승려가 되는 현상이 나타날 정도로 불교가 성행하였다(『삼국사기』「신라본기」 "진흥왕"). 왕족 출신이었던 원측의 경우, 유식종 철학의 대였고, 승려이자 불교학자로서 국내외에 명성을 떨쳤다. 특히, 그가 지은 『혜심밀경소』는 당시 유식종 불교학자들에게 엄청난 영향을 미쳤으며, 티베트어로 번역되어 지금까지도 전해오고 있다(홍희유·채태형, 1995: 34). 이처럼 불교의 장려 및 불교교육의 발달과 더불어, 후기 신라시대 이전까지, 신라의 교육은 '화랑도'라는 신라 고유의 제도를 통해 진행되었다.

(1) 고유사상으로서 풍류

북한의 교육사에는 '풍류'사상에 대해 적극적으로 언급하지 않았다. 지역적으로 볼 때, 북한은 고조선과 고구려의 영역이 중심을 이룬다. 그것은 남한의 영역에 속하는 신라, 그것도 신라 고유사상으로서 풍류를 적극적으로 옹호하기에 한계가 있음에 분명하다. 유물론적 시각에서 볼 때, 유교와 불교, 도교가 교묘하게 섞여 있는 풍류사상은 지배계급의 이데올로기이다. 이 또한 북한의 교육사에서 언급을 회피하는 요인이 될 수도 있다.

그렇다하더라도 역사 기록에 의하면, 신라에는 예로부터 전해오는 풍류(風流)가 있었다. 그것은 유(儒)·불(佛)·선(仙) 세 가지 가르침을 포함한 현묘한 도이다.

우리나라에는 말로 표현하거나 설명하기 힘든 현묘한 도가 있다. 그것은 '풍류'라고 한다. 이 가르침을 어떻게 만들었는지, 그 근원에 대해서는 『선사』에 자세하게 실려 있다. 풍류는 실제로 세 가지 가르침을 포괄한 것으로 모든 중생을 직접 교화하고 있다. 젊은이들은 집에 들어와서 부모에게 효도하고 밖에 나아가면 나라에 충성을 다하는데, 이는 노나라 사구[공자]의 뜻, 즉 유교의 가르침과 일치한다. 아울러 억지로 행함이 없는 일에 처하고 말없는 가르침을 행하는 데, 이는 주나라 주사[노자]의 뜻, 즉 도교의 가르침과 같다. 그리고 악한 일을 하지 않고 착한 일만을 행하는 데, 이는 축건태자[석가]의 교화, 즉 불교의 가르침과 동일하다(『삼국사기』「신라본기」).

풍류는 최치원(崔致遠)이 유교·도교·불교의 사상을 원천적으로 아말감한 것이다. 그러나 그것은 최치원의 사상적 한계를 드러낸 것이기도 하다. 최치원은 "자기 사상을 뚜렷이 세우지 못한 채 정신적 방황을 거듭하며 일생을 보냈다. 유학을 내세우기는 해도 확신이 없었으며, 불교에 호감을 가졌지만 미지근한 언설을 늘어놓는 정도였다. 「난랑비서」에서 화랑의 내력을 말하면서 그 사상의 맥락은 유·불·도의 요소를 아우르고 있다고 한 데서는 사상을 찾은 것 같다. 하지만 그 정도에 머무르고 더 나아가지 않았다(조동일, 2005: 272)."

어쨌든, 최치원은 우리나라에 예로부터 딱 꼬집어 말할 수 없는 고유한 도가 있음을 지적하고, 이것은 유·불·도 3교가 들어오기 이전부터 있어 온, 한국 고유의 사상임을 밝혔다. 풍류에는 유·불·도 세 가지 가르침이 비빔밥이나 잡탕찌개처럼 사상 자체에 혼용되어 있다. 풍류는 외부로부터 들어온 유·불·도의 요소를 지니고 있을 뿐만 아니라 근본적으로 세 가지 사유를 묘합(妙合)하고 있는 고유사상이다. 이 풍류는 현묘지도(玄妙之道)의 다른 이름이며, 선험적인 우리 고유의 사상이다. 그러기에 한반도의 한민족(韓民族), 특히 신라인들에게는 정신의 표상으로 자리했다.

실제로, 상고시대의 우리 조상들은 봄, 가을에 음주가무(飮酒歌舞)를 즐기며 하늘에 제사하였다. 여기에서 그들은 인간과 자연, 하늘과 땅이 하나로 융합하는 강신(降神) 체험을 했다. 이를 사상체계로 표출한 것이 풍류로 생각된다. 그러므로 풍류는 하늘을 섬기는 천신도(天神道)요, 그 핵심은 하늘과 인간이 하나로 융합되는 데 있다. 즉 내가 없어지고 내 안에 신이 내재한 상태의 '나'가 풍류의 주체가 되는 것이다.

신과 하나가 된 풍류객은 새로운 인간의 존재양식을 갖춘다. 자기 중심의 세계에서 벗어나 다른 사람과의 '관계의 장'을 통해 삶의 의미를 찾아간다. 그리고 타자들과 접촉해서 그들이 본연의 인간으로 돌아가도록 교화한다. 이것은 우리 안에 있는 하늘의 본성이 작용하기 때문이다. 풍류의 실천자는 널리 사람들을 유익하게 하는 인간이다. 그것은 앞에서 살펴본 조선의 건국신화에 등장하는 동시에, 대한민국의 교육이념인 '홍익인간(弘益人間)'과 직결된다.

사실, 최치원의 기록은 요점만을 간추려 놓았기 때문에 자세한 의미를 파악하기에는 불충분한 측면이 있다. 『선사』라는 책도 현재 전해지지 않고 있기 때문에 풍류도가 무엇인지 명확하게 알기는 어렵다. 최치원이 화랑도의 창립과 정신을 말하는 부분에서, 풍월도(風月道)를 언급하고 있는 것으로 보아, 풍류는 화랑도의 핵심적 이념이 된 것은 분명한 것 같다.

어쨌든 풍류는 유교의 충효(忠孝)와 노장(老莊)의 무위(無爲), 그리고 불교의 선행(善行) 등 세 가지 가르침을 모두 포괄하고 있다. 그러기에 유교 같기도 하고 아닌 것 같기도 하고, 도교 같기도 하고 아닌 것 같기도 하며, 불교 같기도 하고 아닌 것 같기도 한, 독특한 고유사상을 이루게 되었다.

다시 강조하면, 풍류는 세 가지 가르침을 융합하고 있다. 세 가지를 제시하는 가운데 유교와 도교, 불교의 본질이 지적된다. 이 중 유교는 사리사욕에 가득 찬 자신의 욕망을 버리고 착한 인간의 본성을 회복하고 사회적 윤리도덕성을 확보하는데 강조점이 있다. 그것은 흔히 극기복례(克己復禮)로 표현되고 인(仁)으로 귀결된다. 도교의 본질은 인간의 거짓된 언행심사(言行心事)를 떠나 자연의 법도를 따라 사는 무위자연(無爲自然)의 세계를 구현하는 데 있다. 상선약수(上善若水)처럼, 서로 다투지 않고 자연스럽게 묵묵히 흘러가는 물과 같은 성질을 삶의 모델로 삼는다. 그리고 불교의 본질은 아집(我執)을 버리고 인간의 본성인 한 마음[一心], 이른 바 불심(佛心)으로 돌아가는데 있다. 그것이 귀일심원(歸一心源)이다.

이렇게 볼 때, 세 가지 가르침의 차원은 모두 욕망에 사로잡힌 자기를 없애는 지점에서 통일된다. 우주의 법도인 천부의 본성, 이른 바 '참 마음'으로 돌아

가는 작업과 상통한다. 우주적 참 마음이란 하늘이 준 마음이요, 자연스런 마음
이다. 그 참 마음의 회복이야말로 교육의 최고가치이다. 신라인들이 고유한 정신
으로 자부심을 가졌던 풍류는 화랑의 핵심정신으로 추구되었고, 사회공동체의
영혼으로 삼투되었다.

요컨대, 풍류는 인간이 천지와 자연에 의지하려고 할 때, 거기에서 생명의
근원을 체감하려는 사유를 담고 있다. 이런 사상에 기초한 화랑도는 자연에서 얻
어진 풍류성(風流性), 즉 생명의 근원을 인간집단에 매개하려는 행위이다. 이런 차
원에서 풍류도는 이론을 정립하는 개념적 명명(命名)이며, 화랑도는 실천 행위를
담보하는 형식적 지칭이다(김충렬, 1987).

다시 말하면, 풍류도는 인간 생명의 근원이 자연 속에 있음을 체감함으로써
영원한 생명, 무한한 생명, 절대 생명에 감응(感應)된다고 믿는다. 때문에 스스로
그 생명의 근원에 자기 생명을 계합(契合)시키려고 행위한다.

(2) 화랑도 교육

화랑도는 풍류적 생명성을 자각한 인간들이 모인 집단이다. 풍류사상을 온몸
으로 받아서 인간들 사이에 또는 국가나 사회에 그 큰 생명력을 활용하려는 인
간의 길이다. 따라서 화랑도는 자연을 인격화하는 원리이다. 이를 한층 더 격화
시킬 경우, 개인적 생명은 집단적 생명으로 승화한다. 개별적 생명력이 풍류를
통해 수련을 거치고, 집단 생명으로 진보한 것이 바로 화랑도였다(한국철학회, 1987:
149). 교육적으로 이해하면, 화랑도는 개인의 수양인 개인교육과 학습을 바탕으로
공동체 집단의 질서와 삶에 생명력을 부여하는 공동체 교육으로의 확장을 도모
했다.

화랑도는 유불도 삼교를 융합한 풍류사상을 근본으로 하지만, 삼국통일 이전
에는 화랑도의 사상도 유교적 색채가 강하였다.『삼국유사』에 그것을 증명할 만
한 기록이 보인다.

진흥왕은 양가(良家)의 남자 중 덕행 있는 인물을 선발하고, 사람들에게 악

(惡)을 고쳐 선(善)에 옮기게 하고, 윗사람을 공경(恭敬)하고 아랫사람에게 순(順)하게 하였다. 그러자 오상(五常), 육예(六藝), 삼사(三師), 육정(六正)이 당대에 행하여졌다(『삼국유사』「미륵선화미시랑진자사」).

여기에서 인의예지신(仁義禮智信)의 오상이나 예악사어서수(禮樂射御書數)의 육예, 태사(太師) · 태부(太傅) · 태보(太保)를 의미하는 삼사, 성신(聖臣) · 양신(良臣) · 충신(忠臣) · 지신(智臣) · 정신(貞臣) · 직신(直臣)을 뜻하는 육정은, 모두 유교의 핵심 이론이거나 교육내용, 제도나 관직의 명칭이다. 이런 점에서 초기 화랑도는 유교를 자신들의 정신적 지침으로 삼았을 수도 있다(한국철학사연구회, 1997). 단재 신채호는 김부식이 『삼국사기』를 지으면서 화랑도를 유교나 신라사회에만 국한되는 조직으로 폄하했다고 비판하며, 이를 고구려까지 확장하여 이해하기도 했다.

주지하다시피, 『삼국사기』에 기록된 화랑교육의 근본은 "사람과 사람 사이에 도의(道義)로 서로 닦고, 가락(歌樂)으로 즐거이 노닐며, 명산(名山)과 대천(大川)을 돌아다니면서 국토의 멀리까지 순례한다."라는 대목에서 확인할 수 있다. 풍류에서처럼 여기에서도 유불도 삼교의 특성이 혼재함을 엿볼 수 있다. 즉 도의로 서로 닦는 작업은 유교적 색채가 강하고, 가락으로 즐거이 노닐며 명산대천을 다니는 부분은 불교적 경향이 농후하다(최영성, 2006: 135). 이런 교육을 통해 "열린 마음을 가진 재상과 충신이 화랑에서 나오고 뛰어난 장수와 용감한 군사가 화랑의 정신과 실천을 담보로 많이 배출되었다(『삼국사기』「신라본기」)." 이렇게 볼 때, 화랑 제도는 개인의 심신 수련을 통한 인격자는 물론, 국가를 보위하는 용감한 장수와 전투적인 병사 양성에 그 목적이 있었다.

한반도에서 '고구려-백제-신라'로 통칭되는 삼국시대와 주변국가와의 역사적 정황과 역학관계로 볼 때, 화랑의 등장과 존재 이유는 다음과 같이 이해할 수도 있다.

신라는 제24대 진흥왕 이전에, 경상도와 강원도의 일부를 국가 영토로 만들었다. 그런데 남쪽으로는 '왜'라는 해적 떼가 수시로 괴롭히고 있었고, 서쪽으로는 백제와 가야, 북쪽으로 고구려와 말갈이 해마다 신라를 침략해 왔다. 뿐만 아니라 경상도와 강원도라는 지역의 지형 자체가 산악이 많고 비옥한 평야가 적었다. 이와 같이 지리적·자연적으로 이롭지 못한 환경에 놓인 신라는 주위의 강적에 항시 대항해야만 하는 처지에 있었다. 더욱이 그들이 염원하였던 통일국가를 달성하기 위해서는 국가적 차원의 주요한 조치가 필요했다. 그것은 난국타개와 삼국통일의 위업을 달성하기 위한, 일대 애국적 국민 운동을 일으키는 작업으로 이어졌다고 생각된다. 이런 구체적 목적을 향해 신라인은 소년 시기에서부터 교육과 훈련을 통해 충실한 국민으로서 의무를 다하려는 자세를 견지했음에 분명하다. 그것의 교육·군사제도적 장치가 화랑제도였다. 신라인들은 이 제도를 올바르게 실현하기 위하여 '무력 강화'와 '인재 양성'이라는 교육 목적을 내세웠다.

화랑단으로 대표되는 화랑제도는 화랑이라는 존귀한 청년 장교를 중심으로 집합된 전사단(戰士團)이다. 화랑단의 사명 중 가장 중대한 의의로 인식되는 것은 평상시에는 부락을 수호하며 무예를 수련하다가 국가 비상시, 즉 전시에는 국방의 제일선에 나아가 진충보은(盡忠報恩)하는 일이다. 그러기에 화랑의 성격을 다음과 같이 규정할 수 있다.

첫째, 국가에 특별한 일이 있을 때, 전사로서 솔선수범하여 국난 극복에 봉사할 수 있도록, 평상시에 공공정신을 함양하고 무예를 단련한다.

둘째, 애국 청년들이 건전한 가무와 오락 등을 통하여 교양을 함양하고 올바른 인간관계를 이해하며, 지도적 인격을 가꾼다.

셋째, 단체생활을 통하여, 청년들이 사회를 이끌어갈 수 있는 책임감을 가지도록 건전한 사회교육을 한다.

이러한 전사단은 고조선 때부터 존속 강화되어 내려오다가, 진흥왕 37년에 이르러서는 원화라는 제도로 확립되고, 후일 화랑제도로 개편된 듯하다. 물론, 화랑의 연원에 대해서는 몇몇 선학들의 문제제기가 있다.

이만규는 단재 신채호의 견해를 참고로 이에 대한 의구심을 제기한다. 화랑도의 연원이 그보다 훨씬 앞선다고 지적한 것이다. 즉 『삼국사기』에는 진흥왕 37년(576년)에 '비로소 원화를 받들었다'고 했는데, 『동국통감』에는 그보다 10년 앞선 진흥왕 27년(566년)에 3급 작위를 받은 백운이 14살에 국선이 되었다고 전하고, 그보다도 4년 이전인 진흥왕 23년(562년) 가야 토벌에 종군하여 전쟁에서 승리한 17세의 사다함이 16세에 국선이 되었다고 전한다. 뿐만 아니라 법흥왕 27년(540년)의 기록에도 용모 단정한 사내아이를 택하여 풍월주라 하고 아름다운 선비를 구하여 무리로 삼고 효도와 우애를 가르친다 하였는데, 이는 진흥왕 37년보다 36년 앞서는 것이다. 이런 기록으로 볼 때 진흥왕 37년 이전에도 화랑도가 있었다고 판단된다.

어쨌든 화랑제도는 상당히 중요한 조직으로서 운영되었다. 이는 국가적 관심에서 지도 감독을 받은 듯하나, 국가에 예속된 교육기관은 아니었다. 자율적인 교육조직이자 학습조직이며 군사조직이었다. 그리고 화랑들의 교육 훈련이나 활동을 통해, 우리는 이 청소년 수양단 혹은 민간 청년단체인 원화·화랑제도에서 신라인의 독특한 영육(靈肉) 일치관과 진선미(眞善美)의 합일관을 찾을 수 있다. 이는 로크John Locke가 강조한 이후, 서구인들이 즐겨 쓰는 "건전한 정신은 건전한 육체에 담겨 있다."라는 명구의 의미와도 상통한다. 이는 개인적 차원을 넘어 사회적 인격의 형성을 계획하고 마음과 신체의 관계가 유기적으로 연관되는 차원에서 매우 깊은 교육적 의미를 갖는다.

화랑도의 경우에도 심신을 동시에 고려하는 교육집단이었다. 즉 신체와 정신의 온전함을 통해, 그 시대의 엘리트, 지도적 인격자를 양육하는 산실 역할을 했다. 그들은 고대국가 신라에서 책임과 의무를 다하는 핵심 분자들이었기에, 신라 사회는 이들이 지배하게 되었고, 신라의 운명 또한 그들이 맡았다. 때문에 그들은 투철한 국가관으로 신라의 발전에 온갖 힘을 기울였으며, 삼국통일의 밑거름이 되었다.

이러한 화랑제도는 토테미즘 기능의 하나인 성인식(成人式)의 변화라고 보는 것이 일반적인 견해이다. 특히 6세기 전반, 진흥왕 때에 신라는 대외적으로 팽창하기 위해 정복 전쟁을 활발히 전개하면서 국가 수준의 청소년 조직을 개편하기에 이르렀다. 화랑도는 이러한 시대적 상황 하에서 보다 확대된 영역과 인구를 가진 새로운 신라 왕국이 필요로 하는 사회적 책무성을 지닌 인재를 양성하기 위한 제도적 장치였다. 종래 민간의 청소년 조직을 국가적 차원에서 반관반민(半官半民)의 성격을 띠는 조직체로서 확대 개편한 것이었다. 이들은 일정 기간 단체

생활을 하면서 도의(道義)를 닦고 무술(武術)을 연마하였다. 이 기간 동안 명산(名山)과 대천(大川)을 돌아다니며 국토를 사랑하는 마음을 길렀으며 노래와 춤을 통하여 우의(友誼)를 다지고, 나라의 평안과 발전을 비는 종교적 행사를 거행하였다. 때로는 신비스런 체험과 신기한 물건의 전수 등을 통하여 화랑의 자기 혁신(自己革新)을 기도하였다(김철준·최병헌, 1986: 182).

그런 점에서 화랑도는 형식적 측면에서는 종교성을 띠면서도 편협하지 않고, 내용적 측면에서는 속세를 벗어난 인격 수양과 실용을 주로 한 실천 기풍을 갈고 닦았다. 단순히 무사도(武士道)와 같은 자질의 소유자가 아니라, 문무(文武)가릴 것 없이 청소년을 하나의 유목적적 인격으로 길러내는 국가적 운동이었고, 개인적 수양이었다. 그러기에 성인이 되어 국가에 봉사할 때, 문(文)에 나가면 충성스럽고 본분에 충실한 관리나 참모가 되었고 무(武)에 나가면 훌륭하고 용맹스런 장군이나 군인이 되었다.

그러나 북한의 시선은 전혀 다르다. 북한의 교육사에서는 화랑도를 신라 봉건 통치배들이 저들의 계급적 지배와 통치제도를 강화하기 위하여 만들어 낸 것이라고 신랄하게 비판한다(홍희유·채태형, 1995: 32-33). 화랑도 제도는 신라에서 오래 전부터 귀족 출신 청소년들이 모여서 공부도 하고, 유희나 오락을 즐기며, 무술연마도 하던 민간조직을 보다 확대하고 제도화한 것이었다. 이런 화랑도 제도는 신라 봉건 통치배들이 저들에게 충실히 복무할 수 있는 이른 바 '인재', 관리들을 길러내기 위해 만들어낸 귀족 양성체계이다. 이런 인식을 하다 보니, 화랑도의 사상적 이념인 풍류는 반동적 사상이 될 수밖에 없다.

(3) 원광의 세속오계와 교육

북한의 교육사에서는 세속오계에 대한 언급을 회피한 듯하다. 전혀 기술하지 않았다. 이유는 자세히 알 수 없으나, 관념론으로 분류되는 불교적 색채의 사유를 반동적 사상으로 인식하고 거부감을 지닌 듯하다. 그러나 화랑도의 강령으로 정돈된 세속오계(世俗五戒)에서는 다음과 같이 그 정신 세계와 실천윤리를 제시한다.

귀산은 사량부 사람인데, 아버지는 아간 무은이다. 귀산이 어릴 때 같은 마을 사람 추항과 친구로 지냈다. 두 사람은 다음과 같이 서로를 격려하였다.

"우리는 지성을 갖춘 선비나 교양 있는 사람들과 어울려야 하네. 그러기 위해 먼저 『대학』에서 말했듯이 '정심(正心)·수신(修身)'해야 하네. 그렇게 수양하지 않고 마구 놀다가는 잘못하면 인생에서 치욕을 당할 수도 있을 걸세. 그러니 훌륭한 사람을 찾아가 어떻게 하면 알차게 살아갈 수 있는지 그 길을 한 번 물어 보세."

이때 원광법사가 수나라에 유학하고 돌아와서 가실사에 있었다. 당시 사람들은 그를 매우 높이 예우하였다. 귀산과 추항 등이 원광법사의 문하에 나아가 말하였다.

"저희들 세속의 선비가 어리석고 몽매하여 아는 바가 없습니다. 종신토록 계명(誡銘)으로 삼을 만한 말씀을 해 주시면 고맙겠습니다."

법사가 말하였다.

"불계(佛戒)에는 보살계(菩薩戒)가 있는데 그 조목이 열 가지이다. 너희들이 다른 사람[왕]의 신하로서 산다면, 그 보살계를 제대로 감당하기 힘들 것이다. 그러기에 그 대신 세상을 살아가면서 반드시 지켜야할 세속오계(世俗五戒)를 일러 줄 것이니, 그것을 실행하는 데 소홀히 하지 말라."

> 첫째, 임금 섬기기를 충실로 하라.
> 둘째, 어버이 섬기기를 효도로 하라.
> 셋째, 친구 사귀기를 믿음으로 하라.
> 넷째, 전쟁에 임하여 물러서지 말라.
> 다섯째, 생명 있는 것을 죽이되 가려서 하라.

귀산과 추항 등이 그 말을 듣고 고개를 갸우뚱하며 말하였다.

"다른 것은 말씀대로 할 수 있겠습니다. 그런데 다섯 번째 '생명 있는 것을 죽이되 가려서 하라'라는 '살생유택(殺生有擇)'은 무엇을 의미하는지 잘 알지 못하겠습니다."

법사가 말하였다.

"제사 날과 만물이 소생하는 봄·여름에는 살생하지 아니한다. 이것은 '때'를 택하는 일이다. 그리고 집에서 부리는 가축을 죽이지 않아야 한다. 예를 들어, 말·소·닭·개와 같은 따위는 함부로 죽이지 않아야 하고, 또한 죽여 봐야 고기가 한 점도 되지 않는 미물은 죽이지 않아야 한다. 이는 '물건'을 택하는 일이다. 이렇게 하여 일반적으로 소중하게 쓰이는 것은 소중한 자원이므로 함부로 마구 죽여서는 안 된다. 그런 정신이 바로 세속의 좋은 계율인 것이다."

귀산과 추항 등이 말하였다.

"지금부터 대사의 말씀을 받들어 행하고, 실수하지 않도록 하겠습니다(『삼국사기』「신라본기」)."

화랑도가 신라사회의 중추적 인물을 등용할 목적으로 만든 제도임을 감안하면, 그 규율인 세속오계는 너무나 간략하게 제시되어 있다. 이런 점에서 화랑의 교육덕목으로서 세속오계는 부족한 점이 많다고 볼 수도 있다(이진수, 1987: 91).

그러나 이 압축적 표현에도 불구하고, 원광법사가 제시한 세속오계는, 넓은 의미에서, 삶을 예술적으로 발휘할 수 있는 가치 기준을 담고 있다. 임금과 신하 사이에는 충실, 부모 자식 간에는 효도, 친구 사이에는 믿음이라는 삶의 예술이 제시되어 있다. 충(忠)이나 효(孝), 신(信)이 삶에서 차지하는 비중은 별도의 논의를 거치지 않더라도 쉽게 이해할 수 있다.

그러나 귀산과 추항이 질의한 살생유택(殺生有擇)의 경우, 보다 심각하게 눈여겨 볼 필요가 있다. 이는 단순하게 사람에게 필요한 물건을 쓸 때 '가려서 하라'거나, 불교에서는 물건을 가려서 죽이는데, 동물과 식물 중에서 식물을 선택하므로, 육식을 금하고 채식을 한다는 식의 오해를 불러 일으켜서는 곤란하다.

원광법사의 설명에 의하면, '선택(擇)'의 문제를 제대로 고려할 때, 화랑의 정신 세계와 교육의 핵심을 제대로 간파할 수 있다. 때를 가리고, 물건을 가리는 작업! 그것은 시간과 공간, 사물에 대한 배려이다. 인간의 삶 속에서 때를 가리는 일은 자기 배려인 동시에 타자에 대한 관계를 인식할 때 가능하다. 봄-여름-가을-겨울, 계절의 순환 속에서 인간은 제때에 할 일이 있다. 예를 들면, 봄에 새싹이 돋아날 때, 그 싹은 보호의 대상이다. 그래야 잎과 줄기가 제대로 뻗어 나와 풀이나 나무로 자랄 수 있다. 그 싹을 마구 밟아버린다면 어떻게 되겠는가? 식물은 절대 제대로 자랄 수 없다. 어떤 식물의 줄기나 잎, 열매가 필요하다면, 어느 정도 자란 후에, 혹은 열매가 맺은 다음에 수확하면 될 것이다. 그것은 가을쯤에 해야 할 일이다.

인간도 마찬가지이다. 식물의 싹에 비유할 수 있는 어린 아이의 경우, 배려하지 않는다면 어떻게 제대로 성장할 수 있겠는가? 이때는 보살핌과 돌봄의 시기이다. 그것의 교육적 장치가 가정이고 보육기관이고 초등학교이다.

물건을 가리는 일은 더욱 신중해야 한다. 예를 들면 농경사회에서 소가 지니는 가치는 엄청나다. 쟁기질에서 수레를 끄는 것에 이르기까지 소는 농사일을 도우는 일등공신이다. 그런 소를 고기로 먹기 위해 마구 잡아서는 곤란하다. 그 반대로 쓸데없이 보이는 미물들을 마구 잡이로 죽이는 것에도 신중해야 한다. 조그만 생물은 잡아봐야 고기 한 점 제대로 건질 수 없다. 그리고 그것은 지금 당장 인간에게 필요 없는 것처럼 보일지 모르지만, 생태적으로 볼 때, 저 밑바닥으로부터 인간의 삶에 균형을 맞추어주는 구실을 할 수도 있다.

이처럼 '때'와 '물건'을 가리는 일은 인간이 행할 수 있는 최고의 삶의 예술을 구가하는 작업이다. 사람과 사람 사이를 넘어, 인간과 자연, 시간과 공간을 포괄하는 우주적 시선에서 삶을 상정하고 있다. 그런 배려의 현실적 적용과 실천은 정치를 통해 발현된다. 동아시아 전통에서 그것은 '왕도(王道)'의 형식을 갖추고, 국민을 배려하는 최고의 마음 씀씀이가 된다(『맹자』「양혜왕」상). 그것의 핵심은 바로 때와 물건을 가리는 배려였다.

농사철을 어기지 않고 농사를 지으면 농사가 잘 되어 국민들이 배불리 먹을 수 있다. 봄에는 밭갈고 씨앗을 뿌리며 여름에는 김매고 가을에는 수확을 하는 것이 농사의 이치이다. 이렇게 한창 농사일이 바쁜 때에 국가에서 부역을 시키거나 농사일을 방해한다면 어떻게 되겠는가? 국민들에 대한 배려가 전혀 없는 것이 아닌가? 그러므로 국민들을 위한 배려를 제대로 하는 지도자는 농사일을 방해하지 않는 겨울에 국가의 토목공사를 일으키거나 기타 필요한 일을 국민들에게 시켰다.

물고기를 잡을 경우에도 심각하게 때와 물건을 가린다. 지나치게 촘촘한 그물, 이제 갓 태어난 물고기 새끼까지도 잡을 수 있는 그물을 웅덩이와 연못에 쳐서 고기를 잡지 않는다면, 많은 국민들이 생선을 먹을 수 있다. 그물눈이 지나치게 작은 것을 쓰면 모든 물고기를 잡을 수는 있다! 문제는 그 다음이다. 새끼 물고기까지 다 잡아버리면 물고기 씨가 마른다. 그럴 경우, 연못에는 더 이상 물고기가 없다. 이는 매우 근시안(近視眼)적 사고다. 그러기에 옛날 사람들은 그물눈이 적어도 네 치(12센티미터 정도)가 되는 것을 써서 한 자(2~30센티미터 정도)가 넘는 물고기를 잡았다. 물론, 멸치와 같이 다 자란 고기가 작은 경우처럼 고기의 상황에 따라 다르다.

또한 나무, 목재를 구하는 경우에도 마찬가지이다. 핵심은 나무가 재목으로 쓸 수 있을 정도로 자란 후에, 벌목을 한다는 점이다. 그러기에 봄여름에 잎과 가지가 무성하게 자라고 있는 상황에서는 벌목하지 않는다. 잎이 떨어진 뒤에 산림에 들어가 나무를 구할 수 있게 했다.

농사와 물고기잡이, 산림에서의 벌목은 모두 자연의 이치를 고려하여 살아가려는 인간의 삶을 승화시킨 일종의 예술이다. 인간의 이익을 위해 사용하더라도, 우주의 모든 사물과 시공간에 대해 절제하고 애착을 갖는 교육정신이다.

풍류에서 화랑도, 세속오계로 이어지는 고유사상의 핵심적인 교육정신을 현대적 의미에서 한 마디로 정리하면, 어떤 표현이 적절할까? 자기 충실을 통한 배려(配慮: caring)의 실천, 그리고 그것의 사회화이다. 다시 강조하지만, 화랑들의 교육정신처럼 노래하고 즐기며 마음의 충족감을 느끼고, 산수를 찾아 즐기면서 국토애를 기른다는 사실은 단순히 오락적 기능을 넘어 주술적(呪術的)·종교적(宗敎的) 기능을 통해 공동체 의식을 강화한 것이다. 국가·사회의 안정과 번영을 기원하면서 일체감을 길렀고, 자신의 인격적 전환을 꾀하면서 충(忠)·신(信)·의(義)와 같은 신념이나 가치관을 형성하기 위해 노력하였다(박재문, 1985).

특히, '서로(相)'라는 유기적 관계망을 통해, 그들은 인간의 상호작용, 의사소통으로 상호 배려하는 교학(敎學)과 수련의 과정을 실천했다. 거기에다 세속오계에서 드러난 것처럼, 물건을 가리는 일과 때를 가리는 작업!, 즉 택물(擇物)과 택시(擇時)를 통해 우주적 배려를 실천하였다. 이런 배려정신의 실천은, 인지적으로 탁월한 개인을 양산하는 현대교육의 차원에서 볼 때, 일종의 충격이다. 당연히 이행되어야 하는 교육의 양식임에도 불구하고, 우리는 그것을 잃어버렸다. 따라서 화랑의 교육정신과 그들의 실천은 현대교육에서 회복해야 할 핵심 가치일 수 있다.

이만규의 표현처럼, 화랑도의 특성으로 보아 그것은 세계에 적용할 만한 인간의 길이다. 심신을 통괄적으로 수련하고, 개인적 함양과 사회적 질서화를 동시에 고려하는 최상·최고의 교육양식으로 볼 수 있다.

한국교육사의 통합적 이해
- 일제강점기 이전까지 남한과 북한의 교육사 인식 -

제 5 장

후기 신라와
발해의 교육

제 5 장
후기 신라와 발해의 교육

　　후기 신라는 백제와 고구려가 멸망한 후, 신라가 고구려, 백제 지역의 인민들과 함께 외래 침략세력을 몰아내고 대동강 이남을 지역을 차지한 7세기 중엽부터 신라 왕조가 멸망할 때까지, 이른 바 한반도가 신라로 통일되어 신라가 멸망할 때까지의 시기이다. 후기 신라는 고구려, 백제, 신라의 삼국시대 문화를 직접적으로 계승·발전시켜, 우수한 문화를 창조하였다. 이런 문화 창조를 근간으로 후기 신라의 교육은 새로운 발전을 거듭하였다. 발해는 백제와 고구려가 멸망한 후, 한반도의 북쪽에 있던 고구려 유민들이 침략세력을 반대하고 나라를 되찾기 위한 줄기찬 투쟁을 벌여 창건한 나라이다. 특히, 발해는 고구려를 계승하여 698년에 나라를 세운 다음, 926년까지 존재하면서 넓은 영토와 강성한 국력을 지녔다. 이에 해동성국이라는 명성을 얻을 정도로 위세를 떨쳤다. 우리 민족은 7세기 이후 10세기 초까지 남쪽을 대표하는 후기 신라와 북쪽을 대표하는 발해, 두 나라를 중심으로 남북국 시대를 이루었다. 교육의 경우에도 그만큼 독특한 체제를 발전시켰다.

1. 후기 신라의 교육

(1) 교육의 제도화

기록에 의하면, 신라는 고구려, 백제를 멸망시키기 이전까지 중앙에 별도의 최고교육기관이 존재하지 않았다. 7세기 말에 이르자, 이전의 화랑도 제도만으로는 국가 통치에 필요한 인재를 충분히 양성할 수 없다는 것을 느끼게 되었다. 그렇다고 화랑도 제도가 없어진 것은 아니었다. 화랑도 제도는 변화된 현실의 요구에 맞게 그 교양의 내용을 달리하였다. 특히, 봉건 통치세력의 계급적 지배에 충실히 복무하는 방향으로 발전하였다(홍희유·채태형, 1995: 47).

이에 신라는 고구려와 백제의 유학식 교육의 경험을 살리는 동시에 부분적으로나마 신라에서 발전하고 있던 유학을 바탕으로 국가적으로 유학을 부흥하기 위한 조치를 취하였다. 그것이 국학(國學)의 설립이다. 신문왕 2년(682년), 비로소 국가 최고교육기관, 현대적 시각에서 볼 때, 국립대학에 해당하는 국학을 설립하였다. 이는 고구려의 태학과 같은 것으로, 북한의 교육사에서는 고구려의 태학을 본떠서 국학을 세웠다고 주장한다(홍희유·채태형, 1995: 41). 하지만 당시 신라와 당나라의 교류관계를 감안할 때, 국학은 당나라의 국자감을 모방하였다고 볼 수도 있다.

국학은 예부에서 관할하였다. 『삼국사기』「직관」에 의하면, 국학의 주요 구성원으로는 경 1인, 박사와 조교 몇 사람, 대사 2인, 사 4인이 배속되어 있었다. 국학에 입학할 수 있는 학생의 신분은 대사 이하로부터 벼슬 등급이 없는 자로, 나이는 15세에서 30세까지로 규정하였다. 대사는 당시 신라사회의 17등급의 관등급 가운데 12번째 등급에 해당한다. 국학의 출신 성분을 보면, 주로 진골이나 6두품 출신의 귀족 자제들이 수학한 것으로 판단된다.

국학의 수업연한은 9년이었다. 하지만 학생이 국학에 다닐 자질이 부족하여 교육 효과가 없다고 판단되면 퇴학시켰고, 조금 미숙하다고 인정되면 9년을 경과

하여도 재학할 수 있게 하였다. 9년 과정의 국학을 마치면, 대나마나 나마의 벼슬을 주었다. 대나마는 17관 등급 중에서 10번째이고, 나마는 11번째이므로, 국학을 마치면 1~2단계의 등급 상승이 이루어지는 셈이다.

국학은 유학 연구와 관리 양성을 목적으로 하였다. 따라서 교육과정은 유교의 경전을 주로 하고, 산학, 의학, 천문학 등 생활에 필요한 과학기술 교육을 실시하였다. 북한의 교육사에 의하면, 후기 신라시대 국학도 고구려의 태학과 마찬가지로 봉건 지배계급 출신의 선비를 양성하는 데 목적을 둔 학교이다. 따라서 국학은 전적으로 봉건 왕권의 유지와 강화에 이바지하는 역할을 한다. 국학의 재학생들은 지배계급의 자식들이었고, 일반 서민 대중의 자식들은 국학에 들어갈 엄두도 내지 못하였다. 후기 신라에도 고구려의 경당과 같은, 별도의 서민 대중을 위한 교육기관이 있었을 것으로 추측할 수 있다. 그러나 구체적 기록이나 자료의 부재로 자세한 내용은 파악할 수 없다(홍희유·채태형, 1995: 43-44).

유학교육은 『논어』와 『효경』을 공통필수과목으로 하고, 『주역』, 『상서』, 『모시』, 『예기』, 『춘추좌씨전』, 『문선』 등을 수준에 따라 선택적으로 공부할 수 있게 하였다. 교육내용은 박사 또는 조교가 도맡아 교수하였다.

산학의 경우, 『철경』, 『삼개』, 『구장』, 『육장』 등을 교재로 삼아 가르쳤는데, 당시의 실천적 요구에 절실히 필요한 내용들을 담고 있었고, 매우 높은 수준의 수학이었다. 당시 건축술의 수준을 잘 보여주는 불국사의 다보탑과 석가탑, 석굴암 등에 적용된 수학적 지식과 건설 시공 수준이 그것을 증명해 주고 있다.

의학교육은 국학을 설치한 후 10년이 지난 692년에 비로소 개설하였다. 박사 2명을 배치하여 『본초경』, 『갑을경』, 『소문경』, 『침경』, 『맥경』, 『명당경』, 『난경』 등을 가르치게 하였다. 물론 이전에도 의학교육이 상당 수준 발달한 것으로 판단된다. 왜냐하면 414년에 일본의 초청으로 신라의 명망있는 의사 김무약이 일본왕의 병을 고쳐주고 의학을 일본에 전수시킨 사례가 있기 때문이다(『일본서기』 권42).

국학에서 의학 교육과정을 설치한 것은 의의가 크다. 이전까지 신라에서는 의료인 양성을 민간에서 개인적으로 자식이나 친척들에게 의술을 물려주는 개인

교수의 방식을 취하였다. 하지만 국학에 의학을 설치함으로써 의료인을 체계적으로 양성할 수 있게 되었다, 의학교육의 수준 또한 매우 높았다. 의학의 기초이론을 담고 있는 『갑을경』, 내과 이론과 치료방법을 주로 서술한 『소문경』, 침구 및 외과 부문에 대하여 서술한 『침경』과 『명당경』, 그리고 약물학 책인 『본초경』 등을 다룬 것으로 미루어 보면, 교육내용도 다양하고 세부적으로 나누어진 특성을 지니고 있었다.

신라의 과학기술 교육에서 중시된 것은 천문학이었다. 중앙 관청에는 천문을 담당하는 기술관으로서 천문박사가 있었고, 누각전이라는 기관을 별도로 두어 시간 측정을 주기적으로 진행하였다. 특히, 후기 신라 사람들은 시간 측정에 관심이 많았다. 이에 누각의 설치와 그 사용방법을 전수하기 위하여 박사를 두고 교수하였다(『삼국사기』 권38 「잡지」).

이러한 과학기술 교육에 대한 북한의 시각은 역시 계급투쟁적 유물사관에 기초한다(홍희유·채태형, 1995: 42-43). 산학 중에서 『구장』의 방전장과 속미장, 차분장, 균수장 등은 봉건 관료들에게 인민들을 수탈하고 착취하는 데 필요한 수학지식을 가르쳐, 전세, 공물, 부역, 고리대 착취를 효과적으로 달성하는 데 필요한 지식 소유의 차원에서 이해하였다. 의학교육은 봉건 지배계급의 생활상의 요구로 인식하였으며, 과학기술 교육 자체를 봉건 통치제도의 유지와 강화를 위한 지배계급의 이해관계와 생활상의 요구를 반영하는 차원으로 해석하였다. 그럼에도 불구하고 후기 신라의 과학기술 교육은 유학교육과 더불어 우리나라 과학문화 발전에 적지 않은 영향을 준 것으로 평가한다.

또한 유학교육의 진흥과 더불어 국학에서는 공자와 그 제자들의 화상(畵像)을 들여와 문묘(文廟)를 시행하였다고도 한다. 이외에도 국왕은 유학교육을 장려하기 위하여, 국학에 직접 찾아와서 박사들에게 강의를 받기도 하고, 국학 운영에 필요한 경비도 지원하였다. 뿐만 아니라 다른 나라에 유학생들도 파견하였는데, 그들은 유학은 물론 다른 학문도 배워 왔다. 때로는 유학하는 나라의 과거에도 응시하였다. 유학생 수가 많을 때는 100명도 넘었다고 한다(『삼국사기』 「신라본기」 9, 10, 11 "혜공왕", "소성왕", "문성왕").

한편, 신라의 불교교육은 기본적으로 사찰을 중심으로 진행되었다. 승려들의 도량으로서 교육기관 역할을 했던 사찰은 불경을 강의하는 법회를 수시로 열었다. 특히, 불경을 강의하는 집회인 백좌법회 등이 자주 열려 승려들에 대한 불교 교리 강좌가 정기적으로 행해졌다. 일반 대중에 대한 불교교리 전파는 개별적으로 승려들에 의해 진행되었다. 그들은 어려운 불교교리를 쉽고 효과적인 방법으로 일반 대중에게 전파하기 위해 노력하였다.

(2) 인재 선발

국학에서 진행된 유학교육의 진흥과 발달은 관리의 선발과 등용방법에도 영향을 미치게 되었다. 유학교육을 통해 성취한 유학적 지식의 소유 여부가 하나의 기준이 된 것이다. 원성왕 4년(788년), 이른 바 독서삼품과(讀書三品科)를 설치하여 인재 선발과 등용의 방법으로 삼았다. 독서삼품과의 실시는 화랑도 제도에서 엿볼 수 있는 무예와 품성, 행실 등을 참작하여 인재를 선발하던 방법이 없어지고, 유학 지식의 소유 정도를 기준으로 하는 능력 중심의 관리 선발이라는 점에서 진보성을 엿볼 수 있다.

독서삼품과는 국학에 재학하는 학생을 대상으로 실시된 관리 선발시험이었다. 삼품이기 때문에 국학에서 공부한 내용을 가지고 상·중·하의 세 등급으로 나누었다(『삼국사기』「신라본기」10 "원성왕"). 상품(上品)은 『춘추좌씨전』, 『예기』, 『문선』을 읽을 수 있고 그 뜻을 해독할 수 있으며 동시에 『논어』와 『효경』에 밝아야 했다. 중품(中品)은 『곡례』, 『논어』, 『효경』을 읽을 수 있어야 하고, 하품(下品)은 『곡례』, 『효경』을 읽을 수 있는 사람으로 국가의 관료가 될 수 있게 하였다. 특히 오경(五經)과 삼사(三史), 제자백가서(諸子百家書)에 능통한 사람은 등급에 관계없이 높은 자리에 등용하였다. 오경은 『시경』, 『서경』, 『역경』, 『춘추』, 『예기』이고, 삼사는 『사기』, 『한서』, 『후한서』이며, 제자백가서는 중국의 춘추전국 시대 이후 공자, 노자, 맹자, 장자, 법가, 농가 등 여러 학자들이 철학, 역사, 문학, 정치, 경제 등등 다방면에 걸쳐 쓴 저작들이다.

　　이러한 독서삼품과는 어떤 차원에서 보면, 국학 재학생의 최종시험에 해당한다. 이전의 골품제라는 혈통에 의한 관리 선발에서, 제한적이기는 하지만, 능력에 의하여 관리의 임용과 승진을 결정하게 되었다는 점에서 의미가 크다. 내용상차이는 있지만, 고려시대에 등장한 과거제도의 초보적 형태로 비유해볼 수 있다.

　　북한의 교육사에서는 독서삼품과의 시행에 대해 다음과 같은 사회문화사적시각을 제시한다.

　　　　신라 봉건국가가 국학과의 긴밀한 연계 하에 독서삼품으로 관리를 선발 등용
　　　　하게 된 것은 8세기 말 이후 더욱 격화된 신라 봉건사회의 내부 모순을 조금이
　　　　라도 해결해 보려는 데 그 목적이 있었다. 이미 전부터 시작된 신라 왕권의 불
　　　　안정과 농민 폭동의 빈발은 신라 봉건사회의 내부 모순을 그 어느 때보다도 격
　　　　화시켰다. 일부 문벌에 의하여 정권을 독차지 하던 종전의 정치제도는 정권에
　　　　참여하지 못하는 일반 지주들의 불평을 자아냈다. 이러한 조건에서 신라 지배
　　　　계급은 왕권을 강화하고 봉건 통치를 보다 공고히 하기 위해 일반 지주계급도
　　　　정권에 참가할 수 있는 관리 선발방법을 적용하는 것이 필요하다고 인정하게
　　　　되었다. 그리하여 독서삼품과 같은 새로운 관리 선발 등용제도가 나오게 되었
　　　　다(홍희유·채태형, 1995: 45-46).

　　교육제도를 비롯하여 수많은 사회제도가 사회문제의 해소를 위한 필요성에의해 만들어 진다고 볼 때, 위와 같이 북한의 교육사에 언급된 내용은 신중하게검토할 필요가 있다.

　　이외에도 독서삼품과 출신은 아니지만, 관리 등용에 대한 당나라 유학생에대한 배려도 있었다. 독서삼품과를 실시한 다음 해인 789년, 자옥이라는 사람이양근현의 부현감에 해당하는 소수라는 관직에 임명되었다. 그러자 인사담당자였던 집사사 모초가 자옥은 국학에서 공부하고 독서삼품과를 거친 사람이 아니라고 하여 극구 반대하였다. 그러나 당시 시중이 자옥은 국학에서 공부하고 독서삼품과를 거친 사람은 아니지만, 일찍이 당나라에 가서 유학한 일이 있으니 관리로

채용해도 무방하다고 건의하여 왕의 승인을 받았다(『삼국사기』「신라본기」 10 "원성왕").

　이런 점에서 볼 때, 인재 선발과 등용의 방법이 독서삼품과에만 한정된 것은 아니었다. 독서삼품과를 기준으로 하되, 당나라에 유학하여 학문 지식을 확보하여 실력을 인정받은 경우에도 관리로 등용되었다. 이런 점에서 신라 후기 사회에서 관리 선발과 등용은 국학과 연계된 독서삼품과와 당나라 유학이 하나의 중요한 요건으로 작용한 것으로 판단된다.

(3) 주요 교육사상가

　후기 신라에서는 국학을 세워 유학을 장려하였으므로 뛰어난 관료 유학자가 양산되었는데, 이들의 활약이 돋보였다. 뿐만 아니라 불교가 융성하여 고승들이 속출하였고 이들이 교육에 큰 영향을 미쳤다. 유명한 교육사상가로 원광(圓光), 강수(强首), 원효(元曉), 설총(薛聰) 등이 있다.

▶ 유학사상가

　유학교육을 장려한 교육사상가로는 강수와 설총이 있다. 강수는 불교를 세상의 의리를 벗어나는 학문이자 종교라고 비판하였다. 대신 유학을 배워 당대 제일의 문장가가 되었으며, 외교문서 작성에 능하였다고 한다.

　설총은 원효와 요석공주 사이에 태어난 사람으로, 원효의 아들이다. 불교와 유학을 두루 섭렵하고, 국학의 박사로서 유학의 경서를 우리말로 읽는 새로운 방법과 독특한 표기법인 이두(吏讀)를 개발하여 유학 발전에 획기적인 공헌을 하였다. 설총은 692년 국학의 교수로 등용된 후, 『주례』, 『의례』, 『예기』, 『춘추좌씨전』, 『춘추공양전』, 『춘추곡량전』, 『주역』, 『서경』, 『시경』 등 9경을 우리말로 해석하여 국학의 학생들에게 가르쳤다.

　뿐만 아니라 신문왕에게 지어올린 『화왕계(花王戒)』는 군왕(君王)교육의 새로운 면모를 보여 주었다. 화왕계는 아랫사람인 신하가 윗사람인 제왕에게 교훈적 내용을 담아 표현한 것으로, 최고통치자가 지켜야할 도리와 계율을 비유와 풍자

형식으로 서술하였다. 여기에서 특기할 교육적 사항은, 군왕이 신하의 충간(忠諫)을 듣고 진실로 자신의 잘못을 시인하고 사과하는 의사소통의 차원이다. 이는 유학의 근본정신을 재천명하고 동시에 군왕은 백성을 사랑하여 올바른 정사를 펼칠 수 있도록 정교일치(政敎一致)의 교육을 강조한 것이다.

8세기 초, 성덕왕이 설총에게 "정치에서 중요한 것이 무엇인가?"라고 물었을 때, 그는 "정치의 근본은 교육입니다."라고 답하였다. 아울러 성현을 숭배할 것과 시골 마을 곳곳에 이르기까지 교육사업을 보급시킬 것을 권고하였다. 이런 점에서 설총은 교육을 중요한 사업으로 간주한 당대 최고의 교육사상가이자 교육자였다(홍희유·채태형, 1995: 47).

이외에도 앞에서 풍류사상을 언급할 때, 등장했던 최치원과 같은 당나라 유학파를 비롯하여 재능 있는 학자들도 많이 배출되어, 이들 대부분 교육사업에 참가하였다고 생각된다.

▶ 불교사상가

불교를 장려한 대표적인 사상가로는 원광, 원효, 의상, 순경, 둔륜, 대현 등이 있다. 원광은 유학과 선교, 불교를 두루 섭렵하고 중국에 유학하여 이름이 드높았다. 학문과 덕망이 높아 신라인들의 존경을 받았으며 불교의 계율을 토대로 세속오계(世俗五戒)를 만들어 당시 국민교육과 생활윤리의 지표가 되었다.

원효는 한국이 낳은 가장 위대한 종교사상가이며 세계적인 철학자이다. 특히 스스로 인격완성과 민중교화를 통한 불교의 세속화에 공헌하면서 교육 실천가다운 면모를 보여 주었다. 특히, 원효는 불교의 여러 주장들을 '일심(一心)'의 발현으로 보고 그 발현의 양상을 하나로 통합하려고 하였다. 일심은 중생이 어떤 상황에 처해 있느냐에 따라 다양한 심리 행동으로 나타나지만, 인간 본성 자체에 어떤 변화가 있는 것은 아니다. 모든 법의 본체는 제각기 다른 것이 아니라 중생들이 각자 지니고 있는 동일한 일심이다. 그래서 일심을 중생심(衆生心), 대승법(大乘法), 제법자체(諸法自體) 등으로도 부른다. 일심은 우리 각자의 본래 마음인 동시에 모든 존재의 본체이며, 중생심의 실체로 불성(佛性)이다. 밝고 깨끗하며 불변하고 고요하며, 참되기 때문에 '진여(眞如)'라고 한다. 실재의 측면에서 파악되는 마음인 '심진여(心眞如)'는 오직 하나의 실재, 일체의 사물과 현상을 총체적으로 포괄하는 본체를 가리킨다. 이것이 마음의 본체이고 그 마음은 시작도 끝도 없고 어떤 구분도 변화도 없다(이홍우, 2006).

원효는 수양이나 교육의 방법에서 '지관(知觀)'을 중시한다. 지식의 문제와 연관되는 지(知)는 인식 주관에 표상된 내용을 객관적 실재로 잘못 안 것이 진여의 빛을 받아 지명되고, 인식 주관의 그릇된 이념이 정지된 것을 말한다. 세계관이나 관찰, 관점으로 대비해 볼 수 있는 관(觀)은 생명의 현상에 따라 모든 존재의 실상을 여실하게 관찰하여 밝고 바르게 앎을 의미한다. 지의 수행방법으로는 몸과 마음을 조절하는 조신법(調身法)과 조심법(調心法)이 있고 관의 수행방법에는 법상관(法相觀), 대비관(大悲觀), 서원관(誓願觀), 정진관(精進觀) 등 다양하게 세분된다(이문원, 2002: 16-19).

원효의 위대성은 당시 사회 상류 계층의 신앙이자 지도이념이던 불교를 서민 대중에게 널리 보급시킨, '교육적 대중화'에 있다. 그는 무애가(無碍歌)를 지어 서민을 교화시켰다. 무애는 어떤 장애나 조건에도 거리낌 없이 자유로운 것을 말한다. 따라서 모든 생사가 곧 열반(涅槃)이요, '사람은 한 번 나면 죽는다'는 사실을 깨달아 부처를 알고 부처로 나아갈 것을 염원해야 한다. 원효는 서민들과 어울리면서 스스로 파계를 하고 소성거사라고 일컬었다. 이때 광대들이 큰 바가지를 들고 춤추고 노는 것을 보고 무애가를 지어 부르면서, 방방곡곡을 돌아다니며 서민들을 교화했다고 전한다(김승동, 2001; 태경·조기영, 2011).

(4) 향가와 비형식교육

신라교육에서 특기할 사항은 일반 대중들에게 불교교리나 유학의 내용을 쉽고 효과적인 방법으로 전파하기 위해 향가를 많이 이용하였다.

향가는 우리나라 최초의 국문 시가이자 개인 창작시로서 신라에서 고려 전기까지 창작·향유된 서정시이다(최수연, 2014). 향가의 개념을 알기 위해서는 당대의 관련기록을 검토할 필요가 있다. 최초의 기록은 균여대사와 연관된다. 균여대사는 신라 경덕왕 7년(923년)에 태어나 고려 광종 24년(973년) 귀법사(歸法寺)에서 입적하였다. 그 후 반세기가 지난 뒤인 현종 13년(1022년)에 세운 개성군 영남면 현화사비음기(玄化寺碑陰記)에 보면 향가에 대한 다음과 같은 기록이 있다. "성상께서 이에 향풍체가(鄕風體歌)를 본 따서 친히 노래를 지으시고 마침내는 신하들에게 경찬시뇌가(詩腦歌)를 지어 바치도록 선허하였다(『朝鮮金石總覽』上)." 이때 '향풍체가'는 향가를, '시뇌가'는 사뇌가를 의미한다고 본다. 따라서 11세기까지 향가가 성하게 불려졌다는 것을 알 수 있다.

그 후 향풍체가가 아닌 향가란 말이 문헌상에 최초로 보이는 것은 고려 문종 29년(1075년)에 이루어진 『균여전』이다. 『균여전』의 서문에 따르면, 『균여전』은 문종 28년 음력 4월에 편술하기 시작하여 문종 29년(1075년) 봄에 완성된 것으로 균여대사가 신라 신덕왕 7년(923년) 경주의 형악 남록에서 출생하여 고려 광종 24년(973년)에 입적하였으니 입적 후 103년이 되는 해에 만들어진 것이다.

『균여전』 다음으로 향가라는 말이 보이는 문헌은 고려 인종 23년(1145년)에 김부식이 왕명으로 저술한 『삼국사기』이다. "왕은 평소에 각간 위홍과 더불어 통하였는데 이때에 이르러 떳떳이 그를 궁내로 불러 일을 보게 하고 왕은 그에게 명하여 대구화상과 함께 향가를 수집하게 하였으니 이를 삼대목이라고 이른다(『三國史記』卷11, 二年 春 二月條)." 이런 점에서 「보현십원가」보다 1세기나 앞선 신라 51대 진성왕 때에 『삼대목』이라는 향가집을 만들만큼 향가가 널리 불려지고 있었음을 짐작하게 한다. 그리고 향가를 수집하는데 왕의 뜻이 작용한 것으로 보아 나라의 중요 사업 중의 하나였다고 생각되며, 승려가 관여했다는 것으로 보아 당시 향가와 불교와의 관계가 긴밀했다는 사실을 단적으로 알 수 있다. 『삼대목』은 "시조로부터 이때까지를 삼대로 나누어서 처음부터 진덕왕 때까지 28왕을 상대(上代)라 하고 무열왕부터 혜공왕 때까지 8왕을 중대(中代)라 하고 선덕왕부터 경순왕까지 20왕을 하대(下代)라고 하였다(『三國史記』第12, 敬順王 9年)." 따라서 『삼국사기』의 기록대로 삼대는 신라 전체 시대의 노래를 기록한다는 의미의 가진 이름으로 해석된다.

이상에서 살펴본 바와 같이 향가라는 말은 『균여전』·『삼국사기』·『삼국유사』 등의 문헌에 기록되어 있다. 이를 보면 중국의 시가나 불교의 음악인 범패 등 외래 악(樂)과 대립된 개념으로 쓰였다. 『삼국사기』 32권 「악」에서는 우리나라 사람들을 향인(鄕人)이라고 하고 우리나라의 악기를 향비파(鄕琵琶)·향삼죽(鄕三竹)이라고 하였으며, 『삼국유사』에서는 모두 우리말을 향언(鄕言)·향어(鄕語)·향칭(鄕稱)으로 쓰고 있다.

고려 초기에는 당나라 문화의 영향이 지대했으므로 그때 쓰인 『균여전』에서는 중국을 가리킬 경우 '당(唐)'자를 써서 당사(唐辭)·당집(唐什)이라 썼고, 그에 대응하여 우리를 가리킬 때에는 '향(鄕)'자를 써서 향어·향요·향가라 썼다. 따라서 향가라는 것은 중국의 시가와 상대적인 개념으로 쓴 우리 시가의 명칭이다.

또한 향가를 언급하면서 사뇌 또는 사뇌가라고 하는데, 『균여전』에 의하면, 내용 또는 표현과 관련지어 향가 중에서도 우수한 것을 지칭하는 말로 쓰여진 것 같다.

『균여전』의 가행화세분(歌行化世分)에서 "대사는 여가의 외학으로 사뇌(詞腦)에 익숙했다."의 주(注)에 "뜻이 사(詞)보다 정밀한 까닭에 뇌(腦)라고 부른다."라던가, "대개 사뇌(詞腦)라는 것은 세상 사람들이 유희하고 오락하는 도구이다."라고 한 것이나, 역가현덕분(譯歌現德分)의 "11수의 향가는 글이 맑고 문구가 곱다. 그와 같이 지어진 까닭에 사뇌(詞腦)라 부르나니 가히 당나라 태종 때의 시를 능욕할 만하고, 정치함은 부(賦) 중에서도 가장 뛰어난 것과 같아서 진(晉)나라 혜제와 명제 때의 부(賦)에 비교할 만하다."라고 함은 '사(詞)의 정수(精髓)' 또는 '사의 뇌수(腦髓)'라는 의미라고 생각된다(이종찬, 1985: 58). 이런 점에서 사뇌가는 희락과 관련하여 제작·가창된 노래로서 가사가 아름답고 정치하며 담겨진 뜻이 고상하여 뛰어나므로 향가 중에서 우수한 것을 지칭한다(김정주, 2003: 53-59).

향가는 불교적 요소를 지니고 있기도 하지만, 유교의 핵심 개념인 '오륜의 군신유의, 사생관, 사랑'을 중심으로 고찰한 것도 많다. 그것은 유교의 교육과 상당부분 일치하는 것으로 드러난다. 예를 들면, '임금은 의(義)로워야 하고 신하는 충성(忠誠)스러워야 한다'는 유교 오륜의 군신유의 관점에서 「안민가」에서는 정치적 안정을 꾀하고 이상 정치를 구현하여 국가의 안정과 치세를 도모하고자 하는 모습을 보여준다. 「모죽지랑가」에서는 신하와 백성의 안락한 삶을 위해 임금은 존재하며 그러하기에 신하와 백성은 임금에게 충성을 다해야 하는 서로의 역할에 충실하고자 하는 모습을 확인할 수 있다. 그리고 '인간의 생명은 육신의 죽음으로 모든 것이 허망하게 끝나는 것이 아니라, 진리를 얻으면 죽음으로써 소멸되지 않는 가치를 확보한다'는 유교사생관(死生觀)을 담고 있는 「원왕생가」에서는 인심(人心)과 도심(道心)의 대립에서 자신의 욕망을 누름으로써 자신에 대한 인격적 혁신을 이루고 죽음을 넘어선 새로운 삶을 얻은 모습을, 「제망매가」에서는 누이의 죽음으로 삶과 죽음의 섭리관계에서 죽음의 존재를 인정하고 무상·허무·두려움·슬픔을 재회의 희망으로 전환시켜 긍정적 삶을 추구해 나가는 모습을 노래하였다. 또한 '애정이나 애욕이 아닌 인애(仁愛)와 애경(愛敬)처럼 인간적 가치를 발휘할 수 있는 감정의 형태'를 유교가 추구하는 사랑의 차원에서 노래한 「헌화가」에서는 인애와 애경의 관점에서 '꽃'을 매개로 한 수로부인과의 만남을 통해 비로소 절정에 치달은 진정한 사랑의 발현 양상을 보여준다. 유명한 「서동요」에서는 「헌화가」와 대비되게 애정과 애욕의 관점에서 진정한 인(仁)의 실현 양상으로서의 사랑이 아닌 개인의 인간적 가치 발휘에 불과한 감정의 형태를 드러내었다.

이러한 향가 작품을 교육적으로 살펴보면, 왕도정치를 통한 교화, 사랑의 교육, 도덕성 함양, 정서 배양, 배려 실천으로 논의할 수 있다. 왕도정치를 통한 교화에서는 「안민가」가 치국안민(治國安民)의 도(道)와 국태민안(國泰民安)의 이상을 나타내고 있고, 사랑의 교육에서는 「모죽지랑가」가 자신의 임금을 향한 고마움과 그리움을 비롯한 사모의 정을, 「헌화가」는 죽음을 무릅 쓰고 자신이 사모하는 이를 향한 사랑의 실현을, 도덕성 함양에서는 「원왕생가」가 비도덕적 주체가 깨달음 이후에 도덕적 주체로 거듭나는 모습을, 정서 배양에서는 「제망매가」가 누이의 죽음으로 인한 슬픔의 정서와 그에 대한 극복의 모습을, 배려 실천에서는 「서동요」가 이기심과 사랑이라는 미명 아래 타인을 배려하지 않는 존재의 모습을 통해 배려의 삶 자체에 대한 중요성을 보여주었다.

이러한 향가는 학교교육과 같은 형식교육은 아닐지라도 후기 신라시대에 민중의 일상에 깊숙하게 파고든 비형식적 교육의 전형이다. 그것은 민중의 희노애락을 담고 있는 동시에 유교적 사유를 통해 개인과 공동체의 안녕을 기원했다. 특히, 민중들이 일상생활에서 즐겨 부르던 노래로 민중의 계몽과 교화가 융성했다는 점에서 교육적 의의가 크다.

2. 발해의 교육

(1) 발해 역사의 소외와 부활

발해의 교육에 대해서는 자세하게 기록된 사료가 없어 정확하게 밝히기가 어렵다. 조선시대, 발해에 대해 본격적인 관심을 보인 유득공(柳得恭)의 경우,『발해고(渤海考)』서문에서 다음과 같이 지적하고 있다.

> 고려가 발해사를 짓지 않았으니, 그 국력을 떨치지 못하였음을 알 수 있다. 옛날에 고씨가 북쪽에 거주하여 고구려라 하였고, 부여씨가 서남쪽에 거주하여 백제라 하였으며, 박·석·김씨가 동남쪽에 거주하여 신라라고 하였다. 이것이 삼국인데 그들의 역사인 삼국사(三國史)가 있는 것이 마땅하므로 고려가 이를 펴냈으니 옳은 일이다. 부여씨가 망하고 고씨가 망하자 김씨가 그 남쪽을 차지하였고, 대씨가 그 북쪽을 차지하여 발해라고 하였다. 이것이 남북국이라 부르는 것으로 마땅히 남북국사(南北國史)가 있어야 했는데도 고려가 이를 편찬하지 않은 것은 잘못된 일이다(『발해고』「서」).

유득공의 지적처럼, 고려시대에 김부식은 『삼국사기』를 지으면서, 발해사를 의도적으로 제외시킨 것으로 판단된다. 그 후 발해는 우리 민족사의 영역에서 멀어졌다가 조선 후기에 와서야 다시 관심의 대상이 되었다.

하지만, 북한의 교육사 기술은 이와는 다르게 접근한다. 발해의 교육은 고구려의 발전된 교육을 계승하여 그것을 더욱 발전시킴으로써 당시로서는 상당히 높은 수준에 이르고 있다고 판단한다(홍희유·채태형, 1995: 35).

(2) 교육기관의 설치

발해는 중앙에 고구려의 태학과 같은 최고교육기관인 주자감(胄子監)을 설치하였다고 전한다. 주자감에는 감, 장과 같은 관직 명칭을 가진 교관들이 유학을 가르치는 일을 맡아 보았다. 주자감은 발해의 관리 양성을 목적으로 하는 중앙의 최고학부였다. 여기서는 대체로 귀족의 자식들이 모여 공부를 하였는데, "모여오는 학생들의 수가 대단히 많았다."는 비문의 기록이 전한다(『발해국지장편』 권15 「직관고」). 또한 주자감에는 문적원(文籍院)을 두어 경서를 비롯한 서적을 보관하였다. 이런 점으로 미루어 볼 때, 발해의 주자감은 상당히 체계적으로 교육제도를 정비한 것으로 추측된다. 발해의 교육과 관련해서는 『구당서』·『신당서』·『책부원귀(册府元龜)』 등 몇몇 사서에 단편적인 기록이 있을 뿐이다.

『구당서』에는 "발해에서 먼저 보낸 학생 세 명의 학업이 점차 이루어졌다고 판단하고, 그들을 본국으로 보내달라고 청하였는데, 이를 허락하였다."라는 기록이 있다. 『신당서』에는 "건국 초부터 발해의 왕이 자주 여러 학생들을 당나라 태학에 보내어, 고금의 제도를 공부하도록 하더니, 드디어 '해동성국'이 되었다. 문적원을 설치하여 감을 두었으며 주자감을 설치하여 감·장을 두었다."라는 기록으로 볼 때, 교육기관이 설치되어 인재를 양성했음에 분명하다. 또한 『책부원귀』에는 "당 문종 7년(833년)에 발해에서 학생 해초경·조효명·유보준 세 명과 관리 고상영을 보내어 학문을 배우게 하고, 먼저 보낸 학생 이거정·주승조·고수해 등 세 명의 학업이 점차 이루어졌으므로 관례에 준하여 교대하여 본국으로 돌려보내 달라고 청하였는데, 이를 허락하였다."라고 하여 유학생 파견과 학문 교류 사실을 보여준다.

발해에는 주자감뿐만 아니라 고구려의 경당과 유사한, 일정한 범위에서 평민의 자식들도 공부할 수 있는 교육기관이 있었을 것으로 짐작된다. 왜냐하면 829년 9월에 발해국 법령 9개조가 공포되는데, 이 가운데 제5조에서 학교제도를 강조하고 있기 때문이다. 발해의 주자감과 여러 학교도 고구려에서처럼 유교경전과 역사, 법률, 의학, 문자, 수학, 음악, 무예 등의 교과목을 교육하였다. 고왕 때에는 경학박사와 률령전박사를 두었고 의학박사가 의학교육을 실시했다는 기록이 그것을 뒷받침한다(『협계태씨족보』권1; 홍희유·채태형, 1995: 36).

(3) 교육내용의 다양성

발해의 주자감과 여러 학교에서 실시한 의학교육은 상당히 구체적으로 교육의 내용을 분류하고 있다. 약물학 서적인 『본초경』과 의학의 기초 이론인 『갑을경』, 내과 이론과 치료방법을 일러주는 『소문경』, 침구술과 외과 이론인 『침경』과 『명당경』을 교과내용으로 하여, 당시 이미 약학과 의학, 내과와 외과를 분류할 정도로 수준이 높았다. 또한, 유물들을 통해 볼 때, 수학, 천문학 등 과학기술교육도 진행된 것으로 판단된다. 천문, 역학, 건축 관련 기술에서도 상당히 수준이 높은 것으로 이해된다.

발해교육에서 중시된 것 중의 하나는 무예교육이다. 북한의 교육사에 의하면, 발해 사람들은 고구려 사람들과 마찬가지로 무예를 숭상하고, 무술을 배우는 것을 하나의 의무로 간주하고 있었다. 따라서 말타기, 활쏘기, 칼쓰기와 같은 군사교육에 관심을 두었다. 이는 일상생활에서 군사를 중요시하는 상무적 기풍에서 나온 것이다. 상무적 기풍은 그들의 강한 정신적·육체적 단련과 함께, 일상적인 교육과 밀접하다.

상무적 사상과 기풍은 원래 당시 주변의 정세와 연관된다. 당시에는 여러 나라 사이에 민족적 자주권을 유린하는 침략 전쟁이 끊임없이 벌어지고 있었다. 발해와 후기 신라 시기에도 북쪽으로는 당나라와 거란, 남쪽으로는 왜적들과의 충돌이 자주 있었다. 이러한 주변의 상황에서 발해 사람들은 외적을 물리치고 조국을 방위하기 위하여 고구려 사람들의 전통을 이어 상무정신을 계속 높이 발휘하여 나갔다. 그들은 외적의 침입으로부터 자신의 조국을 지키는 것을 신성한 의무로 여겼다. 그런 차원에서 무예교육은 청소년 교육의 핵심을 차지하였다.

발해는 일상 언어에서는 조선말을 사용하였으나 글로 기록하는 것은 한자에 의존하였다. 하지만 발해에 문자가 있었다는 기록으로 보아, 발해만의 특수한·고유한 문자가 존재한 듯하다(『고려사절요』 권1). 청동거울이나 기와, 벽돌 등 발해의 유적에서도 중국식 한자가 아닌 글자들이 70~80개 정도 새겨진 것이 발굴되었다. 이러한 글자는 형태가 한자에 가까우면서도 한자와는 구별된다. 그것은 발해의 문자생활이 중층적으로 이루어지고 있음을 의미한다. 한자를 주로 사용하면서도 발해 고유의 문자는 한자를 보충하는 수단으로 이용하였다. 왜냐하면 발해시기에 당나라나 일본으로 보낸 외교문서나 묘비 등 현재 전해지고 있는 자료가 모두 한자로 기록되어 있기 때문이다. 이런 점에서 주자감을 비롯하여 여러 학교에서는 한자교육을 주로 하면서 발해 고유의 문자교육도 병행한 것으로 추측된다.

이외에 발해에서는 불교교육도 상당히 발전했던 것으로 짐작된다. 불교교육과 관련된 자료가 없어 교육의 내용과 방법을 자세히 알기는 어렵다. 하지만 발해를 창건한 대조영 원년에 당나라에 사신을 보내어 불교를 갖다가 전파하기 시작하였고, 건국 초기에 많은 사찰과 불탑들이 세워졌다. 발해의 수도였던 상경용천부에서 10여 개소의 사찰터가 발굴되었고, 발해의 옛 영토에서 수많은 사찰터와 부처의 조각상들이 발굴되었다.

뿐만 아니라 율종, 선종 등 여러 가지 불교교리가 깊이 연구되어, 승원, 법정, 도정, 무명, 도유와 같은 승려와 불교학자가 배출되었다. 특히, 법정이 성실론을 강의하였다는 기록은 불교교육이 융성하였음을 말해준다(『송고승전』 권6 "석 법정").

한국교육사의 새로운 지평

-일제강점기 이전까지의 한국의 교육전통과 가치-

제 6 장

고려시대의 교육

제 6 장
고려시대의 교육

　　고려시대는 우리 민족의 역사에서 볼 때, 한반도에서 규모를 갖춘 통일국가의 등장에 해당한다. 918년, 왕건은 후기 신라와 후백제, 지방에 할거하던 봉건세력을 통합하여 고려라는 통일국가를 창건하였다. 이후 14세기 말엽까지 약 500여 년간 한반도를 지배하였다. 10세기 초부터 12세기까지 약 300년간의 고려 전반기에는 국가가 흥성하면서 문화가 융성하였고 교육도 발전을 거듭하였다. 그러나 12세기 말부터 14세기 말에 이르는 약 200년간의 고려 후반기는 국내외 정세가 매우 복잡하고 혼란스러웠다. 몽고와 왜구의 침략, 무신정변 등 사회는 극도로 불안하고 민생은 피폐하였으며, 교육 또한 제대로 정비되지 못하였다. 사상적으로 볼 때, 고려시대는 상당기간 동안 유학과 불교가 큰 마찰 없이 공존하였다. 국가에서는 불교를 장려하여 과거시험에도 승과를 두었다. 불교는 국가에서 장려하기도 했지만 백성들의 의식을 지배하고 있었고, 유학은 제도적인 교육을 이끌고 있었는데, 교육제도는 이전시대에 비해 매우 구체적으로 발달하였다.

1. 고려시대 전반기의 교육

(1) 건국 초의 관학 진흥

북한의 교육사에 의하면, 고려 최초의 학교는 930년에 현재의 평양인 서경에 세워졌다고 한다(홍희유·채태형, 1995: 49). 태조 13년에 서경에 가서 학교를 설치하고 수재 정악을 서학박사로 임명하였으며, 따로 학원을 설치하여 6부의 어린이들을 모아 교수하였다. 나중에 태조가 그 학업이 진흥된다는 것을 듣고 비단을 주어 장려하였다. 아울러 의학과 복서의 두 과목을 설치하고 창고의 곡식 100석을 주어 학보로 삼게 하였다(『고려사』 권74 「지」 28 "학교").

서경에 제일 먼저 학교를 설치한 이유는, 고려 건국 직후, 서북 지방을 온전하게 지배하려면, 고구려의 수도였던 평양을 중요한 정치·군사적 거점으로 하고, 그에 필요한 관리 양성이 요구되고 있었기 때문이다. 서경에 세운 학교는 어느 정도의 규모인지 정확하지는 않다. '서학박사'를 임명하였다는 것으로 보아, 고려시대 학제상, 6학의 하나였던 서학을 전문으로 하는 학교였다는 점에서 국학이나 향교와 같은 종합적 성격을 띤 학교는 아니었던 것으로 판단된다.

고려 건국 직후, 현재의 개성인 개경을 수도로 정하고 여기에도 학교를 설립하였다. 건국 초기, 아직 제도가 정비되지 않은 상황에서 고려에는 과거 고구려의 수도였던 서경이나 신라의 수도였던 경주 등 주요 도시를 온전하게 지배할 필요가 있었다. 이에 국가 통치기구가 정비되고 확장되어감에 따라 관리 양성과 관료 지배체제를 공고히 하기 위해, 유교교육을 중시하는 관학교육이 점차로 활기를 띠게 되었다. 당시 지방의 지배계급 출신의 자식들을 선발하여 개경에서 공부를 시켰다고 하는데, 986년 경에는 그 수가 260명이나 되었다고 한다.

986년 7월에는 지방에서 개경으로 올라온 학생들에게 공부를 할 선택권을 주었다. 학생들은 자신이 편리한 대로 원래 살던 지방으로 내려가 공부할 사람은 내려가게 하고, 개경에 머물러 공부할 사람은 남아서 공부하게 하였다. 당시 지방으로 내려간 학생 수는 207명이었고, 남아 있는 학생수는 53명이었다.

그러자 다음 해인 987년에는 지방으로 내려간 학생들을 위하여 12목에 각각 경학박사나 의학박사 중 1명씩, 박사를 파견하였다. 뿐만 아니라 교육을 장려할 목적으로 지방의 관리들에게 유교의 경전이나 의학에 능통한 사람을 뽑아 추천하도록 하고, 교육에 성실히 참여한 사람에게는 국가적으로 표창하였다(『고려사』 권74 「지」28 "학교").

이러한 결과, 990년대에 이르면 관학은 상당 수준의 발전을 거듭하게 된다. 990년, 서경에 수서원(修書院)을 설치하여, 학생들에게 역사책을 필사하여 보관하도록 하고, 그것을 교육용 교재로 널리 이용하게 하였다(『고려사』 권3 「세가」3). 992년에는 경치가 좋은 곳에 학교와 서재들을 크게 세우고 일정한 토지를 제공하여 학교 경비로 쓰게 하였다(『고려사』 권74 「지」28 "학교").

(2) 관학의 부흥

▶ 국자감의 설립과 중앙교육

고려 초기부터 시작된 다양한 형태의 관학 부흥은, 건국 후, 70여년이 지난 성종 11년(992년)에서야 최고학부인 국자감의 창건으로 이어졌다. 국자감은 당시 중앙에 있던 학교를 토대로 고려의 관리 양성을 위한 국립대학 격의 최고교육기관이었고, 국학이라고도 하였다. 고려 초기부터 시작된 교육적 열정은 국자감의 부흥과 교육의 발전을 추동하는 데 결정적 계기로 작용하였다. 앞에서 언급한 관학의 발전과 더불어, 성종 2년(983년)에 박사 임성로가 송나라로부터 와서 문선왕묘도(文宣王廟圖) 1포, 제기도(祭器圖) 1권, 72현찬기(七十二賢贊記) 1권을 바쳤다. 성종 11년(992년)에 상서(庠序)·학교(學校)에 명하여 문무재략(文武才略)이 있는 사람을 천거하게 하였다.

이런 과정을 거쳐 성종 11년 12월에 드디어 국자감(國子監)을 창설하였다. 유사(有司)에게 승지(勝地)를 가려서 서재(書齋)·학사(學舍)를 널리 경영하고, 전장(田庄)도 주어 학궁의 식량으로 충당하게 하였다. 현종 22년(1031년) 윤 10월에 국자감시(國子監試)를 처음으로 설치하였다. 시(詩)와 부(賦)로 국자감 시험을 하는 법이 이때부터 비롯되었다. 선종 8년(1091년) 9월에 72현의 상(像)을 국자감 벽 위에 그렸고, 10년 뒤인 숙종 6년(1101년)에 선현을 국자감에 종사(從祀)하였다.

그러나 국자감 운영에 대한 비난도 만만찮지 않았다. 숙종 7년(1102년)에 재상 소태보 등이 건의하기를, "국학에서 선비를 기르는 데 비용이 적지 않게 들어 백성들의 원성을 들을만한 폐단이 되니, 이를 해체하십시오."라고 하였으나 받아들여지지 않았다. 예종 4년(1109년)에는 국학에 7재(七齋)를 두었고, 10년 후인 예종 14년(1119년) 가을 7월에는 국학에 장학기금의 특성을 지닌 양현고(養賢庫)를 설립하여 선비를 양성하였다.

예종 4년에 국학에 설치한 7재는 교육과정의 일종으로 강좌를 말한다. 7재는 『주역』, 『상서』, 『모시』, 『주례』, 『대례』, 『춘추』, 『무학』이다. 각재에서는 이들 교과목을 담당하고 집중적으로 연구하고 교수하였다. 주목할 사항은, 이전 시기에는 존재하지 않았던 무학이 고려시대 국학에 정식 교과목으로 등장하였다는 점이다. 이는 무신을 공식적으로 등용하여 외적을 방비하는 국방이나 군사적 목적에 대응하려는 국가적 노력인 동시에 문무겸비의 정신을 함께 육성하려는 제도적 정비로 볼 수도 있다. 하지만 무학재는 큰 효과를 보지 못하고 1133년에 폐지되고 말았다(『고려사』 권 74 「지」 28 "학교").

이러한 변천을 거듭한 끝에, 국자감의 학제는 12세기 전반기 국가의 법제를 제정하는 기관인 식목도감이 정한 학제에 의하여 완전하게 정비되었다. 인종 때 제정한 식목도감에 의하면, 국자감은 일종의 종합대학으로 문묘를 설치하고, 6학으로 조직·편성하였는데, 6개 학과는 국자학, 태학, 사문학, 율학, 서학, 산학이다. 6학 중 국자학, 태학, 사문학은 모두 경학을 전공하고, 율학, 서학, 산학은 잡학으로서 모두 해당 관청의 기술학을 익혔다. 국학에서는 신분에 따라 입학 자격이 주어졌는데, 잡학은 서민의 자제도 입학이 허가되었다.

국자학의 경우, 문관 혹은 무관 가운데 3품 이상인 자, 국가로부터 표창을 받은 훈관 2품으로서 현공 직위 이상인 자, 중앙의 관리인 경관 4품으로서 3품 이상의 표창 작위인 훈봉을 받은 자의 아들만이 입학하여 공부할 수 있었다. 태학의 경우, 문관이나 무관 가운데 5품 이상인 자, 정3품 혹은 종3품, 훈관 3품 이상의 봉작이 있는 자의 아들이 입학하여 공부할 수 있었다. 사문학에는 훈관 3품 이상이면서 봉작이 없는 자, 4품으로서 봉작이 있는 자, 문관 혹은 무관 가운데 7품 이상의 아들이 입학하여 공부할 수 있었다.

율학이나 서학, 산학의 경우, 8품 이상의 관리의 아들, 또는 벼슬 없는 서민들이 입학하여 공부할 수 있다고 규정되어 있다. 하지만 당시의 상황을 고려할 때, 실제로는 상당한 재산을 가진 지배층의 아들만이 입학하여 공부할 수 있었다고 판단된다. 특히, 국자학, 태학, 사문학에는 율학, 서학, 산학을 통해, 천문학, 의학, 음악 등 기술 부분에 종사하는 관리들과 수공업자, 상인, 악공 등 천한 일을 하는 사람들, 이른 바 서민들의 아들은 입학할 수 없음을 엄격히 규정하였다(홍희유·채태형, 1995: 52).

고려 전반기 국자감의 학생 정원은 국자학, 태학, 사문학에 각각 300명씩 입학하도록 규정하였다. 그러나 교육재정 문제를 비롯하여 양반 귀족 자제들의 입학 부진 등으로 거의 규정 정원을 채우지 못하였다. 실제로 1130년에는 국가의 재정난으로 인해, 어사대에서 국자감의 학생 수를 줄일 것을 주장하기도 하였는데, 당시 학생 수가 200명 정도였다고 한다(『고려사』 권74 「지」28 "학교").

국자감의 수업 연한을 보면, 국자학, 태학, 사문학은 9년이고, 율학, 서학, 산학은 6년이었다. 국자감의 교과목으로는 『효경』과 『논어』가 모든 학생들의 공통 필수 교과목이었고, 그 밖에 『주역』, 『상서』, 『주례』, 『예기』, 『모시』, 『춘추좌씨전』, 『공양전』, 『곡량전』 등의 과목이 있었다. 잡학에 해당하는 율학에서는 『율령』, 서학의 경우에는 『팔서』, 산학에서는 산술을 따로 가르쳤다. 이 밖에 유교 경전들을 학습한 이후, 수학과 시무책 등 여러 가지 과목을 배우고, 그 이외에도 필요한 독서와 글씨 연습도 하였다.

교육과정상, 학습의 순서를 보면, 먼저, 필수 과목인 『효경』과 『논어』를 배우고, 그 다음에 각종 유교의 경전을 배운다. 그리고 난 후에 산술과 시무책을 학습하였다. 그 외에는 여가가 있을 때, 매일 글씨를 한 장씩 쓰고, 각자 필요한 서적을 읽었다. 학습하는 방법은 한 과목의 학습이 모두 끝난 다음에 다른 과목으로 넘어갔다. 왜냐하면 한 과목의 강의가 끝난 다음 반드시 평가를 받고 그 평가를 통과하여야 다른 과목으로 넘어갈 수 있었기 때문이다.

과목별 학습기간을 보면, 필수 교과인 『효경』과 『논어』를 합하여 1년간 배우고, 『상서』, 『춘추공양전』, 『춘추곡량전』은 각각 2년 반, 『주역』, 『모시』, 『주례』, 『의례』는 각각 2년, 『예기』, 『춘추좌씨전』은 각각 3년을 배웠다.

학생들을 가르치는 국자감의 교원 구성은 간단하였다. 국자학, 태학, 사문학에는 박사와 조교를 두었다. 하지만 율학, 서학, 산학에는 박사만을 두었다. 율학, 서학, 산학에는 국자학과 태학, 사문학에 비해 학생 수가 상대적으로 적어 조교까지 둘 필요가 없었기 때문이다. 당시 교원들은 관직의 등급이 낮아 대우 측면에서도 그다지 높게 인정받지는 못하였다. 문종 때를 기준으로 볼 때, 국자학박사는 정7품이었고, 태학박사는 종7품, 사문학박사는 정8품, 서학박사와 산학박사는 모두 종9품으로 하급 관리에 해당하였다. 1076년의 규정에 의하면, 교원들의 녹봉은 국자학박사 30석, 태학박사 27석, 사문학박사 20석, 율학과 서학, 산학박사들이 각각 10석으로 되어 있었다. 이는 제일 많은 녹봉을 받던 국자학박사의 경우, 상서의 녹봉에 비하면 1/10 수준이고 서학, 산학박사의 경우 1/30 수준으로 보잘 것 없었다.

고려 전기, 국자감 교육은 다양한 형태의 국가적 지원을 받아 운영되었다. 특기할만한 사항 중의 하나는 양현고의 설치이다. 양현고는 국자감에 필요한 교육재정을 해결할 목적으로 세운 기관으로, 판관이라는 관리까지 두었다. 국자감 운영에 필요한 재원은 양현고에 소속된 토지에서 받아들인 조세로 충당하였다. 때로는 국왕이 국자감에 직접 찾아와서 강의에도 참여하고 학생들의 학습을 격려하고 고무시키면서, 재정지원을 명하기도 하였다.

이외에도 학생들이 읽을 수 있는 도서를 지원하였다. 인쇄술이 발달하기 이전에는 필사본을 보급하였고, 인쇄술이 발달하면서부터는 유교경전을 간행하여 배포해 주었다. 어서각, 비서각 등 도서보급 활동과 더불어 많은 장서를 지닌 임천각을 비롯한 여러 개의 도서관을 설치하여 교육에 기여하였다.

▶ 향교의 설치와 지방교육의 활성화

고려시대 향교는 지방의 주, 부, 군, 현에 설치한 지방의 양반 자제들을 공부시키기 위한 학교였다. 『고려사』나 『고려사절요』 등에는 12세기 초 이전에 향교가 설치되었다는 기록이 보이지 않는다. 하지만 향교는 고려시대 초기부터 각 지방에 다양한 형태로 존재했을 것으로 추측된다. 앞에서 언급한 것처럼, 각 지방의 귀족 자제들을 선발하여 서울로 보내 교육했다는 기록이나 서울에 온 학생들 중 자신의 고향에서 공부하고 싶은 학생의 경우, 학생들의 의사대로 각 지방에서 교육할 수 있게 하고 그들을 가르칠 박사까지 보내준 기록으로 보아, 지방에 학교가 있었던 것은 분명하다. 하지만 그것이 향교라고 불렸는지 어떤지는 단정하기 어렵다.

때문에 각 지방의 향교 설립 시기를 정확하게 알기는 쉽지 않다. 여러 가지 정황으로 보아 예종 때 양현고를 설치하면서 교육재정을 넉넉하게 할 무렵이나 인종 5년(1127년) 경에 각 지방에 설치한 것으로 짐작된다. 왜냐하면 향교와 관련한 사료는 1127년 "동당감시 때 지방 학생들에게 계수관 소재지 향교의 도회에서 발급한 증명서를 가지고 올라와야 응시할 수 있다(『고려사』권73 「지」27 "과목")." 라는 기사에 처음 보이기 때문이다.

향교에 입학하여 공부할 수 있는 대상은 8품 이상의 관직을 가진 자와 서민의 자제로 규정되어 있었다. 하지만, 여기에서 말하는 서민의 자제는, 관직을 가지고 있지는 않지만, 지방에서 많은 재산과 세력을 가지고 있는 지배층으로 토호나 지주를 의미하였다. 일반 농민이나 수공업자, 상인의 자식들은 공부를 하고 싶어도 향교에 들어가기 어려웠다(홍희유·채태형, 1995: 56).

교육 목적에 따라 다르겠지만, 향교의 교과목도 국학과 유사하게 기본적으로 유교경전이었다. 이외에 문장을 공부하거나 글씨를 공부하며 지방 관리로서의 실무능력을 갖추는 교육을 받았을 것으로 추측된다. 향교의 교육은 중앙에서 파견된 경학박사나 의학박사, 그리고 사장(師長)이라고 불리는 교원에 의해 진행되었다. 중앙 정부에서는 향교를 비롯한 지방교육기관의 감독과 통제를 위하여, 지방의 각 고을에 문관을 한 사람씩 파견하였다. 해당 고을의 관리가 문관일 경우에는 그가 직접 향교나 여타의 교육기관을 감독하게 하였다.

기록의 부재로 말미암아, 고려 전기의 향교가 어떤 형태였는지 알기는 어렵다. 다만, 고려 후기의 향교 모습을 통해 그것을 유추할 수는 있다. 향교는 중앙에 기본 건물인 공자를 모신 사당인 문묘가 있고, 그 왼쪽과 오른쪽에 유학자들의 제사를 지내기 위한 동무와 서무가 있었다. 그리고 그 앞에 명륜당이라는 강당과 명륜당을 중심으로 왼쪽과 오른쪽에 학생들이 기숙하면서 공부하는 동재와 서재가 있었다고 한다.

고려 전기의 향교는 지방 관리를 양성하는 교육기관인 동시에, 유교경전 강의를 통해 유교사상과 유교적 윤리도덕을 전파하는 장소 역할을 하였다.

(3) 사학의 발달과 민간교육기관의 역할

▶ 서당의 발흥

서당은 마을을 중심으로 세운 민간교육기관이다. 그것은 양반집 자식들과 비교적 생활이 넉넉한 가정의 청소년들의 계몽과 교육을 목적으로 세워졌는데, 고려 전반기에 넓은 지역에 보급되어 있었다.

고려 초기, 서당교육에 관한 기록은 많지 않다. 하지만, 1003년에 나라의 교육을 논의하면서, "각 지역에 여러 학교들이 많이 세워져, 왕실 자손들까지도 경서를 끼고 유교를 배웠을 뿐 아니라 서당의 학생인 봉려천자들도 책 보따리를 들고 스승을 찾아다녔다(『고려사』 권3 「세가」3)."라는 기록이 있는 것으로 보아, 고려 초에 서당교육이 상당히 널리 행해진 것으로 짐작할 수 있다.

고려 전기, 서당에 관해서는 인종 2년(1124년) 송나라 사신으로 고려에 왔던 서긍이 쓴 『고려도경』에 잘 나타나 있다. 그는 "마을 거리에는 경관과 서사가 두세 개씩 서로 마주보고 있으며, 민간의 미혼 자제가 무리로 모여 선생에게 경서를 배우고, 조금 성장하면 저희들끼리 벗을 택하여 절간으로 가서 공부한다. 아래로 서인이나 아주 어린 아이까지도 마을의 선생에게 배운다."라고 기록했다.

이로 미루어 보아 전국 곳곳에서 서당이 매우 성행했음을 알 수 있다.

하지만, 고려시대 초기 서당교육에 대한 기록이 부재한 것은 분명하다. 북한의 교육사에서는 이러한 사안에 대해, 다음과 같이 비판하고 있다.

> 역사를 기록한 당시의 양반 유학자들은 저들이 과거 준비를 담당하고 있던 국자감이나 향교, 그리고 양반들의 사학과 같은 것만을 교육기관으로 보았기 때문에, 서당교육에 대해 전혀 기록을 남기지 않았다. 고려의 지배계급은 유교사상과 윤리를 가르치고 전파하면서 봉건적 질서를 존중하도록 함으로써 봉건제도를 옹호하는 데 복무하기 위하여 일반 서민들의 자제들도 서당에서 교육받을 것을 허용하였다. 하지만 기본은 어디까지나 양반집 자식들과 재산 있는 집안의 자식들이었다. 일반 서민의 자제들은 매우 어려운 경제적 처지에 있었기 때문에 서당 공부조차 하기 힘들었다. 아울러 봉건제도 하에서 배움의 권리를 가지지 못한 여자들은 서당교육에서 완전히 제외되어 있었다(홍희유·채태형, 1995: 58-59).

서당의 교재는 수준에 따라 유교경전과 『천자문』을 비롯한 한문책들이었고, 글읽기, 글짓기, 글쓰기 등이 있었으며, 교수방법으로는 기계적으로 암송하는 방법이 적용되었을 것으로 추측된다. 특히, 북한의 교육사에서는 "고려 전반기의 서당을 고구려의 경당에 그 연원을 두고 있었다."라고 인식한다. 그리고 이후 우리나라 역사에서 오랫 동안 존재하면서 대중적 교육기관으로서 역할을 충실히 했다고 평가한다(홍희유·채태형, 1995: 59-60).

▶ 사학12도의 등장과 교육의 변화

사학12도(十二徒)의 등장은 고려시대 유교교육의 발전과정에서 나타난 독특한 교육체계이다. 사학12도는 국가에 헌신한 관료로 원로의 역할을 하다가 관직에서 물러난 학자가 설립하고 운영한 사립교육기관이었다. 사학12도가 등장하게 된 배경은 여러 가지겠지만, 크게 두 가지로 나누어 설명할 수 있다.

첫째, 10세기 말 고려의 과거제도가 확립된 후, 양반 자제들의 관직에 대한 욕망이 늘어나고, 과거시험 준비에 열중하는 기풍이 높아졌다. 그러나 당시 국자감만으로는 그들의 요구를 만족할 수 없는 상황이 발생하였다.

둘째, 10세기 말에서 11세기 초, 여러 차례에 걸쳐 일어난 외세의 침략에 의해 국가의 교육 상황이 매우 열악해지고 침체일로에 있었다.

이에 교육에 관심이 있던 원로 관료학자들이 은퇴 후, 개인적으로 교육을 하면서, 새로운 형태의 사학이 등장하게 된 것이다. 대표적인 사학이 최충이 운영한 구재학당(九齋學堂)이었다. 최충은 현재의 국무총리 격에 해당하는 문하시중으로 재직하다가, 1050년대 70세에 관직에서 물러나 사학을 운영하였다. 개경의 북쪽에 있던 송악산 아래의 자하동에 자리를 정하고, 서로 다른 이름을 붙인 아홉 개의 글방을 만들었다. 그리고 아직 과거에 뽑히지 않은 신진학자들을 자기 아래에 교원으로 두고, 학생들을 가르쳤다.

9재는 '락성(樂聖)', '대중(大中)', '성명(誠明)', '경업(敬業)', '조도(造道)', '솔성(率性)', '진덕(進德)', '대화(大和)', '대빙(待聘)'이라고 불렀다(『고려사』 권95 「열전」 8 "최충").

9재에서는 해마다 여름철이 되면, 사찰에 가서 하기 학습을 하였는데, 3경 3사를 강의하고 글짓기를 장려하였다. 특히, 선재학자들이 방문하면 초대하여 금을 긋고 시간을 정하여 시짓기 경쟁을 하였다. 해어질 때는 락생영이라고 하여, 시를 읊고 헤어졌다.

9재의 규율은 매우 엄하였는데, 모든 행사에 예의범절이 있어 9재의 행사를 보고 듣는 사람은 모두 칭찬을 아끼지 않았다고 한다. 따라서 과거에 응시하려는 청년들은 거의 대부분이 9재에 다녔으며, 당시 학자들은 9재에 적을 두지 못하면 수치스럽게 여길 정도였다. 9재에서는 7년간 공부를 한 다음, 과거를 보고 관직으로 나아갔는데, 고려시대 사학의 태두로서 학풍 자체가 매우 높은 수준을 유지하였다. 이는 당시 다른 관료학자들에게도 큰 영향을 미쳐, 이름 있는 학자들이 연이어 사학을 설치하였다.

11세기에 널리 알려진 대표적인 사학12도는 다음 표와 같다(『고려사』 권74 「지」 28 "학교").

순서	명칭	설립자	관직명
1	문헌공도	최충	시중
2	홍문공도	정배걸	시중
3	광헌공도	노단	참정
4	남산도	김상빈	제주
5	서원도	김무체	복야
6	문충공도	은정	시중
7	량신공도	김의진/박명보	평장/랑중
8	정경공도	황영	평장
9	충평공도	류감	-
10	정헌공도	문정	시중
11	서시랑도	서석	-
12	구산도	-	-

다시 정리하면, 사학12도는 개경에 설립된 12개의 사립 고등교육기관이다. 12도는 문종 7년(1053년)에 최충이 사재로 학교를 짓고, 구경(九經)·삼사(三史)와 제술을 가르친 데서 비롯된다. 이 시기에는 국자감과 향교가 교육적 기능을 제대로 하지 못했고, 아직 학당은 설립되지 않았다. 나머지 11개는 홍문공도, 국헌공도, 남산도, 서원도, 문충공도, 양신공도, 정경공도, 충평공도, 정헌공도, 서시랑도, 구산도이다. 이 중 최충의 문헌공도가 가장 성대하였다.

앞에서도 언급했듯이, 최충의 문하에는 과거에 응시하려는 자제들이 반드시 먼저 이 공도에 들어와 수학하였다. 매년 여름이면 승방을 빌어 학업을 닦고, 공도 가운데 학문이 우수하고, 급제하고서도 관직에 나아가지 않는 자를 택하여 교도하였는데 그 학과가 구경과 삼사였다. 때로는 시를 짓고 술을 마시며 어린 아이와 어른이 좌우에 늘어 있되, 나아가고 물러섬에 예의가 있고 질서가 있어 칭송이 자자했다고 한다.

12도의 수준은 국자감의 유학부와 같은 등급이었다. "향교와 학당 학생을 상고하여 12도로 올리고, 12도를 상고하여 성균으로 올리자."라는 고려 후기의 학자인 목은 이색의 언급으로 볼 때, 향교나 학당보다는 수준이 높고, 성균으로 올린다는 말은 국학생만 과거에 응시하게 하기 위하여 사학 출신을 국학으로 편입한다는 의미이다. 이런 점에서 볼 때, 사학12도는 국립대학으로서 국자감(성균관)에 버금가는 사립대학의 자격을 지니고 있었다.

북한의 교육사에서는 사학12도에 대하여 다음과 같은 의견을 제시한다(홍희유·채태형, 1995: 62-63). 사학12도는 그것을 세운 사람들의 학문적 권위 때문에 대단히 인기가 많았을 것이다. 사학을 창설한 은퇴 관료들은 현직에 있을 때 대부분이 과거시험을 주관했던 사람들이고, 과거시험과 관련하여 풍부한 경험을 지니고 있었다. 따라서 그들에게 과거시험 준비를 위한 교육을 받는 것은 여러 측면에서 유리했다.

또한 사학12도의 운영은 초기에는 설립자 개인의 재산을 기부하여 운영했겠지만, 점차로 양반 귀족 자제들에게 부담하는 형식이었을 것으로 짐작된다. 사학에서는 양반 자제들이 과거시험을 대비하는 내용을 담보하고, 양반 귀족들은 자제를 위하여 사학 운영의 경제적 부담을 자처했을 수도 있다. 더구나 사학12도는 당시의 학파 또는 정치세력을 형성하고 하나의 큰 영향력을 지닌 문도의 형식을 띠고 있었기 때문에, 사학 운영을 위한 경제적 부담은 그들의 세력을 지키는 차원에서도 큰 문제가 되지 않았을 것이다. 이런 사학의 발전과 학벌을 기반으로 하는 파벌의 형성은 유교교육의 발전에서 볼 때, 조선시대 문도제 사학의 연원이 되었다고 판단된다.

▶ 사찰의 불교교육

불교는 고려 건국 초부터 국교로 정한 일종의 이데올로기이자 교육사상이었다. 따라서 국가와 왕실의 안녕과 태평을 기원하는 불교 행사가 국가적 차원에서 진행되었다. 10세기 후반부터는 과거제도에 승과를 두고, 승려에게 수좌, 승통, 선사, 대선사와 같은 승려직도 국가에서 공식적으로 수여하였다. 명성이 있는 승려들 가운데는 국사나 왕사로 선발되어 국왕의 고문이나 자문 역할을 하면서, 국가의 최고정치에도 참여하며 영향을 미치는 사람들이 출현하였다. 이렇다 보니, 왕들 중 충실한 불교신자가 많았고, 왕자를 비롯한 왕족 가운데 직접 승려가 되는 경우도 있었다.

하지만, 국가적 차원에서, 국자감이나 향교처럼 공인된 승려교육기관이나 불교교육기관을 설치하였다는 기록은 찾아보기 어렵다. 하지만, "승려들을 한 번에 몇 만 명씩 초청하여, 반승(飯僧)을 베풀었다."는 기록이 있는 것으로 보아, 많은 승려들이 함께 기거하던 사찰에서는 그들 승려를 위한 다양한 교육이 존재했을 것으로 짐작된다. 즉 불교교리 전파를 일정한 체계와 규범을 가지고 승려교육을 진행했을 것이다. 승려의 직책이 다양하게 존재한 것도 승려교육의 정도와 불교교리 체득의 정도를 일러주는 징표의 하나이다. 특히, 과거제도에서 승과의 설치는 승려교육에 대한 일정한 체계와 방법의 존재를 확신하게 한다. 왜냐하면 과거제도는 일정한 교과목의 내용을 시험으로 평가하는 것이기 때문이다.

고려 전기 불교의 교육적 특색은 균여, 의천, 지눌과 같은 불교학자를 배출했다는 데서도 그 발전의 정도를 파악할 수 있고, 팔만대장경이라는 세계 역사상 유래 없는 방대한 불경출판사업을 통해서도, 그 깊이를 인지할 수 있다. 그런데 사찰에서 이루어진 불교교육은 국가가 직접적으로 사찰을 짓고 조직하여 운영하지 않았다는 의미여서 민간 사학의 성격을 띠고 있다.

서당이나 12도에서는 유교의 경전을 주요 내용으로 하여 유학교육을 실시하고, 유학자 관료 양성을 목적으로 하였다. 그러나 사찰에서는 불교교리 전파를 기본 내용으로 하는 불교교육을 실시하고, 승려를 양성하는 것이 목적이라는 점에서 제 각각의 특징을 지닌다.

(4) 과거제도와 교육의 지향

과거(科擧)는 '과목거용(科目擧用)'을 줄인 말로 관리 등용시험이다. 과거제도는 고려 4대 광종 9년(958년)에 후주(後周) 사람이었던 한림학사(翰林學士) 쌍기(雙冀)의 건의로 실시하였다. 고려시대에 과거제도를 시행하게 된 배경은 두 가지 차원에서 설명할 수 있다. 하나는 개국 공신의 등용을 할 수 없게 된 것이고, 다른 하나는 교육기관의 정비이다.

고려는 건국 직후, 국가의 인재문제를 개국 공신들을 등용하면서 해결하였다. 그러나 수십 년의 세월이 흐르면서 개국 공신이 점점 사라지게 되자, 새로운 인재 등용 제도를 모색해야만 했다. 아울러 중앙과 지방에 관학이 설치되어 있었고, 서당과 같은 교육기관을 통해 수십 년간 인재가 육성되어 있었기 때문에 시험을 통해 인재를 선발할 수 있는 조건이 마련되어 있었다. 그리하여 고려시대 전반기에 교육의 발전과 더불어 과거제도를 실시할 수 있었고, 그것은 인재 선발의 기본 양식이 되었다(홍희유·채태형, 1995: 66).

고려시대 이전에도, 신라 때의 화랑도나 독서삼품과와 같은 인재를 선발하는 방식은 존재하였다. 하지만, 과거제도를 통하여 인재를 선발하는 방식은 고려에 들어와서 비로소 시작되었다. 이는 대체로 당(唐)의 제도를 따른 것이었다.

고려시대 전기의 과거에는 제술(製述)·명경(明經)의 두 과와 잡과(雜科)가 있었다. 제술은 시문(詩文)을 시험하였고, 명경은 유학경전을 시험하였다. 다시 말하면, 제술은 글 짓는 것을 목적으로 하는 과거였고, 명경은 유학경전을 과목으로 하는 과거로 문관등용시험이었다. 잡과는 의(醫)·복(卜)·지리(地理)·율학(律學)·산학(算學)·삼례(三禮)·삼전(三傳)·하론 등 기술이나 기능을 중심으로 하는 기술관 등용시험이었다. 의는 의학기술을 시험과목으로 하는 과거이고, 복은 점술을, 지리는 음양풍수설을 시험과목으로 하는 과거였다. 삼례는 『주례』, 『의례』, 『예기』를 시험과목으로 하는 과거이며, 삼전은 『춘추좌씨전』, 『춘추공양전』, 『춘추곡량전』을 시험과목으로 하는 과거였다. 하론은 일정한 제목을 내고 글을 짓는 방법으로 시험을 실시하는 과거였다. 특히, 고려 전기의 과거에는 승과를 두어 승려를 선발하였고, 무과는 고려 말기에 제안되었으나 시행되지 않았다(『고려사』 권74 지28 선거2).

과거제도의 시험과목은 과거의 종류에 따라 서로 달랐다. 제술과의 경우, 시(詩)·부(賦)·송(頌)·책(策)·론(論)·의(義)·의(疑) 등을 시험과목으로 하였고, 명경과에서는 『주역(周易)』, 『상서(尙書)』, 『모시(毛詩)』, 『예기(禮記)』, 『춘추(春秋)』 등

오경(五經)을 시험과목으로 하였다. 제술과의 시험과목인 시와 부는 문학에 해당하는 것으로 과거 응시자의 교양 수준을 평가하기 위한 과목이고, 론과 책은 시사문제에 대한 일정의 정치평론으로 응시자의 관료적 자질을 평가하기 위한 과목이었다. 또한 의(義)와 의(疑)는 경전의 뜻을 밝히는 글을 쓴 것이었는데, 명경과에서 경전을 밝히는 평가를 실시하므로 제술에서는 시와 부, 론과 책이 주요 과목으로 제 역할을 하였다.

잡과인 의과의 경우, 소문경, 갑을경, 명당경, 맥경, 침경, 구경, 난경 등 의학 관련 과목을 시험과목으로 하였고, 글씨를 다루는 관직인 서과의 경우에는 설문, 오경자양(五經字樣) 및 장구시 한 수와 진서, 행서, 전서, 인문 등을 시험과목으로 하였다.

고려시대 전기의 과거는 처음에는 매년, 또는 한 해 건너 한 번씩 실시되었다. 별도로 기간이 정해진 것은 없었는데, 선종 때인 1084년부터 진사 및 잡업시험을 3년에 1회 시행하는 것으로 정하고, 숙종 때부터 격년 1회로 개정하였는데, 실제로는 매년 또는 격년, 수년에 한 번씩 과거가 실시되고 있었다(『고려사』 권74 지28 선거1). 하지만 제대로 시행되지는 않았다. 이는 과거제가 철저하게 이행되지 못하고 그때그때 형편에 따라 실시했음을 보여준다.

과거의 방법은 매년 지방관이 지망자를 문묘(文廟)에서 시험한 후, 1~3명 정도 적당한 자를 선발하여 중앙에 보냈다. 이들을 진사(進士)라고 하였다. 그 수는 모두 약 400명에 달하였는데, 중앙의 국자감에서는 이들에 대해 또 시험하였다. 이것을 감시(監試)라고 한다. 감시에 급제하는 합격자는 특별히 정해진 수가 없었는데, 급제자는 갑을병(甲乙丙) 세 등급으로 나누었다.

고려 초기 과거에 응시할 수 있는 자격은 향공(鄕貢)·토공(土貢)·국자감생 재관자(國子監生 在官者)가 있었다. 즉 중앙 귀족 자제들과 지방의 호족 자제 혹은 향리의 자제들이 제술업·명경업·잡업에 응시할 수 있었다.

특이한 사항은 고려 말기 공민왕 때 목은 이색이 무과(武科) 설치를 건의했으나 시행되지 않았다. 과거를 주관하는 관리의 장을 지공거(知貢擧)라고 하는데, 처음 과거제도 도입을 건의했던 쌍기가 최초로 이 자리에 임명되었고, 이후에 문관

1인을 임명하였다.

지공거와 과거 수험생, 특히 과거에 급제생 사이에는 일생 동안 일반적인 사제관계를 넘는 특별한 관계가 작용하였다. 과거급제생은 시험관이던 지공거에게 '은문' 또는 '좌주'라고 부르며 부모 못지않은 존경을 표하였고, 시험관으로 나갔던 지공거는 자신이 관리하였던 수험생을 '문생'이라 하며 무조건적 복종을 강요할 수 있었다. 이러한 관례를 이용하여 지공거로 나갔던 관리들은 그 기회에 자기 마음에 드는 사람들을 급제시켜 자기 세력을 만드는데 관심을 돌리게 되었고, 이런 인맥과 파벌 형성이 과거제도를 문란하게 만드는 요인이 되기도 하였다(홍희유·채태형, 1995: 70). 이러한 지배계급의 횡포를 막기 위해 1011년에 '호명시식(糊名試式)'이라는 봉미법을 실시하기도 하였다. 그것은 시험지에 쓴 응시자의 이름에 종이를 붙여 누구의 답안지인지 공개하지 않도록 하는 방법이었는데, 실제로 효과를 거두지는 못하였다(『고려사』 권74 지28 선거1).

지공거 아래에는 동지공거(同知貢擧)가 있었고, 기타 시험관은 학사(學士)라고 하였다. 지공거와 동지공거는 시험을 채점하는 권리를 지니고 있어 매우 중요한 자리이다. 과거급제자에게는 홍패(紅牌)를 수여하고 일정한 전답이 지급되며 왕이 친히 인견하여 술과 음식 및 의복을 하사하였다. 뿐만 아니라 형제 셋이 과거에 급제한 경우, 부모에게 일정한 직과 곡식을 지급하여 표창하는 특전도 있었다.

과거는 국가의 관리를 선발하는 제도일 뿐만 아니라 교육제도와 연계되어 있었는데, 과거시험의 내용이 바로 학교, 즉 국자감의 교육과정이었다. 이런 측면에서는 교육의 발달을 촉진시키기도 하였다. 그러나 과거제도는 기본적으로 양반 자제의 출세 길을 열어주는 역할을 하였기에 양반 자제들에게 공부에 대한 의욕을 어느 정도 불러일으켰지만 그 목적이 과거급제에만 있었다. 때문에 한 번 과거에 급제하면 학문을 포기하여 전반적으로 학문의 자유로운 발전에 장애를 가져왔다. 다시 말하면, 시험에 의한 관리 등용 제도가 정착되어 가면서 교육은 출세를 위한 수단이 되었고, 지배계급의 질서를 공고히 유지하고 인민의 통치를 강화하는 방향으로 전개되었다.

2. 고려시대 후반기의 교육

(1) 관학의 침체

12세기 말 이후 14세기 말에 이르는 고려 후기 약 200년간은 고려의 국내외 정세가 매우 복잡한 시기였다. 1230년대 초반부터 수십 년간에 걸쳐 몽고의 침략이 있었고, 14세기 후반에 들어서면 남쪽에서는 왜구, 북쪽에서는 홍건적이 침략하여 국가가 위기에 처하였다. 이러한 혼란 속에서 고려의 백성들은 외래 침략 세력에 맞서 싸웠다. 하지만 고려의 지배계층은 정권 쟁탈을 위한 싸움과 사치와 향락에 빠져, 토지겸병과 정권쟁탈전을 벌이고 왕실 귀족의 사치는 갈수록 심해 졌다.

특히 의종 때에 이르러서는 왕실 양반들의 사치와 호화로운 생활은 극도에 이르러 마침내 무신정변을 야기하는 데 이르렀다. 1170년에 정중부의 정변을 계기로 경대승, 이의민, 최충헌 등 4대에 이르는 무신정권은 13세기 후반까지 계속되었다. 정권을 잡은 무관들은 문관을 대량으로 숙청하였고, 문관 양성을 반대하는데 앞장섰다. "문관을 양성하는 것은 사학12도를 열어 학문을 부흥시켰던 최충의 죄이다."라고 하면서, 그의 문집을 샅샅이 뒤져 불살라버리고 국자감과 사문, 그리고 향교까지도 폐쇄해 버렸다. 이런 상황에서 교육은 피폐를 거듭하여 14세기 초반에는 한심한 지경에 이르렀다.

▶ 국학의 쇠퇴와 부흥 운동

고려 후기에 들어서면서, 국자감은 여러 차례 그 명칭이 바뀌었다. 1275년에는 국학으로, 1298년에는 성균감으로 고쳤다가, 1308년부터 성균관으로 불렀다. 이후 1356년에는 다시 국자감으로 고쳤다가 1362년부터 성균관이라고 불렀다(『고려사』 권76 「지」30 "성균관").

특히, 정중부의 정변 이후 계속된 무인집권과 외세의 침입은 고려의 최고교육기관인 국학의 발전에 결정적인 저해요소가 되었다. 국가재정의 고갈로 국학의 형편은 이루 말할 수 없는 형편이었고, 문인들에 대한 공개탄압은 국학의 존재를 무색하게 만들었다. 실제로 공부를 하고 싶어도 배울 곳이 없는 지경에 이르자, 뜻이 있는 문인들은 사찰에 숨어서 승려로 변장하고 공부하기도 하였다. 이제현의 언급은 그런 상황을 잘 말해주고 있다.

> 의종 말년에 무인들이 사변을 일으켜 옳고 그르고 관계없이 사람들을 모조리 죽였다. 때문에 그 위험에서 빠져나온 사람은 깊은 산골로 도망하여 관복을 벗고 승려의 옷을 갈아입고 남은 인생을 부지하였다. 그 후 국가의 법과 질서가 점차 회복됨에 따라 공부를 하고 싶어하는 사람이 나타났으나 배울 곳이 없었다. 그들은 할 수 없이 사찰을 찾아가 승려로 변장하고 있던 사람들을 찾아가 공부하게 되었다(『고려사』「열전」23 "이제현").

이처럼 국학의 쇠락은 국가 인재 양성을 불가능하게 만들었다. 이에 충렬왕 30년(1304년) 5月에 성리학을 도입한 찬성사(贊成事) 안유(安裕)[안향(安珦)]의 건의에 의하여, 고려는 섬학전(贍學錢)을 배정하고, 그 고리자금을 이용하여 국학의 운영비로 쓸 것을 결정하였다. 이어 6月에는 국학에 대성전(大成殿)을 새로 건립하고 학자들을 시켜 입학송과 학습을 장려하는 애일잠을 지어 학풍을 쇄신하고 국학 부흥의 조치를 취하였다. 이후, 양현고의 자금이 고갈되자 이를 돕기 위한 일련의 대책도 마련되고, 여러 차례에 걸쳐 학교를 수리하는 사업이 진행되었다(『고려사』 권74 지28 선거2).

10년 뒤인, 충숙왕 원년(1314년) 6月에 찬성사 권보가 이진·한공 등과 함께 성균관에 모여 새로 구입한 서적을 고열(考閱)하고 경학(經學)을 시험하였다. 이러한 국학 부흥의 노력은 지속적으로 진행되었다. 1352년 목은 이색은 국학을 "풍속 순화의 원천"이라고 하고, 인재를 "정치와 교육의 근본"이라고 하면서, 학교가 파괴되고 교육에서 나타나고 있는 문제점을 다음과 같이 구체적으로 지적하였다.

지금 공부하는 자들은 벼슬을 할 목적으로 공부를 일삼는다. 때문에 시를 외우고 글을 읽으면서도 도학[성리학] 공부는 깊게 하지 않고, 화려한 문장을 수식하기에만 열중하고 있어 알맹이 있는 공부를 하는 사람을 찾아볼 수가 없다. 이에 엄격한 법을 제정하여 지방의 향교와 중앙의 학당에서 그 자격을 심사하여 12도에 진급시키고, 거기서 또 총괄적으로 심사하여 성균관에 진급시킨 다음, 일정 기간을 두고 그 품행과 학력을 시험하고 예부에 추천하여 과거를 보게 한다. 여기에서 급제한 자에게는 벼슬을 주며 합격하지 못한 자에게도 출신의 길을 열어줄 필요가 있다(『고려사』「열전」28 "이색").

이러한 국학부흥책을 바탕으로 이색은 자신이 직접 교육자로 나섰다. 14세기 중엽 홍건적이 침입한 후, 성균관을 재건할 때, 초대 성균관 대사성이 되었다. 이때 정몽주, 이숭인 등 당대의 명망있는 학자들을 교원으로 임명하고 자신이 직접 성균관 명륜당에 나가 교수를 지도하였다. 이후, 고려 말 공민왕 20년(1371년) 12월에는 인재 등용과 관련하여 다음과 같은 정책이 하교되기도 했다. "문무(文武)의 쓰임은 한 쪽을 폐할 수 없으니 서울의 성균관으로부터 지방의 향교에 이르기까지 문무 두 학문을 개설하고 인재를 양성하여 등용할 것에 대비하라." 뿐만 아니라 이색은 인재를 선발하는 과거시험 규율도 엄격히 세웠다. 예를 들면, 1386년 12월에 과거시험이 있었는데, 이색은 지공거로 직접 참여하였다. 이 시험에서 당시의 실권자이던 조민수의 아들이 낙방하였다. 그러자 동지공거 임흥방이 조민수의 아들을 합격시키자고 여러 번 건의하였으나 끝까지 동의하지 않았다고 한다. 이후, 공양왕 원년(1389년)에는 유학교수관(儒學敎授官)을 두기에 이르렀다.

그렇다고 하더라도 고려 후기의 국학은 제 기능을 충실히 하지 못하였다. 1389년 당시 대사헌이었던 조준은 "학교는 풍속교화의 근원이지만 근래에 전쟁으로 말미암아 학교가 헐고 무너져 그 자리에 풀이 자라고 있다."라고 했을 정도로 국학은 침체 상태였다.

▶ 학당의 설치와 향교의 쇠퇴

고려 후기에 수도에는 국자감 이외에 학당이라는 교육기관이 있었다. 원종 2년(1261년) 3월과 원종 13년(1272년) 6월에 동서학당이 설치되었다는 기록이 있고, 1390년 2월에 5부학당을 설치하였다는 기록으로 볼 때, 고려시대 동서학당과 5부학당이 설치된 것은 분명하다. 하지만 언제부터 구체적으로 생겨 운영되었는지 분명하지 않은 것으로 보아, 상황에 따라 운영되다가 없어지기도 하고 다시 생기기도 하면서 고려 후기에 와서 5부학당으로 정착된 것으로 보인다(『고려사』 권74, 『고려사절요』 권19, 권34; 홍희유 · 채태형, 1995: 75).

동서학당과 5부학당은 모두 서울[개경]에 있던 중앙의 학교였다. 하지만 국자감에 비해서 한 단계 낮은 수준으로 지방의 향교와 동급의 학교였던 것으로 추측된다. 학당에는 문묘가 없고, 학생을 강학하는 교육 기능만 있었다.

한편, 고려 후기, 중앙에서 국학교육이 쇠퇴하면서 지방의 향교교육 또한 쇠퇴의 길을 걸었다. 12세기 후반기의 무신정변 이후 향교의 교육은 점차 침체 상태에 들어가기 시작하였고, 13세기 몽고 침략 이후부터 14세기 전반기까지 거의 폐쇄되었다고 보아도 과언이 아니다. 1334년 교육부흥사업의 책임을 맡아 전국 각지를 돌아본 가정 이곡은 당시 향교의 실태를 다음과 같이 기록하고 있다.

전국의 여러 군을 돌아보니, 향교의 문묘와 강당이 모두 무너지고 학생들이 학업을 게을리 하는 데가 대부분이다. 어떤 지역은 향교의 터만 남은 곳도 있는데 그곳의 주민들은 그곳이 어떤 집터인지조차 알지 못하는 경우도 있었다(『가정집』 권2; 『동문선』 권68).

고려 후기 향교의 황폐화는 몽고의 침략으로 인한 학교의 파괴 행위, 전쟁의 틈새를 노려 당시 고려의 권력가들이 향교 소유의 토지를 사유화한 것 등과 관계된다(홍희유 · 채태형, 1995: 76).

14세기 후반기 무렵, 목은 이색, 포은 정몽주 등 유학자들이 학문부흥책을 펼치면서 약간의 부흥 기운이 엿보였으나 고려가 멸망할 때까지 큰 변화가 일어나지는 않았다.

(2) 사학의 발전과 과거제도의 지속

▶ 사학의 발전

고려 후기, 관학의 교육 침체는 상대적으로 사학을 발전시키는 계기가 되었다. 사학의 발전은 고려 전기에 설립되었던 사학12도가 지속적으로 존재하면서 관학 못지않은 역할을 한 것과 연관된다.

사학12도는 1391년 폐지될 때까지 사찰의 승방을 이용하여 지속되면서 귀족 자식들의 유학교육을 담당하였다. 사학12도가 사찰의 승방을 이용한 것은 12세기 중엽 이후, 무인 집권 시기에 유학자들이 무인들의 박해를 피해 산속으로 들어간 것과 관련된다. 아울러 계속된 전란과 관학의 쇠퇴로 인해 학문을 하려던 사람들이 산 속으로 들어가 공부하게 되면서 사학은 그 명맥을 이어 나갔다. 안향이 숙수사를 개인의 수학 장소로 이용하고 이색이 안심정사에서 공부한 것은 그러한 사실을 잘 보여준다.

또한 사학12도가 지속적으로 유지될 수 있었던 이유는 관학과 다른 교육 형식 때문이었다. 사학12도는 개별 유학자들에 의해 설립되었다. 때문에 관학처럼 정치적·경제적 영향을 적게 받고 있었다. 뿐만 아니라 관학의 쇠퇴에도 불구하고 인재 선발을 위한 과거시험이 매해 또는 2~3년에 한 번씩 중단되지 않고 실시되었다. 이는 사학12도를 비롯한 사학에서 과거응시자가 많았다는 증거이다. 이런 까닭으로 고려는 국가적 차원에서 사학12도를 보호하고 관리 감독하였다.

예를 들면, 1133년 인종 11년 6월에는 사학12도의 유생들 가운데 본래 수업하던 스승을 배반하고 다른 사학으로 옮겨간 자는 동당감시에 응시할 수 없는 규정을 만들었고, 1139년 인종 17년 1월에는 사학12도의 교도 임명에 관한 규정을 내려 보냈다. 1355년 공민왕 원년 2월에는 국가적 차원에서 동서학당과 사학12도를 수리하도록 조치를 취한 일이 있었다(『고려사』 권74). 이와 같이 사학12도

는 사학이었지만, 상당 부분 국가의 관심과 보호를 받으면서 고려의 유학교육의
발전에 적지 않은 역할을 하였다.

한편 사학교육의 한 축을 담당했던 서당도 지속적으로 교육 발전에 이바지
하였다. 서당은 국학이나 향교, 사학12도처럼 일정한 틀과 격식을 가진 건물 없
이도 개인의 집이나 임의의 장소를 활용하여 교육을 진행해 나갈 수 있었다. 특
히, 무신정변 이후, 많은 문인들은 무인들의 박해를 피하여 산속의 사찰이나 고
향으로 내려가 벼슬을 그만두고 숨어 지내면서 후학 양성에 힘을 쏟았다.

북한의 교육사에는 이러한 서당의 발전을 다음과 같이 평가한다. "고려 후반
기 민간교육기관으로서 서당교육은 관학교육을 보충하는 정도가 아니라 오히려
그것을 대신할 수 있는 정도가 되었다. 이는 전적으로 본래부터 뒤떨어지는 것을
싫어하고 공부하기를 좋아하는 우리 민족의 높은 향학열과 관련되었다고 본다(홍
희유·채태형, 1995: 78)." 그렇다 하더라도 서당교육은 생존에 급급했던 일반 백성들
보다는 지방의 세력가들과 재산있는 자들의 자식들이 주로 공부하였다고 판단된
다.

▶ 과거제도의 지속

앞에서 살펴본 것처럼, 고려 후반기 관학은 쇠퇴하였으나 상대적으로 사학이
발전하면서 과거제도는 지속되었다(홍희유·채태형, 1995: 79-80). 『고려사』「세가」나
「선거」의 과거시험 관련 기사에 의하면 13세기 이후 고려가 멸망한 1392년까지
약 200여 년간 100회 정도의 과거시험이 실시되었다. 이는 2년에 평균 1회 이상
의 과거시험을 실시한 것이 된다.

거듭되는 외적의 침임과 사회적 혼란에도 불구하고 2년에 한 번꼴로 과거를
실시할 수 있었다는 것은 고려의 과거제도가 교육과 밀접한 연관이 있었음을 알
려준다. 당시 고려의 과거시험 장면을 목격한 외국인들도 경탄을 금치 못하였다.

1271년 5월 과거합격자를 발표하는 의식을 본 몽고의 대신 조량필, 초천익 등
은 "정말 성대한 일이다. 우리 몽고 사람들이 고려의 과거시험이 어떠한지에

대해 들어본 적은 있다. 하지만 직접 본 것은 이번이 처음인데, 난리가 나고
사회적으로 혼란함에도 불구하고 고려의 문화 기풍이 이와 같이 떨어지지 않
는 것은 정말 칭찬할 만하다."라고 말하였다(『고려사』 권27).

하지만, 고려 후반기에 들어서면서 과거제도는 매우 문란해졌다. 당시 고려
의 지배계층은 과거제를 둘러싸고 온갖 비행을 저질렀다. 예를 들면, 백성들 사
이에 '분홍방(粉紅榜)'이라는 말이 유행했는데, 이는 지배계층이 저지른 추악한 행
동의 대표적 사례이다.

1386년 3월 윤취가 과거의 시험을 담당하는 관리가 되어 과거시험을 치렀다.
이때 선발한 과거급제자는 모두 세력 있는 집안의 자제였다. 문제는 세력 있는
집안의 자제들 중 젖내나는 어린 아이들을 합격시켰다는 것이다. 이를 보고 당
시 사람들은 '분홍방'이라고 풍자하였다. 왜냐하면 아이들이 흔히 분홍빛 나는
옷을 입고 다니기 때문이었다(『고려사』 권74).

뿐만 아니라 이제현도 "요즘 과거시험을 통해 관리를 선발하는 일은 일정한
주관도 없이 남의 행동에만 따르는 글을 성대하게 할 뿐이다. 이러다보니 후세에
그 폐해가 말할 수 없이 크다."라고 한탄하였다(『문헌비고』 권184).

이런 점에서 고려 후기의 과거제도는 학교교육과 일정한 연관을 가지면서
지배계층의 학문 통제 공간의 역할을 하였다. 학문을 출세의 도구로 만드는 작용
을 하게 만들었다. 따라서 학교교육의 목적을 과거급제에 둠으로써, 내용상 교육
과 학문의 발전에 부정적으로 작용하였다. 그러나 관학이 쇠퇴한 반면 상대적으
로 사학이 발전하고 그것이 과거제도와 연관하여 교육과 학문의 명맥을 이어나
갔다는 차원에서 의미를 부여할 수 있겠다.

(3) 성리학의 전래 · 발전과 교육내용의 변화

고려 후기 교육에서 주목할 내용 중의 하나는 성리학(性理學)의 전래와 교육내용 및 방법의 전환이다. 성리학은 11~12세기 중국에서 발달한 유학으로 소강절(邵康節) · 주렴계(周濂溪) · 장횡거(張橫渠) · 정명도(程明道) · 정이천(程伊川) 등 이른바 북송오자(北宋五子)의 사상을 주자(朱子)가 종합적으로 집대성한 학문체계이다. 이를 공자와 맹자의 원시유학에 대해 신유학(新儒學; neo-confucianism)이라고도 한다.

성리학은 주자(朱子)가 종합한 학문으로 '성명의리지학(性命義理之學)'의 준말이다. 성리학은 심성(心性)의 수양을 철저히 하면서 동시에 규범 법칙 및 자연 법칙으로서의 리(理)를 깊이 연구하여 의리의 의미를 완전하게 실현하려는 데 관심을 기울였다(윤사순, 1987: 9). 따라서 우주의 본원과 인간의 수양을 기초로 하여 성현의 도를 구현하려는, 윤리적 질서를 바로 세운 도덕학으로서의 위상을 갖는다.

성리학이 중국에서 고려에 유입되기 시작한 것은 13세기 말 무렵부터이다. 성리학이 발생하기 이전의 유학 연구는 유교경전에 나오는 글자 풀이나 뜻을 새기는 수준에 머무르고 있었다. 그러나 중국 송나라 때 집권자로 등장한 새로운 지배계층은 당시 풍미하고 있던 불교나 도교의 이론에 대항하여 자신들이 신봉하던 유교에서 심오한 이론을 찾으려고 노력하였다. 그리하여 유교경전에 대한 사변적이고 관념적인 연구를 거듭하는 과정에서 성리학을 탄생시켰다.

성리학은 11세기 초반부터 여러 대에 걸쳐 우주본원에 관한 문제, 정신과 물질의 상호관계 등을 설명하는 객관적 관념론의 철학체계를 형성하였다. 특히, 태극(太極), 음양(陰陽), 리기(理氣) 등의 개념을 통해 자연과 인간의 문제를 설명하였다. 이 중에서도 리(理)는 철학의 중심 개념으로, 절대적이고 영원불변하며 세계만물의 존재 기초가 되는 것이었다. 사물을 형성하는 까닭인 동시에 사물을 떠나 그에 선행하여 존재하는 추상적 절대 관념이었다. 아울러 물질과 정신의 상호 의존관계를 인정하면서 사물을 통하여 객관 세계를 인식할 것도 강조하였다.

도덕규범 문제에서도 성리학은 관념론적 입장을 취한다. 특히, 유교의 윤리도덕은 인간의 본성에 기초하고 있으면서 우주 자연의 객관적 이치와 합치되어 있다고 주장한다. 다시 말하면, 자연의 이치인 리(理)가 인간의 본성인 성(性)과 합일을 이룬다는 측면에서 성리학이라고 한 것이다. 이는 본질적으로 부모와 자식, 임금과 신하, 남편과 아내, 노인과 아이, 친구 사이의 인간관계, 즉 부자유친(父子有親), 군신유의(君臣有義), 부부유별(夫婦有別), 장유유서(長幼有序), 붕우유신(朋友有信) 등의 오륜을 강조하면서, 지배계층이 제정한 정치 도덕규범을 절대화하고 연구화하려는 이론적 근거를 뒷받침하고 합리화하기 위한 역할을 하였다. 특히, 유교의 가부장적 도덕과 정치 이론을 합리화하면서 농장의 확대와 토지겸병을 반대하고 나선 중소 토지 소유자들의 이익을 옹호한 이론이었다(홍희유 · 채태형, 1995: 82).

13세기 말 안향에 의해 고려에 유입되기 시작한 성리학은 초반에는 백이정, 권부, 우탁, 이제현, 박충좌, 이인복, 백문보와 같은 유학자들에 의해 발전하였다. 이후 고려 말에 이르러 정몽주, 정도전, 권근 등에 의하여 깊이 연구되었다. 당시 고려는 성리학이 발전할 수 있는 사회적 토대를 지니고 있었다. 대토지겸병을 반대하여 사전을 혁파하고 전제 개혁을 주장하던 중소 지주 출신의 신진 관료들이 성리학 수용에 적극적이었다. 다시 말하면, 신진 관료들과 유학자들은 대토지소유와 불교를 반대하여 투쟁하면서 그것이 빚어낸 사회의 악을 규탄하는 사상적 무기를 성리학에서 찾았다.

성리학이 발전하게 된 또 다른 이유는 성리학 이론의 전파와 더불어 과거시험 과목에서 성리학이 중요한 비중을 차지하게 되면서부터이다. 13세기 말 안향은 원나라에 가서 주자학을 배워 그 저서들을 베껴왔다. 이후, 안향은 그것을 제자들에게 가르치면서 고려에 성리학을 전파하게 된다. 안향을 비롯한 당시의 학자들은 온힘을 다하여 국학의 학생들에게 직접 교수하였다. 특히, 14세기에 개정된 과거시험에서는 『대학』, 『논어』, 『맹자』, 『중용』 등 사서를 중심으로 주자가 지은 장구나 집주를 중시하게 되었다. 그것은 교육내용이나 학문 연구의 측면에서 주자학에 치중하는 결과를 낳았다.

이런 주자학 쏠림 현상은 교육방법에서도 일대 전환을 가져왔다. 주자의 교육방법인 '궁리(窮理)', '거경(居敬)'은 성리학 교육의 공통적인 방법이 되었다. '궁리'는 외부에 존재하는 모든 사물의 이치를 구명하여 널리 지식을 구한다는 의미이고, '거경'은 내부적으로 정신을 연마하여 외부 사물의 유혹을 물리치고 자신의 덕성을 기른다는 의미이다. 그렇다고 고려 후기에 전래된 성리학이 고려교육에서 독점적 지위를 확보한 것은 아니었다. 그런 경향성이 두드러지기 시작했다는 차원에서 이해하는 것이 바람직하다. 이러한 교육은 조선시대에 국가의 지배 이데올로기로 발전하면서, 확고한 지위를 차지하게 된다.

(4) 고려의 교육사상가

고려시대는 유학과 불교가 비교적 자유롭게 공존하면서 발전되었으므로 뛰어난 유학자와 고승들이 많이 나왔다.

▶ 최충

유학에서는 최충(崔冲)이 큰 활약을 하였는데, 앞에서도 언급했지만, 그는 사학12도의 선구자로 해동공자(海東孔子)라고 불렸다. 특히 문헌공도(文憲公徒)를 설립하여 교육하였고, 교육의 본질을 유학이 추구하는 성인(聖人)의 도로 삼았다. 최충은 송악산 아래에 사학12도를 열었는데, 많은 생도들이 모였다고 한다. 이에 하나의 학당으로는 그들을 모두 수용할 수 없어 아홉 개의 학반을 편성하였다. 이것이 이른 바 구재(九齋)이다. 구재학당의 학생들은 진퇴(進退)하는 의리와 장유(長幼)의 질서가 뚜렷했다고 한다. 이는 최충의 교육 방침이 학문 추구에만 머문 것이 아니고, 언행이 일치하는 교육을 실천한 것으로 볼 수 있다. 즉 예교(禮敎)질서의 외형적 강조에만 머무르지 않고, 후진 양성에서 이를 실천하는 유교정신을 강조하였다.

▶ 안향

그 후 중국의 원나라에서 주자학(성리학)을 도입한 회헌(晦軒) 안향(安珦)에 의해 유학의 새로운 학풍이 싹트기 시작했다. 안향은 교육의 목적을 인재 양성에 두고, 국학의 재건을 위하여 일종의 장학기금인 섬학전을 설치하였다.

안향이 주자학을 전래하여 학문을 장려하고 인재를 양성하려고 했던 배경과 과정을 보다 자세하게 서술하면 다음과 같다. 안향이 활동하던 시기의 고려는 장기간의 무신집권에 의한 정치적 불안정과 몽고의 침탈에 의한 국가 주권 상실의 위협으로 인하여, 국내외적으로 심각한 위기에 처한 상황이었다. 게다가 고려의 건국이념으로 볼 수 있는 불교사상도 부패하여 흉흉한 민심을 바로 잡아 주지 못하고 미신과 무속이 성행하고 있었다. 안향은 1260년 18세에 과거에 급제하여 관직에 몸을 담게 되는데, 이 당시 고려는 90여년이라는 장기간의 무신 집권체제가 막을 내리고(1258년), 몽고와는 강화가 체결되어 전란도 종식된 시점(1259년)으로, 고려사에서 새로운 시대의 개막을 맞이하는 시기였다. 이때 국가의 신흥 관료 등용 정책에 부응하여 안향은 관직에 등용되고, 뛰어난 문장력을 인정받아 왕의 교지나 외교문서를 작성하는 등 국사에서 중요한 업무를 담당하면서 빠르게 승진하였다.

교육자로서 안향의 관료생활은 36세(1279년)에 국자사업(國子司業)에 임명되면서 전환기를 맞게 된다(『양촌집』「회헌선생실기」). 안향은 학문의 진흥과 교육을 담당하는 직무를 맡게 되면서, 그의 유학적 소양과 문제의식 그리고 인생의 지향도 새롭게 전개하였다. 안향은 "학문[儒學]을 일으키고 인재를 양성하는 일을 자신의 임무로 삼는다."라고 하여 자신의 인생 목표를 유학의 부흥에 두었다. 그 후 47세(1289년)가 되던 해에 고려유학제거(高麗儒學提擧)에 임명되어 국가의 유학 진흥과 교육 부문의 명예수장이 되었다. 이를 계기로 같은 해 충렬왕의 원나라 행차에 수행하여 원나라의 수도(지금의 북경)에서 주자의 글을 접하게 되는데, 이때 주자의 사상을 마음속 깊이 찬동하게 되어 주자를 유학의 정통 학맥으로 인정하였다. 그리하여 전체 수행기간이 5개월 밖에 되지 않는 짧은 일정 속에서도 손수 주자의 책을 기록하고 공자와 주자의 초상화를 모사하여 이듬해(1290년) 봄에 귀국하였다. 이것이 우리나라에 주자학이 본격적으로 전래되는 계기이다.

안향은 56세(1298년)때, 집현전태학사(集賢殿太學士)·수문전태학사(修文殿太學士)

등 교육관련 관직을 맡으면서 본격적으로 유학 진흥과 교육사업을 담당하게 된다. 그리고 59세(1301년)에는 자신의 사저를 국학의 문묘로 조정에 헌납하고, 봉급과 토지 및 노비 100명마저 국학의 진흥을 위하여 헌납하였다. 이어서 61세(1303년)에는 교육사업을 일으키는데 더욱 힘을 기울여, 국학에 섬학전(贍學錢)을 설치하고 양현고를 충당하였다. 이때 그는 "재상의 직책은 인재를 교육하는 것보다 시급한 것이 없다."라는 유학적 소양을 갖춘 고급 관료로서의 소명의식을 강조하여 섬학전 설치를 주장한다. 아울러 양현고의 일부 자금으로 국학박사를 중국 강남에 파견하여, 유학관련 서적, 특히 주자신서(朱子新書)와 예의식에 소용되는 물품을 구입함으로써 유학교육의 발판을 마련한다.

안향이 62세(1304년) 되던 해에 대성전이 준공되는 등 국학시설이 완비되어 국학이 새로이 개설되고, 안향은 이산(李㦃)·이진(李瑱) 등을 시켜서 성리학 교육을 체계적으로 시행한다. 안향이 남긴 글은 아주 적은 데, 거의 유일하고도 핵심적인 문장이라고 할 수 있는 「국자학의 여러 학생에게 일러주는 글[諭國子諸生]」을 보면, 그의 학문 성향을 구체적으로 파악할 수 있다.

> 성인(聖人)의 도(道)는 일상생활의 윤리에 불과하다. 자식은 효도하고, 신하는 충성하며, 예로 집안을 바로잡고, 신의로 벗을 사귀며, 자신을 수양할 때는 반드시 경(敬)으로 해야 하고, 사업을 일으켜 세우는 데는 반드시 성(誠)으로서 해야만 한다. 저 불교는 부모를 버리고 출가하여 인륜을 무시하고 의리에 역행하니, 일종의 오랑캐 무리이다. 근래에 전란의 여파로 학교가 파괴되어 유학을 배우려는 학자는 배울 바를 모르고, 배우고자 하는 사람은 불경을 즐겨 읽어서 그 아득하고 공허한 교리를 신봉하니 나는 이를 매우 슬퍼한다. 내 일찍이 중국에서 주자의 저술을 보았는데, 성인의 도를 밝히고 선불교를 배척한 주자의 공로는 공자와 짝할 만하다. 공자의 도를 배우려면 먼저 주자를 배우는 것보다 나은 것이 없으니, 여러 학생은 주자의 새로운 서적을 돌려가면서 읽고 배우기를 힘써 소홀하지 말라(『양촌집』「회헌선생실기」).

이와 같이 안향은 유학 특히 성리학의 핵심을 압축적으로 설명하고, 불교와 당시 사상계에 대해 비판하였으며, 공자 이후 유학의 도통을 주자로 확정하고 주자학의 연구를 권면하였다(윤원현, 2005).

충렬왕 30년(1304년) 5월에 찬성사(贊成事) 안향이 국학을 보조하기 위해 섬학전(贍學錢)을 넉넉하게 할 것을 건의한 이야기는 유명하다. 안향은 학교가 날로 쇠퇴함을 근심하여 양부(兩府)에 다음과 같이 문제를 제기하였다.

"재상의 직책은 인재를 교육하는 것보다 우선 할 것이 없는데, 지금 양현고가 바닥이 나서 훌륭한 인재를 기를 자본이 없습니다. 청컨대 여러 관료 신하들에게 은(銀)이나 포(布)를 관료의 등급에 따라 차등 있게 내도록 하여 섬학의 자본으로 삼으십시오." 그러자 왕도 내고(內庫)의 재물을 내어서 도왔다. 그런데 밀직(密直) 고세(高世)가 자신은 무인(武人)이라고 하면서 돈 내기를 즐겨하지 않자, 안향이 이렇게 꾸짖었다. "공자의 도는 그 모범이 만세에 드리웠다. 신하가 임금에게 충성하고, 자식이 부모에게 효도하는 것, 이런 훌륭한 인륜이 누구의 가르침인가? 만약에 '나는 무인인데 생도를 기르는 데 구태여 돈을 낼 필요가 있느냐'라고 말한다면, 이는 공자를 무시하는 짓이다. 그게 옳은 행동인가?" 고세가 이 말을 듣고 부끄러워하며 바로 돈을 내었다.

또한 안향은 남은 재물을 박사 김문정에게 주고 그를 중국에 보내어 선성(先聖)과 70자상(七十子像)을 그려오고, 제기(祭器)·악기(樂器)·육경(六經)·제자(諸子)·사(史) 등을 구해 오게 하였다. 그리고 이산·이진 등을 천거하여 경사교수사(經史教授使)를 삼았다. 그렇게 하자, 국학의 7재와 사학12도의 학생이 경을 가지고 수업하는 자가 수백을 헤아렸다(『증보문헌비고』「학교고」).

▶ 이색

이후, 고려 말의 목은(牧隱) 이색(李穡)은 앞에서도 언급한 것처럼, 문무를 겸비한 인재를 강조하여 과거제도에서 무과를 둘 것을 주장하였다. 이색의 교육론은 그의 유학 진흥책에 잘 나타나 있다. 이색은 "유교를 숭상하고 중히 여기는 일에 마음을 다해야 한다. 국학의 풍속 교화의 근본이고 인재는 정치와 교육의 근본이다. 인재를 양성하지 않으면 근본이 굳지 못하고 국학을 진흥하지 않으면 근원이 맑지 않게 된다."라고 하여, 성인의 도를 숭모하고 학교의 퇴폐를 막아야 한다고 주장하였다. 이것이 유학자뿐만 아니라 서민에게도 복이 된다는 것이다.

이색은 당시 학풍이 과거시험에만 매달려 진정한 인격교육이나 도덕윤리 교육을 소홀히 하는 것을 통탄하였다. 그는 성균관 대사성으로 재직할 때 성균관의 학생 수를 대폭 증원하고 시설 확충, 도서 구비 등 유학 진흥에 크게 기여하였다. 교수방법도 경술(經術)에 유능한 선비가 교과를 담임하게 하는 등 '전문성 있는 교육'을 강조하였다. 즉 여러 교관들이 제각기 능숙한 경전을 분담하여 교수하고, 강론이 끝나면 매일 의심나는 부분이나 논의할 부분을 상호 토론하여 궁극적인 의미를 밝히도록 하는 방법을 동원하였다. 이러한 그의 노력은 고려시대 정주학 계통의 성리학이 발흥하는 계기가 되었다.

▶ 정몽주

또한 포은(圃隱) 정몽주(鄭夢周)는 성리학을 깊이 연구하여 철학의 기초를 주자학에 두었으며, 교육이념도 주자학에 충실하여 우리나라 성리학의 비조가 되었다. 그의 교육사상은 성리학을 도입한 안향과 비슷하였다. 즉 "유학자의 도리는 모두 일용생활에 있고, 인격을 함양하려면 수양이 필요하다. 수양의 근본은 일상생활의 지극한 이치에 있다."라고 하였다. 정몽주는 이런 학문의 이치를 실현하고 인재를 양성하기 위해, 수도 개경의 오부(五部)에 학당을 확충하고, 지방에는 향교를 활성화하여 유학을 진흥하려고 했다.

정몽주가 제시한 교육내용은 경서였다. 사서의 경우, 『대학』과 『중용』을 통하여, 도를 밝히는 '명도(明道)'와 도를 전하는 '전도(傳道)'의 요지를 얻고, 『논어』와 『맹자』를 통해, 마음을 보존하고 닦아나가는 '조존함양(操存涵養)'의 요지와 체험을 확충하는 방법을 얻게 하였다. 오경의 경우에는 『주역』을 통하여, 선천과 후천은 서로 체용(體用)의 관계임을 알고, 『서경』을 통해서는 정신을 집중하는 것이 제왕전수(帝王傳受)의 방법임을 이해하게 했다. 그리고 『시경』을 통해서는 민간의 정서와 만물의 법칙을 이해하고, 『춘추』를 통해 도의와 의리의 명분을 알게 하였다. 이 가운데서 『대학』과 『중용』은 가장 중요한 교과로 간주되었고, 이후, 조선 성리학의 학풍에 큰 영향을 미쳤다.

▶ 지눌

한편, 불교계에서는 보조(普照) 지눌(知訥)이 선(禪) 철학을 완성하여 빛나는 업적을 남겼다. 지눌은 고려 20대 신종과 21대 희종 때 사람으로 속성(俗性)은 정(鄭)이요, 호는 목우자(牧牛子)이다. 8세에 사굴산파(闍堀山派) 종휘(宗暉)에게 출가하여 1182년 승과에 급제하였다.

지눌은 그의 「권수정혜결사문(勸修定慧結社文)」에서, 먼저 불법의 근본처를 설파하여, "일심을 어둡게 하여 끝없는 번뇌를 일으키는 것은 중생이요, 일심을 깨쳐 끝없는 묘용을 일으키는 것은 모두가 부처이다. 어둡고 깨닫는 것이 비록 다르긴 하지만 모두가 한 마음[일심(一心)]으로 말미암은 것이니, 곧 마음을 떠나서 부처를 구하는 것은 옳지 않다."라고 하였다. 그리하여 동료들과 명리(名利)를 버리고 산림에 은둔하여 늘 습정(習定)과 균혜(均慧)에 힘쓸 것을 언약하였다.

또한 지눌은 「수심결(修心訣)」[마음 닦는 비결]에서, "먼저 개괄적으로 삼계[욕계, 색계, 무색계]의 유혹을 면하려면 부처를 구해야 한다. 부처를 구하려면, 부처는 곧 마음이니 마음 밖에 따로 있는 것이 아님을 깨달아야 한다. 색신은 생멸하나 진심은 끊기고 변하는 것 없이 길이 슬기롭다. 자기의 마음을 보지 않고, 마음 이외에 부처가 있고 본성 이외에 법이 있다고 생각하면, 비록 진겁(塵劫)을 다하도록 온갖 고초를 겪더라도 되지 않는다. 마음 밖에서 부처를 이룰 수 없으니, 과거 현재 미래 할 것 없이 도를 닦는 데 밖에서 구하지 말라. 심성은 본래 물듦이 없어서 스스로 원성(圓成)하는 것이므로 망령된 인연을 떨쳐 버리면 곧 그것이 여여불(如如佛)이다."라고 하였다. 그러므로 고통과 윤회를 벗어나는 길은 일체 중생이 여래(如來)의 지혜덕상(智慧德相)이 원래 갖추어 있음을 깨치는데 있다.

이처럼 지눌은 당시 승려들이 불교의 수련보다는 명리를 추구하는 데 빠져 있는 것을 보고 참된 구도의 자세를 지닐 것을 역설하였다. 그리하여 불교의 진리인 선(禪)과 교(敎)가 둘이 아님을 주장하여, 선교일치를 주장하였다. 특히, 교육의 본질을 불교에서의 돈오(頓悟)인 자각에 두었다. 돈오(頓悟)는 '단박 깨달음'이다. 무엇을 단박에 깨달아야 하는가? 그 깨달음의 상태는 어떠한가?

보통 사람들이 해맬 때는 망상에 사로 잡혀 자기 본성이 참된 부처인 줄 알지 못한다. 자기의 슬기로움이 참 부처인 줄 알지 못한다. 그러기에 늘 마음 밖에서 부처를 찾아 헛되이 헤맨다. 그러다가 어느 날 갑자기 선지식(善知識)에 들어가는 길을 지시함에 한 줄기 빛을 따라 자기 본성을 깨우칠 때, 본성에는 원래 번뇌가 없고 지성이 스스로 갖추어져 있다. 이것은 부처와 다름없다. 바로 이런 사실을 깨우치는 것을 '돈오'라고 한다.

다시 말하면, 자기 본성을 돌이켜보아, 이것이 곧 번뇌가 없고, 그것이 곧 부처라는 깨달음을 돈오라고 한다. 돈오는 다른 사람이 '너의 마음이 본래 부처이고 본래 번뇌가 없는 것이다'라고 가르쳐 주어, 그것을 이론적으로 따져 결론에 도달하는 방법이 아니라, 스스로의 마음을 회광(廻光)하여 보아 진정 고정불변하는 객체로서의 번뇌가 있지 않다는 것을 깨닫는 방법이다. 따라서 돈오는 일념(一念)을 돌이켜 반조하는 회광반조(廻光返照)에서 얻어지는 것이다(송석구, 1985: 168).

돈오는 자신의 참 자아, 즉 허망한 꿈과 같은 미혹으로 인해 인지하지 못했던 자신의 참 마음을 홀연히 발견하게 됨을 의미한다. 미망에서 깨달음으로의 변화, 꿈에서 깨어남이 즉석에서 일어나기 때문에 '돈오', 즉 갑작스러운 깨침이라 부르는 것이다. 따라서 돈오는 점진적 과정이 아니라 갑자기 일어나는 하나의 정신적 혁명과도 같다(길희성, 1996: 90-91).

그런데 인간은 습기(習氣)를 지니고 있다. 습기는 인간의 어리석음으로 인해 발생하는 가지가지의 허깨비와 같은 것들로 생각된다. 이런 습기는 하루아침에 벗기기 힘들다. 그러기에 지속적인 수련과 수양이 요구된다. 비유하면, 저 산에 금이 가득 묻혀 있는 줄은 알지만, 저 산의 모든 것이 금이 아니고, 금을 캐내기 위해서는 그에 필요한 수단이 있어야 하는 것과 같다. 즉 깨달은 이후의 닦음은 필수적이다. 인간이 이치로 깨달았다 할지라도 그것의 실천을 통하여 '됨'이 중요하다.

이렇게 볼 때, 점수(漸修)는 깨달음 없이 이루어지지 않는다. 깨달음을 밑받침으로 하여 점차적으로 닦음이 진정한 점수이다. 깨달음이 없는 점수는 일시적인 점수이지 영원한 부처의 세계로 들어가는 수행이 아니다. 완전한 부처의 세계에 들어갈 때 증오(證悟)가 된다. 돈오에 습기가 있다면 점수는 해오(解悟)에 해당한다. 깨달은 후의 수행인 점수는 어떻게 하는가? 다시 말해 수양의 방법론, 교육의 구체적 단계는 어떻게 이루어지는가?

그것은 정(定)과 혜(慧)라는 두 문밖에 없다. 지눌은 본래의 마음을 '공적영지(空寂靈知)'라고 하였다. 공적은 정이고, 영지는 혜이다. 일심이 공적하려면 정을 닦아야 하고, 영지를 발하려면 혜를 닦아야 한다. 그렇다고 정과 혜, 공적과 영지가 본래 둘이 있는 것이 아니다. 이 둘은 모두 하나의 자성(自性) 위에 체용(體用)의 두 의미로 나누어 본 것일 뿐이다. 결국 정과 혜의 균형있는 닦음이 중요하다.

이러한 정혜는 두 가지로 구분된다. 자성정혜(自性定慧)와 수상정혜(隨相定慧)가 그것이다. 수상정혜의 정은 수행자가 그때그때 직면하는 상(相)과 사(事)로서의 번뇌에 꾸준히 대처해 나가는 삼매(三昧; samādhi)이며, 혜는 제법 하나하나에 대하여 미혹됨이 없이 그 공(空)을 관(觀)하는 반야(般若; prajñā)를 말한다. 이런 수상정혜의 닦음이 점수의 최상은 아니다.

자성정혜는 자신의 본성 안에 이미 내재하고 있는 정혜를 의미한다. 이는 진심의 체(體)가 지니는 두 측면인 적(寂)과 지(知), 정과 혜를 가리킨다. 그러므로 자성정혜를 닦는다는 것은 이미 우리의 심성 속에 내재한 것을 닦는 것이므로 '닦음 아닌 닦음'이다. 이런 역설적 닦음이야말로 진정한 닦음인 '무념수(無念修)'이다. 그러므로 자성정혜란 일반적 의미의 닦음에 의해서 얻어지는 결과라기보다는 돈오에 의해 이미 자신의 현실로서 자각되는 정혜이다. 지눌은 닦음 아닌 닦음으로서 자성정혜의 자유로운 닦음을 돈오 이후 가장 바람직한 수행으로 보았다.

그런데 지눌의 점수론은 정혜쌍수로 끝나지 않는다. 점수는 자리(自利)를 위해서 뿐 아니라 타리(他利), 즉 모든 중생의 복리를 위해서도 필요함을 역설한다.

따라서 돈오 후의 점수는 두 면을 지닌다. 인식과 실천의 괴리를 극복하는 정혜의 닦음과 보살행의 실천이다.

한국교육사의 통합적 이해

- 일제강점기 이전까지 남한과 북한의 교육사 인식 -

제 7 장

조선시대의 교육

제 7 장
조선시대의 교육

조선시대는, 안향이 주자학을 전래하여 유학을 보급하고 발달시킨 이후, 유학을 국가 교육의 이데올로기로 확립하면서, 유학 중심의 교육이 지배하였다. 초 · 중기에는 성리학에 입각한 도덕윤리를 교육철학으로 하였고, 후기에는 실용적인 사고가 교육사상으로 대두하였다. 성리학은 선량한 마음인 타고난 본성을 잘 기르는 존양(存養)과 도리를 궁구하여 지식을 확실하게 연마하는 궁리(窮理)를 중시하였다. 따라서 유학교육의 목적은 윤리도덕에 중점을 두어 착한 사람을 양성하는데 있었고, 그 궁극적 목적은 성현(聖賢)의 자리에 도달하는 것이었다. 교육방법은 성현이 하던 일을 본받는데 있었고, 교육내용은 『소학』과 『논어』, 『맹자』, 『대학』, 『중용』의 사서(四書), 『시경』, 『서경』, 『주역』, 『예기』, 『춘추』 등의 오경(五經)을 중심으로 했다. 특히 우리글인 훈민정음(訓民正音)이 제정 · 공포되면서부터는 서민교육이 서서히 확대되기 시작하였다.

1. 조선시대 전반기: 양란 이전의 교육

(1) 불교 억압과 국가이념으로서 성리학의 강화

14세기 말은 정치적으로 보면 고려가 쇠퇴를 재촉하던 시기인 동시에 조선 건국의 기초가 다져지던 시기였다. 사상적으로도 불교를 대신하여 유교의 성리학이 지배적인 사조로 등장하던 전환의 시기였다(홍희유·채태형, 1995: 85-87).

고려를 전복하고 정권을 잡은 이성계 일파는 성리학을 통치사상의 핵심 가치로 내세웠다. 동시에 고려시기에 통치사상의 핵심 가치였던 불교를 배척하기 시작하였다. 태조 이성계는 집권 후, 두 달만인 1392년 9월에 불교를 제한할 목적으로 사찰을 세우거나 불교 서적을 인쇄하는 것을 철저히 금지하는 조치를 취하였다(『태조실록』 권2). 당시 이성계의 최측근이자 조선 왕조의 기틀을 다지는 데 헌신했던 정도전의 경우, 『불씨잡변』을 통해 불교의 윤회설, 인과응보설, 극락지옥설 등에 대하여, 허황되고 기만적인 것이라 비판하고 그것을 배격하는 배불론을 적극적으로 주장하였다.

뿐만 아니라 조정의 관료들과 정부기관에서도 공식적으로 불교를 비판하기 시작하였다. 1398년에는 조정의 관료들이 "불교는 성인들도 경계한 가르침이다. 인륜을 저버리고 사회를 등지고 생활하면서 허무맹랑한 말을 통해 사람들의 이목을 기만하는 것이다."라고 하며 철저히 배격할 것을 국가적 차원에서 문제를 제기하였다. 이어서 1405년 중앙정부기관인 사간원에서 불교를 배격해야 한다는 의견을 공식적으로 제시하기도 하였다(『태조실록』 권8, 권14). 이처럼 조선 초기에 들어서면서 국가의 정책문제의 일환으로 불교를 배격하였다.

사상적 차원에서의 불교 배척뿐만 아니라 불교의 물질적 기반을 없애는 차원의 탄압도 진행되었다. 성리학으로 무장한 조선의 신진 관료들은 세 차례에 걸쳐 사찰 정리 작업을 진행하였다. 그 결과 수많은 사찰이 폐지되고 3~4만결의 사찰 소유의 토지와 10만명에 이르는 사찰의 노비들을 몰수하여 불교의 토대를 약화시켰다. 나아가 고려시대에는 존중받던 승려들의 신분적 특권까지도 박탈하여, 그들의 사회적 지위를 조례, 라장, 일수, 조군, 수군, 봉수군, 역졸 등 이른 바 일곱 가지 천한 일에 종사하는 사람 수준인 천인의 지위로까지 전락시켰다.

한편, 일반 백성들이 출가하여 승려가 되는 것을 적극적으로 제한하는 도첩제를 실시하고, 승려가 말을 타고 서울 거리를 왕래하거나 민간인의 집에 머무르는 것을 엄격히 금하였다. 이를 위반하는 자들은 법적으로 처벌할 제도를 마련하여 법적인 제재를 강화하였다.

이런 조치는 불교의 사상적 영향력은 물론 스님들의 사회경제적 처지나 권위를 현저히 약화시키는 계기가 되었다. 반면에 유교의 성리학은 국가적 차원에서 보호를 받고 장려하게 되면서 국가이념으로 자리매김 되었다.

(2) 성리학 교육의 주요 내용

유학 이론은 그 집대성과 체계화를 기준으로 볼 때, 크게 두 부분으로 이해할 수 있다(김정환 외, 2014: 274-278). 공자·맹자·순자를 주축으로 하는 원시유학(原始儒學)과 주자가 집대성한 성리학(性理學)이다. 원시유학은 본원유학(本源儒學), 공맹학(孔孟學), 수사학(洙泗學) 등 다양하게 불리는데, 인간 삶의 윤리도덕과 예에 근거한 '실천적' 측면이 강하다. 앞에서 언급하였듯이, 성리학은 성명의리지학(性命義理之學)의 준말로 정주학(程朱學), 육왕학(陸王學), 리학(理學), 도학(道學), 심학(心學) 등 다양한 명칭으로 쓰이고 있는데, 성격에 따라 강조점의 차이가 있다. 성리학은 심성(心性)의 수양을 과거 어느 유학보다도 철저히 하면서, 동시에 규범법칙 및 자연법칙으로서의 이치(理) 또는 본성(性)을 깊이 연구하여 그 의리의 의미를 완전하게 실현하려는 유학 중의 하나이다. 한 마디로 말하면, 존심양성(存心養性)과 궁리(窮理)를 지극히 중요시함으로써 종래의 유학을 형이상학적으로 재구성·발전시킨 것이다(김정환 외, 2014).

주자가 집대성한 성리학의 경우, 맹자가 주장했던 '인륜을 밝히는 일'을 교육의 전통으로 삼았다. 유학교육을 체계화한 『대학』에서는 교육의 일차적인 목적으로 '착한 마음을 밝히는 일'로 정했다. 이런 교육 목적의 근원에 자연스러움(誠)이 자리하고 있다. 또한 『중용』에서는 '일상생활에서 당연히 행해야 할 도를 닦는 일'을 교육의 의미로 규정했다. 착한 마음인 인간의 내면에 부여된 품성은 진실하며 거짓이 없다. 이는 맹자의 본성이 착하다는 말과 같다. 따라서 그것이 발현되고 실천되는 일상의 생활이 선한 것은 분명하다. 유학에서 교육은 소학(小學)과 대학(大學)으로 구분된다. 현대적 의미에서 소학은 아동교육(혹은 청소년 교육까지 포함)에 속하고, 대학은 성인교육과 비교할 수 있다. 소학에서는 물 뿌리고 쓸어내고 응낙하고 대답하며 나아가고 물러가는 일상 예절과 여섯 가지 삶의 예술인 육예(예법·음악·활쏘기·말몰기·글하기·셈하기)를 가르쳤는데, 이는 일상생활의 실천적·형이하학적 삶의 양식이다. 대학은 이치를 궁구하고 마음을 바르게 하며 몸을 닦고 사람을 다스리는 방법을 가르쳤는데, 이는 이론적이고 형이상학적인 학문의 체계이다. 소학과 대학은 아동과 성인이라는 상황과 때에 따른 교육내용이지만, 사실은 일상의 운용 원칙이라는 면에서는 동일한 구조이다.

소학에서 배움은 성현의 자질, 이른 바 맹자가 말한 선한 본성과 잠재능력을 깨닫는 과정이다. 그리고 그것을 구체적으로 응용하기 위한 세계관의 형성은 대학과정에서 터득할 수 있다. 주자는 그 구체적인 교육내용으로서 다음의 여덟 가지 조목의 과정을 제시했다.

> 지식을 다한다는 것은 사물의 이치를 세밀히 캐물어 가는 데 있다. 그러므로 사물의 이치가 따져져서 밝혀져야 지식을 체득할 수 있고, 지식이 체득되어야 뜻이 성실해지며, 뜻이 성실해져야 마음이 바로잡히고, 마음이 바로잡혀야 몸이 닦아지며, 몸이 닦아져야 집안이 가지런해지고, 집안이 가지런해져야 나라가 다스려지며, 나라가 다스려져야 세상이 평안해진다(『大學章句』「經1章」).

이런 8조목은 격물(格物) − 치지(致知) − 성의(誠意) − 정심(正心) − 수신(修身) − 제가(齊家) − 치국(治國) − 평천하(平天下)로 요약된다. 이는 유학교육의 구체적인 목적이요, 내용이자 방법이다. 모두가 수신(修身: 수양)의 문제를 근본으로 삼고 있다.

이 중 격물, 치지, 성의, 정심이 수신의 핵심적 방법이다. 격물·치지는 앎(知)의 방법이며, 성의·정심은 실천(行)의 방법이다. 격물의 대상은 소학에서 얘기한 쇄소에서 육예의 내용을 포함하여 우주 전체로 나아간다. 세상의 모든 존재, 인간의 행위, 천지자연의 현상, 운동 등 모든 대상을 탐구하는 일이다. 특히 인간의 삶과 관계되는 윤리질서의 이해와 탐구는 격물의 우선적인 대상이다. 환언하면, 교육은 쇄소에서 육예, 나아가 인의예지의 인간관계는 물론 우주의 질서까지도 모두 캐물어 들어가는 것이다. 물론 인간 각자가, 구체적으로 접하는 사물을 캐물어 들어가 밝히는 일이 선차적이다. 그러므로 유학의 교육을 '배우고 묻는', '학문(學問)'의 과정이라고 한다.

이런 방법론을 통해 인간은 단편적 지식은 물론 세계의 질서와 원리를 파악하여 자기 관점을 정립하며 지혜를 터득해 나갈 수 있다. 끊임없는 물음과 연구 가운데 확 트이는 응용능력이 생겨날 때, 지식을 터득하여 지혜의 단계로 나아가는 것이다. 그러므로 격물은 단순한 지식의 습득과정을 넘어 인간과 사회, 우주에 대한 이해의 방법이다. 이는 인간의 영특한 지혜를 바탕으로 하되 자신의 노력을 전제로 한다.

한편, 북한의 교육사에서는 성리학 교육의 기본 내용을 매우 비판적으로 인식한다. 조선의 통치자들은 성리학의 기본 사상을 통치 수단으로 내세우고, 그에 기초한 교육의 기본 내용을 다음과 같이 규정하였다(홍희유·채태형, 1995: 89-94).

첫째, 봉건적 예의 도덕규범을 철저히 준수하게 하는 예속(禮俗) 교양교육을 실시하는 것이다.

둘째, 종법(宗法)사상에 기초한 봉건사회의 사회정치질서를 준수하는 사상으로 사람들을 교육하는 것이다.

셋째, 구체적인 사물 현상을 깊이 연구하여 그에 맞는 정치를 실현한다는 이른 바 격물치지(格物致知) 사상으로 학생들을 교육하는 것이다.

넷째, 성리학의 사상이념을 실현하기 위하여, 무엇에도 굽힐 줄 모르는 강인한 사상의지를 지닌 사대부(士大夫) 선비[士]에 대한 사기배양 교육을 실시하는 것이다.

예속 교양교육을 가장 앞세운 것은 예가 정치 도덕 교양의 형식이기 때문이다. 예(禮)는 원래 경제적으로 빈부(貧富)를 분류하고 정치적으로 귀천(貴賤)을 구분하여 지위의 고하를 절차적으로 밝히는 작업이다. 이는 계급사회에서 사회에 대한 계급적 지배를 위한 정치의식이며 그 실현을 위한 근본 형식이다. 성리학에 의하면, 도덕(道德)과 인의(仁義)는 예(禮)가 없이 이루어질 수 없다. 임금과 신하, 윗사람과 아랫사람, 부모와 자식, 형제 사이에도 예가 없이는 질서가 확립될 수 없다.

조선 건국의 사상적 기저를 마련한 권근은 『예의천견록』에서 "예가 있으면 윗사람과 아랫사람 사이에 명분이 정해지고, 서로가 안정된 질서를 확보할 수 있다. 그러나 예가 없으면 옳고 그른 것이 혼란스럽게 되어 반드시 사회가 위태로운 지경에 이른다(권1 "곡례")."라고 하여, 예의 도덕관을 배양하는 교육을 강조하였다.

이런 이론과 사상은 학교교육에서 예속 교양교육을 강화하는 계기가 되었다. 학교교육에서 예속 교양은 교육강령의 핵심이 되게 만들었다. 건국한지 4년이 되던 1395년, 조선은 관혼상제(冠婚喪祭)에 관한 의례규범을 만들고 생활 속에서 그것을 실천하도록 예속 교양을 강화하였고, 1410년에는 예속 교양을 주관하는 의례상정소를 설치하였다. 특히, 세종 때에는 제사의식, 혼례, 손님 접대, 군대의식, 장례의식 등을 규정한 길례, 가례, 빈례, 군례, 흉례 등 오례(五禮)를 책으로 편찬하였고, 1474년에는 그것을 수정·보완하여 국가적 차원에서 완성한 『국조오례의』를 다시 편찬하여 조선시대 내내 예속교육의 근거로 활용하였다(『증보문헌비고』 권243). 15세기 훈민정음이 창제된 이후, 예속교육은 한글의 보급과 더불어 일반 백성의 교화로 확장된다. 『예기』에 한글 주석을 붙인 『예기대문언독』을 비롯하여 예에 관한 다양한 서적이 조선 후기에 이르기까지 지속적으로 출간된다.

조선 초기부터 지배계층이 예속교육에 큰 관심을 갖고 의미를 부여한 것은 교육적으로 의미심장하다. 그것은 두 가지 차원에서 고려할 수 있다. 하나는 사회의 계급 계층이 지위의 고하에 따라 사회적으로 지켜야 할 도리를 준수해야 한다는 윤리도덕의 차원이고, 다른 하나는 일상생활에서 사람들이 교제할 때, 서로 지켜야 할 예의도덕에 대한 교양교육을 법적 수준으로 끌어 올려 그것을 풍속화하는 동시에 백성들을 지배하려는 차원이다. 이런 목적에 의거하여 "교육은 풍화의 근원"이라는 풍속 교화용 예속교육이 강조되었다. 그에 따라 교재도 『소학』이나 『효경』, 『근사록』과 같은 예와 관련한 교재가 중시되었다.

예속교육의 강화는 백성들이 예의도덕을 익히고 실천하는 측면에서는 상당한 의미가 있었으나, 지배계층의 권위를 옹호하고 드러내는 차원에서는 허례허식(虛禮虛飾)으로 변질되기도 하였다. 뿐만 아니라 예속 교양교육이 지나치게 숭상되는 과정에서 이론적으로 체계화를 거치면서 '예론'이 생겨났고, 그것은 지배계층 내에서 당파싸움의 도구로 이용되는 부정적 결과를 낳기도 하였다.

다음으로 조선은 초기부터 종법사상을 교육의 주요 가치로 내세워 정치질서의 강화를 꾀하였다. 종법제도는 종가(宗家)를 중심으로 혈통이 가까운지 먼지를 따지면서 근친관계를 규정하는 친족제도이다. 그것은 사회의 세포인 가문의 단합을 다지는 데서 시작하여, 그런 논리를 사회 전체로 확대하여 나가는 방법이다. 이러한 종법 교양의 근본 원칙은 『대학』에 잘 드러나는 데, 이른 바 "수신(修身) − 제가(齊家) − 치국(治國) − 평천하(平天下)"이다. 요컨대, 정치를 하려면 개인의 자질을 높이는 것에서 시작하여 가문을 잘 다스려야 나라를 잘 다스릴 수 있고 나아가 세상을 평정할 수 있다는 논리이다. 이런 교육의 단초를 열기 위해, 1392년 11월 조선을 건국한지 4개월 만에 사간원에서 국왕과 그 측근 관료들에게 『대학연의』에 대한 강의와 토론을 실시하였다.

또한 격물치지설을 통해 유교를 철학적 차원에서 드높이려는 교육을 요청하였다. 격물치지는 지식의 문제와 연관하여 주자학에서 다루는 주요 이슈 중의 하나이다. 팔조목 가운데 맨 앞에 나오는 격물치지는 망실되었던 것을 "격물보전(格物補傳)"을 통해 주자가 새롭게 보완한 내용이다. 보완이기는 하나 거의 창작에 가깝다. 그러기에 주자학에서 그만큼 중요한 위치를 점한다.

주자에 의하면, 격물에서 격格은 '이르다'이고 물物은 '일삼음'이다. '이르다'는 의미는 시간적으로 어떤 시점에 다가가거나 공간적으로 일정한 지점에 도달하는 물리적 개념이기보다는, 인간의 사유와 행위를 이행하는 '다하다[盡]'의 의미에 가깝다. 또한 물物은 단순한 물건things을 포함할 뿐만 아니라 사물의 움직임이나 행위까지도 포괄하고 있다. 그런 차원에서 격물은 '사물事物에 이른다', 혹은 '사물을 다한다'는 뜻으로 해석된다.

치지에서 '치致'는 '미루어서 끝까지 간다'이고 '지知'는 '안다'는 의미다. 치는 '끝까지 파고들면서 탐구'하는 연구의 자세이고, 지는 '마음으로 인식하는 지식' 정도로 이해할 수 있다. 그러므로 치지는 '어떤 대상적 지식을 끝까지 파고들어 탐구하여 미루어 나간다'는 의미로 읽을 수 있다.

격물치지의 이해과정에서 주자는 그 대상을 인간의 삶에 집중했다. 주자는 격물에서 물物을 자연의 객관적 대상 세계보다는 인간의 다양한 직분, 본분本分에 관한 이치, 즉 인간사회의 관계를 무게 중심을 두었다. 인간사회의 질서체계나 행위, 직분에는 제 각각의 분수나 이치가 있는데, 격물은 바로 그런 이치를 파악하는 작업이다. 치지는 이런 사물의 이치가 파악되면서 지식이 일정한 궤도에 오르고 더 심오한 지식으로 확장되어 높은 수준으로 나아가듯이, 지식을 최고의 단계로 끌어 올리는 노력이다. 즉 이미 획득한 지식을 토대로 점차 심도 있게 확대하는 끊임없는 탐색과 연구 행위다. 그러기에 주자는 격물치지의 내용을 다음과 같이 창작해냈다.

이른 바 '앎을 지극하게 이룸이 사물의 이치에 이르는 데 있다'고 하는 것은 나의 앎을 지극하게 이루려고 한다면 사물에 나아가 그 이치를 끝까지 캐들어 가는 데 있다는 말이다. 사람의 마음이 신령함은 모두 앎을 지니고 있고, 천하의 사물은 모두 이치가 있다. 하지만 오직 이치를 끝까지 다 캐들어 가지 못한 곳이 있기 때문에, 그 앎이 다하지 못함이 있는 것이다. 이 때문에 대학을 처음 가르칠 때에 반드시 배우는 이들에게 세상의 여러 가지 사물에 나아가 그가 이미 아는 이치를 따라서 끝까지 캐물어 들어가서 모두 이르도록 하는 것이다. 그와 같이 공부에 힘을 씀이 오래 되어서 하루아침에 훤하게 꿰뚫어 보게 되는 데까지 이르게 되면, 모든 물건의 겉과 속, 그리고 세밀한 곳과 거친 곳에 앎이 이르지 않는 곳이 없고, 내 마음의 전체와 큰 작용이 밝지 않은 곳이 없을 것이다. 이것을 일러 '사물이 이치에 이르렀다'고 하며, '앎이 지극해졌다'고 한다(『大學章句』「格物補傳」).

이러한 격물치지설에 대해 조선의 성리학자들이 전개한 학문활동을 북한의 교육사에서는 상당히 긍적적 차원으로 평가한다. 조선의 지배계층이 제시한 격물치지는 『대학』의 장구를 당시의 실정에 맞게 뜻을 부여하여 정식화한 것으로 개념상으로도 송나라 때의 성리학자들이 말한 격물치지와는 현저한 차이가 있다. 조선 지배계층은 "먼저 도리를 밝히고 인재를 가려내며 정사를 연구하고 백성들의 사정을 살피는 일"을 격물치지의 요점으로 이해하였다. 이는 송나라 성리학자들이 주장한 것처럼 봉건 윤리도덕 문제만을 의미하는 개념인 것이 아니라 보다 중요하게 자연과 사회의 실천적 문제들을 연두에 둔 개념이었다. "먼저 도리를 밝힌다."라고 한 것은 윤리도덕 문제를 염두에 둔 것이지만, "인재를 가려내고 정사를 연구하고 백성들의 사정을 살핀다."는 것은 다름 아닌 사회실천적 문제들에 중요하게 관심을 돌렸다는 것을 의미한다.

마지막으로 조선의 지배계층은 사대부 관료들이 자부심을 느낄 수 있도록 선비로서의 교양교육을 교육의 주요한 가치로 내걸었다. 특히, "선비들의 사기는 국가의 원기"라고 하면서, 사기 배양을 강조하였다. 사대부들의 사기 배양은 학생들에게 봉건 통치에 반대되는 그 어떠한 요소에 대하여서도 그것을 반대하여 견결히 투쟁할 수 있는 이른 바 "사상의지적 기백"을 키워준다는 의미였다. 이런 교육을 허용한 결과, 당시 성균관이나 지방의 향교 유생들은 정치, 경제, 교육, 기타 문제들에 대하여, 상소(上疏)라는 형식을 통해 국왕에게 자기들의 의견을 제기할 수 있었다.

의견이 관철되지 않을 경우에는, 성균관 유생들은 식사를 거부하는 권당을 하였고, 서재에서 뛰쳐나와 수업을 거부하는 공재, 유생 전원이 성균관에서 뛰쳐나와 수업을 거부하는 공관 등의 형식으로 지배계층에 맞서기도 하였다. 이러한 사기 배양교육은 국왕과 특권 관료층의 전횡과 횡포를 어느 정도 제한하는 데 이정한 역할을 하였다.

(3) 교육제도

▶ 관학

성리학을 국가의 이데올로기로 내세운 조선은 초기부터 성리학을 교육하는 교육기관 설치에 온힘을 다하였다. 고려시대에 존재하였던 교육체제를 바탕으로 체제정비를 더욱 강화하였다.

조선시대 국가의 최고교육기관은 성균관(成均館)이다. 성균관에는 여러 가지 부속건물이 있는데, 특히 대성전(大成殿)[문묘(文廟)]과 명륜당(明倫堂)을 중심으로 제사와 교육 기능을 겸비하였다. 교육의 목적은 고급 관리를 배출하는 일이었고, 입학 자격은 과거시험의 소과에 합격한 생원(生員)과 진사(進士)를 원칙으로 하였다. 왕족의 자제들을 교육시키기 위해 세종 11년에 종학(宗學)을 설립하였고, 재직 관료들의 재교육을 위해 독서당을 설치하였다. 성균관보다 약간 낮은 단계의 관학으로 사부학당[四學]을 서울에 설치하였고, 지방에는 향교를 설치하여 인재를 양성하였다. 지금의 실업교육에 해당하는 잡과교육도 있었는데, 각기 소속된 관아에서 자체적으로 교육을 담당하였다.

국가 최고교육기관인 성균관은 국학, 태학, 국자감, 반궁(泮宮), 현관(賢關) 등 다양한 명칭으로 쓰인다. 이 중 반궁은 절반은 물이 흐르는 궁이라는 의미인데, 성균관 터는 반드시 물이 둘러 흐르는 곳을 택하는 것이 전례이다. 대개 동쪽에서 서쪽 문쪽으로 물이 흐르고 북쪽엔 물이 없으므로 반궁이라고 하였다. 현관은 『한서(漢書)』에 "대학은 어진 선비가 되는 관문이다."라는 말에서 붙인 이름이다.

태학인 성균관이 발달한 내력을 보면 다음과 같다. 태조 6년(1397년) 봄 3월에 태학을 경영하기 시작하였는데, 서울의 동북쪽 모퉁이에 터를 정하고 여흥 부원군 민제(閔霽)에게 명하여 관장하게 하였다. 태조 7년(1398년) 가을 7월에 성균관의 문묘를 낙성하였는데, 문묘에 종향(從享)한 제현(諸賢)은 한결같이 중국의 제도를 따랐고, 동국의 제유(諸儒) 종사(從祀)는 고려의 제도에 의거하였다. 성균관에는 지관사(知館事) 이하의 관원을 두었고, 학전(學田)을 두어 자성(粢盛)을 이바지 하고 생도를 먹이며 조세와 요역을 면제하여 쇄소(灑掃)와 사령(使令)에 응하게 하였다.

임금이 문선왕[공자]를 친히 제사지내고자 하여 좨주(祭主) 민안인(閔安仁)에게 전례를 밝게 익히게 하고 악기(樂器)를 수리하도록 명하였다. 또한 명륜당을 문묘 북쪽에 건립하였다. 그리고 성균관 제조(成均館 提調) 정도전·권근에게 4품 이하와 유사를 모아서 경사(經史)를 강습하게 하였다.

이처럼 조선시대는 고려시대와 달리 초기부터 성균관의 규모를 갖추고 국가 인재 양성에 매우 적극적이었다. 성균관의 주요 시설로는 가장 중요한 건물인 대성전(문묘)과 명륜당을 비롯하여, 명망있는 유학자들의 신주를 모시고 있는 동무와 서무가 있고, 학생들이 기숙하면서 공부하는 공간인 동재와 서재, 도서관에 해당하는 존경각, 선현들의 아버지를 모신 사당인 계성사(啓聖祠), 그 이외에도 서리청(書吏廳), 제기고(祭器庫), 포주(庖廚), 식당 등 성균관 운영에 필요한 제반 시설이 갖추어져 있었는데, 건물의 총 칸수는 1,000칸 정도나 되었다.

특히, 대성전은 문묘라고 하고, 성균관의 핵심 건물로 종교제사적 기능하였는데, 내부는 다음과 같이 구성되어 있다. 대성지성문선왕(大成至聖文宣王)은 공자를 지칭하는 말이고, 자리는 정위(正位)로 남쪽을 향한다. 공자를 배향(配享)하는 인물로는 네 사람의 성인이 있는데, 안자(顔子), 증자(曾子), 자사(子思), 맹자(孟子)가 그들이다. 연국복성공(兗國復聖公)으로 불리는 안자는 동쪽의 제1위 자리에서 서쪽을 향하고 있고, 성국 종성공(郕國宗聖公)으로 불리는 증자는 서쪽의 제1위 자리에서 동쪽을 향하고 있다. 기국술성공(沂國述聖公)으로 불리는 자사는 동쪽의 제2위 자리에서 위치하고, 추국아성공(鄒國亞聖公)으로 불리는 맹자는 서쪽의 제2위 자리에 있다.

국가에서는 성균관 운영에 필요한 경비를 위하여 학전 400결을 주었고, 종이의 원료가 되는 닥나무를 심을 산판을 20리나 주었으며, 성균관 유생들의 부식물을 공급하기 위해 어장도 떼어 주었으며, 노비 50명도 배속시켰다. 이처럼 성균관의 정비는 유교의 교육체제가 상당히 규모 있게 정돈되었음을 보여준다.

한편, 성균관보다는 규모가 적고 약간 낮은 단계의 교육기관이었지만, 서울에 있는 양반지배층의 자식들 교육을 위해 4부학당[4학]이 설치되었다. 4부학당은 고려시대 5부학당을 계승하여 서울에 동부, 서부, 북부, 남부, 중부에 각각 학당을 세웠는데, 성균관과 교육의 방침과 내용 및 교수법은 거의 비슷하지만 문묘가 없고 규모면에서 작았다. 1465년 북부학당을 없애고 동학, 남학, 서학, 중학 등 4개만을 만겨 4학으로 개편하였다(「세조실록」권38 12년 1월).

4학 가운데 동학, 서학, 남학에는 문벌이 높은 양반 자식들을 수용하였고, 중학에는 중인계층의 자식들을 수용하여 교육하였다. 이는 서울에서 주민들의 거주 지역을 계급신분적으로 구분한 것과 연관되어 있었다. 성균관과 마찬가지로 국가에서는 4학의 유지에 필요한 경비를 충당하기 위해, 각각의 학마다 학전 10결과 노비 10명씩을 배속시켰고, 4학에는 하급 실무일군으로 서리 2명씩을 배치하여 학교 관리를 맡아보게 하였다.

태조는 1392년 즉위 후, "중앙의 국학과 지방 향교들의 학생 수를 늘리고 공부를 잘 하도록 장려하여 인재를 길러내라."는 조서를 발표하였다. 즉 임금의 덕을 전국 방방곡곡에 퍼트리려고 향교를 세우고 학생을 모아 경서를 가르쳤는데, 주·부·군·현에 모두 향교를 세우고 학문을 장려하였다. 특히, 중앙에서 멀리 떨어진 제주도에 우선 향교를 설치하도록 하였다. 이는 중앙 정권을 반대하는 제주도 백성들의 투쟁이 세차게 벌어진 사정을 고려하여 그들에게 유교 성리학의 영향을 주어 중앙 정권에 복종시키려는 목적이 있었다. 아울러 아직 향교가 없던 내륙 지방 고을에 향교를 새로 설치하고 파괴되었던 향교들을 복구하였는데, 북부 변방의 공주, 갑산 등의 지역에까지 향교를 설치하여 유교교육이 전국에 침투되게 하였다. 이러한 향교의 정비로 인해, 15세기 후반기에는 전국적으로 334개의 향교가 생겨 교육이 크게 번성하였다(홍희유·채태형, 1995: 97). 향교는 임진왜란 전까지 매우 번창했으나 병란이 자주 일어나 국가의 재정이 궁핍해 지면서 쇠퇴하게 되었다. 이에 교육기관으로서 기능은 상실하고 문묘 제사를 지내는 형식적 기관으로 전락하게 되었다.

그렇다고 하더라도 향교는 학교교육기관으로서의 역할뿐만 아니라 민간에 도덕적·예의적 향풍을 수립하는 사회교육기관으로서의 책임도 부여되어 있었다. 즉 교육자를 중심으로 지방의 문화를 지도하고 향상시키는 일로 이는 향교 교관의 임무였다. 예를 들면, 특별 강습을 행한다든가, 향음례(鄕飮禮)나 향사례(鄕射

禮), 양노례(養老禮) 등 나이 많고 덕행 있는 사람을 모시고 술과 음식을 대접하며 예를 배움으로써 지역사회를 교화하는 데 중요한 역할을 하였다. 향음례의 절차와 대강을 살펴보면 다음과 같다(『증보문헌비고』「학교고」).

◇ 향음주의 ◇

◆ 매년 10월에 주현(州縣)에서 좋은 날을 골라서 주인이 나이가 많고 덕행이 높은 사람을 손님으로 맞이한다.

◆ 그날에 주인이 학당 문밖에서 손님을 맞이하는데, 의식을 돕는 자가 예절을 갖추어 들어오면, 여러 손님이 따라 들어와 마루 위로 오른다.

◆ 손님이 두 번 절하면 주인이 답하여 절하고 여러 손님이 다 같이 두 번 절하면 예를 행하고 자리에 앉는다.

◆ 풍악을 울리고 주인이 손님에게 술을 올리면 손님이 주인에게 답하여 잔을 올린다. 술잔을 다섯 차례 돌리고 난 뒤에 손님과 주인이 모두 일어선다.

◆ 여러 사람이 추앙하고 복종하는 사람 중에서 사정(司正)을 뽑아 다음과 같은 계(戒)를 읽는다.

"우러러 생각하건대, 국가에서 예법에 따라 예교(禮敎)를 숭상하여 이제 향음례를 거행하니 음식을 먹고 마시기 위한 자리만은 아니다. 어른과 어린 아이는 각각 서로 권하고 힘써서 나라에 충성하고 부모에게 효도하며 안으로 집안에 화목하고 밖으로 향당에 친밀하며 서로 일러주고 서로 가르쳐서 혹시라도 잘못된 허물로 인생을 치욕스럽게 함이 없게 하라."

◆ 자리에 있던 사람이 모두 처음처럼 두 번 절하고, 손님이 내려서 나오면 여러 손님이 따라서 나오고, 주인이 문밖에서 전송하기를 보통 예식과 같이 한다.

이외에도 조선시대에는 왕실 귀족들의 자식들을 공부시키기 위한 특수교육 기관으로서 종학을 별도로 설치하였고, 관리들의 재교육을 위하여 독서당을 운영하였다(홍희유·채태형, 1995: 98).

종학은 1435년에 처음으로 설치하였는데, 여기에는 왕족, 대군급 이상의 왕실 귀족과 그 자식들을 수용하였다. 교육은 성균관 사성 이하 전적 이상급의 성원들이 담당하였다. 그러난 종학에 다니는 왕실 귀족의 자식들은 상당수가 고기 어(魚)와 노나라 노(魯)와 같은 글자조차도 구별하지 못할 정도로 학업에 태만하였다고 한다(「성종실록」 권27 11년 11월 신묘). 이러하다보니 1492년 「종학권장절목」까지 만들어 그들의 학업을 장려하려고 하였으나 성과를 거두지 못하고 폐지되고 말았다.

독서당은 재직 관리들에게 장기 휴가를 주어 학습하게 하던 일종의 관리 재교육제도로 15세기 중엽부터 운영되었다. 세종 시기에 우수한 학자들을 집현전에 집결시켜 정치, 경제, 문화, 등에 관한 문제들을 연구 토론하게 해오던 조정에서는 학자들의 실무적 자질을 높여주기 위해 그들 가운데 5~6명씩 선발하여 휴가를 주거나 사찰이나 기타 적당한 곳에 가서 학업에 전념하게 배려하였다. 이를 사가독서 혹은 호당독서라고도 하는데, 사가독서하던 곳을 독서당이라고 하였다(『신증동국여지승람』 권3).

이러한 독서당은 한강 연안의 두모포, 혹은 용산 그리고 서울 근교의 장의사 등지에 설치되어 있었다. 건물의 규모는 20칸 정도로 작은 편이었다.『경국대전』에 의하면, 정3품의 통훈대부 이하급의 우수한 문신 가운데 추천된 관료들이 정부의 승인을 받아 호당에서 독서하게 되었는데, 그들은 6개월을 기간으로 교대하였다. 독서 기간에 학습한 것을 특별히 외우거나 글을 짓게 하여 성적을 매긴 다음 월초와 월말에 정부에 보고하게 되어 있었다(『대전회통』 권3). 관료 재교육기관으로서 독서당 제도는 수시로 중단되는 때가 많았으나 조선시대 말까지 유지되었다.

성리학을 중심으로 하는 유교교육 이외에도 조선시대에는 전문 분야의 지식을 가진 인재 양성에도 심혈을 기울였다. 이러한 전문기술 교육은 전문적인 교육기관에서 행해진 것이 아니라 중앙의 해당 관청들과 지방의 관청에서 진행하였다(홍희유·채태형, 1995: 99).

중앙의 관청에서 행해진 교육으로는 사역원의 외국어 교육, 전의감과 혜민서의 의학교육, 관상감의 천문교육, 호조의 산학교육, 형조의 법률교육, 도화서의 미술교육 등을 들 수 있다. 일부 지방의 관청에서는 한어, 여진어, 일본어와 같은 외국어 교육과 의학, 법률교육 등이 이루어졌는데, 특히, 의학과 법률교육은 생활에 중요한 사안이었기 때문에 대부분의 지방 관청에서 이루어졌다.

전문기술 교육은 중인 또는 서리계층의 신분에 속한 사람들이 주로 담당하였고, 공부하는 학생도 그러한 신분층에서 대대로 계승하는 경우가 많았다.

▶ 사학

조선시대에는 관료제도가 발달하면서, 교육의 수요가 더욱 증가하여 사학도 발달되고 번창하였다. 대표적인 사학으로는 서원(書院)과 서당(書堂)이 있다.

서원은 조선 초부터 시작된 새로운 형태의 교육기관이다. 서원은 선현을 존숭하고 선비를 교육하려는 두 가지 목적을 지니고 있었다. 즉 학덕이 높은 선현을 제사하고 그 학덕을 본받고 계승한다는 윤리적 측면과 그 학통을 따라 교육한다는 교육적 측면을 지니고 있었다. 그러면서도 현실적으로는 과거 준비를 위한 교육이 이루어지면서 여러 가지 병폐를 낳기도 하였으나, 날로 발전하자 국가에서도 인정해 주어 풍기군수 주세붕이 세운 백운동 서원은 최초의 사액서원이 되기도 하였다. 퇴계 이황은 서원의 장점을 다음과 같이 말하였다.

왕궁 수도에서 전국 각 군에 이르기까지 학교가 없는 곳이 없다. 그런데 서원에서 무엇을 얻을 수 있기에, 중국에서는 서원을 저와 같이 숭상하였는가? 은거하여 뜻을 구하는 선비와 도를 강론하고 닦는 사람들의 특징은 세상에서의 경쟁을 싫어하여 책을 붙들고 한적한 들과 고요한 물가에 숨어 살면서 선왕의 도를 칭송하고 그 덕을 쌓고 그 어진 행동 익히기를 생각하고, 이것을 즐거움으로 여기기 때문에 서원에 나가는 것이다. 국학이나 향교는 서울이나 성곽 안에 있고 학령으로 인한 구속이나 다른 물건에 대한 욕망에 거리낌이 있으니, 서원의 교육과 비교해 볼 때, 공적과 효과가 같다고 할 수 없다. 선비의 배움은 이런 교육환경을 지닌 서원에서 힘을 얻을 뿐만 아니라 국가가 어진 선비를 얻는 것도 반드시 서원에서 하게 된다면 서원교육은 관학보다 나을 것이다.

　서원은 이름난 학자 관료를 숭배하고 청년·자제들을 모아 학문과 덕행을 연마하는 수도장이었다. 그러기에 위치가 한적하여 수양하기에 좋고, 학칙과 학령에 의한 구속이 없어 관학과는 다른 교육적 측면이 있었다. 즉 개인으로서 참된 학문 연구를 할 수 있을 뿐만 아니라 국가적 차원에서도 훌륭한 인재를 양성할 수 있다고 판단하였다.

　그런 인식 하에 명종 5년(1550년), 왕은 최초의 서원이라고 불리는 소수서원(紹修書院)의 현판을 내려 주었다. 이 서원은 경상도 순흥현 백운동, 현재의 경북 영주에 있다. 그 후 서원은 다음과 같은 흥망성쇠를 거듭하게 된다.

　조선에는 원래 서원이 없었으나 중종 37년(1542년)에 주세붕이 풍기군수가 되어 풍기 순흥에 주자학을 전래한 고려의 안향이 예전에 살던 곳이 있어서 그 터에 소수서원을 창건하였다. 이에 선비들이 학문하는 마음을 항상 품고 수습하는 곳으로 삼았다. 퇴계 이황이 주세붕을 이어서 군수가 되어 조정에 건의하기를 현판을 내리고 책과 토지와 노비를 지원해줄 것을 청했다. 명종이 이를 허락하고 또 대제학 신광한에게 명하여 글을 지어 기록하게 하였다. 이에 선비가 다투어 사모하고 본받아서 서원이 점점 성하였다. 특히, 예안의 도산서원과 해주의 소현서원이 두곽을 나타내었다. 나중에는 서원이 더욱 많아져서 대부분의 주현에 두루 있었다. 효종 때에 서필원의 상소로 조정에서 설립 금지를 논의하였고, 숙종 40년(1714년)에 개인적으로 설립하는 것을 제도적으로 금지하였으며, 영조 17년(1741년)에는 숙종 40년 이후 개인적으로 세운 서원을 철거했다. 그 외에 기존에 있던 서원은 조정에서 우대하지 아니한 적이 없었다. 선조께서 일찍이 어필로 배천의 문회서원(文會書院)의 현판을 써서 내렸는데, 임진왜란 때 불타자 숙종이 다시 어필로 그 현판을 써서 내렸으며, 청주의 화양서원(華陽書院), 상주의 흥암서원(興巖書院)도 모두 숙종의 어필이다. 영조 때에도 양주의 도봉서원(道峯書院)에 현판을 써서 내렸다. 이로 볼 때, 조선의 조정이 얼마나 학문을 숭상했는지 알 수 있다.

　이런 서원에 대한 지원 정책은, 향교의 학생들이 서원이 지닌 분위기를 알고서 공부의 장소를 옮겨가게 되면서 향교가 쇠퇴하는 원인이 되었다. 뿐만 아니라 특별한 규제가 적다보니 서원에서 모여서 놀고먹기를 일삼는 일이 잦아지게 되고, 서원은 균역의 도피처가 되기도 하였다. 나중에는 서원에서 모시는 선현들의 사상적 이념에 따라 당쟁의 원인을 제공하는 등 폐해가 적지 않았다. 이에 고종 8년(1871년)에 흥선대원군 이하응은 679개나 되던 서원을 47개만 남기고 모두 헐어 버렸다.

서당은 범계급적인 초등 수준의 교육기관으로 규모와 수준, 성격이 매우 다양하였다. 대개의 경우, 4학과 향교에 입학할 수 있는 수준의 교육을 하였고, 서민의 문자교육과 마을의 도덕적 기풍 진작 등 교화 기능을 지니고 있었다.

설립 종류별로 구분해 보면, 훈장 자신이 자기의 생계나 교육적 취미 상 스스로 설립한 '훈장 자영 서당'과 마을에서 집안이 넉넉한 사람이 자기 집안의 자식교육을 위하여 훈장을 초빙하여 가르치는 '유지 독영 서당', 몇 사람이 자제교육을 위해 모여서 조합을 만들고 훈장을 초빙하는 '유지 조합 서당', 한 마을의 구성원 전체가 조합을 만들고 훈장을 초빙하여 마을 아이들을 가르치는 '마을 조합 서당'이 있었다.

서당은 대개 훈장과 접장, 학동으로 구성되는데, 훈장의 실력은 천차만별이었다. 접장은 훈장이 모든 학생을 다 가르칠 수 없을 때, 연령과 학력이 우수한 학동 중에서 훈장을 대신할 만한 이를 세우는 것이다. 접장은 자신이 훈장에게 배우는 동시에 자기보다 뒤떨어지는 학동을 가르치고 지도한다.

서당에서 배우는 학과목은 『천자문』이나 『동몽선습』, 『통감』, 『소학』, 사서, 삼경, 『사기』 등이 보통이었고, 『춘추』나 『예기』, 『근사록』과 같은 경전을 읽힌 곳은 드물었다. 글을 짓는 수준도 오언, 혹은 칠언 절구 수준이었고 작문 공부를 하지 않은 곳도 많았다. 또한 글씨를 익히는 습자 연습도 필수적으로 이수했다.

이처럼 서당은 초등 수준의 교육을 실시한 곳으로 도덕윤리 교육과 문자계몽 교육, 지역민 교육의 차원에서 중요한 역할을 하였다. 동시에 4학이나 향교와 같은 상급학교 진학준비 교육의 기능도 있었다. 즉 대중적 차원의 학문적 기초를 교육을 통해 보급하는데 기여했다고 판단된다. 교수법은 '주입식을 타파하고, 연구력을 배양하며, 엄격한 규정을 지키게 하고, 끈기 있는 노력을 다하게 하고, 긴 장된 심신을 가다듬게 한다'는 점에서 간명하고 치밀하며 엄밀한 가치가 있었다.

예컨대 '갱신고(更辛苦)'의 경우, 아이들을 가르칠 때 먼저 법을 정하여 교육방 법의 합리적 차원을 제시한다.

> 글은 짧고 간단한 아이들 수준에서 알만한 것을 주고, 반드시 스스로 풀게 하 되 급히 풀게 하지 말며, 제대로 이해하지 못하여 맞지 않으면 다시 풀게 하고, 또다시 이해하지 못하여 맞지 않으면 다시 풀게 한다. 두 번 세 번 이해하고 풀면 통하지 않는 아이가 없다. 이와 같이 하여 차차 익혀 가면 글을 이해하고 푸는 방법을 알게 된다. 글을 이해하고 풀어나갈 때 반드시 글의 양을 줄여야 하는데, 다섯 줄 정도를 감당할 수 있다면 세 줄 만에 그치고, 점차로 열 줄 이 상으로 나아가게 한다. 내일 배울 것은 먼저 살피게 하고, 아이들 수준에 맞는 글을 정하여 통달한 후에 나와서 교육을 받게 하고, 배우기를 싫어하거나 생각 하지 않는 아이는 물리치고 꾸짖고 벌하여 반드시 스스로 힘쓰게 한다. 이렇게 하면 어리석고 미련하여 할 수 없는 자는 할 수 없겠지만, 일반적으로 입학한 지 십수년 내에 경서를 통달하지 못하는 아이는 없을 것이다.

'순승척(循繩尺)'의 경우에도 유사한 교육방법적 차원을 보여준다.

> 반드시 정통하게 외운 후에 가르치고, 통하지 못했으면 물리치고 다시 읽게 하 여 다음 날까지 알게 하고, 다시 제대로 통하지 않은 아이는 반드시 벌하고 미 봉책을 쓰지 말아야 한다. 해석까지 외우게 하되 반드시 돌아 앉아 외우게 하 며, 배울 때에는 꼭 꿇어앉아 자세를 반듯하게 하고, 글자를 또박또박 짚어가 게 하고, 하루 읽는 횟수를 정하고 한 번에 읽는 편수를 정하여 어기는 아이는 벌을 준다. 예를 들어 20편을 읽겠다고 스스로 규정해 놓은 경우, 20편을 못 읽어도 안 되고, 20편을 넘어도 안 된다. 왜냐하면 한 번 정한 한도를 넘으면 못 읽는 일도 있어 스스로의 약속을 깨는 결과를 가져오기 때문이다.

(4) 과거제도와 학교교육

조선시대의 과거제도는 고려의 과거제도를 이어서 발전시켰다. 조선시대 과거에는 문과(文科), 무과(武科), 잡과(雜科)와 문과의 예비시험으로 생원시(生員試)·진사시(進士試)가 있었다. 이 중 무과는 조선시대에 새로 실시된 과거였다. 문·무과와 생원시·진사시는 양반들이 주로 보는 시험이었고, 잡과는 중인들이 많이 보았다. 그러나 조선 후기에 와서는 무과가 남발되어 일반 낭인들 뿐만 아니라 천인들까지도 많이 응시하였다.

조선시대의 과거시험은 법제상으로는 천인이 아니면 결격사유가 없는 이상 누구나 과거에 응시할 수 있는 것으로 되어 있었다. 그러나 실제로 신분상 아무런 차별이 없었다고 말하기는 어렵다. 문과나 생원·진사시의 경우, 다음에 속하는 자는 응시에 제한을 받았다. '죄를 범하여 영원히 임용할 수 없게 된 자, 소송 기한을 일부러 질질 끌어 어기는 자, 관리가 형벌을 남용하여 피의자를 죽게 한 경우, 공물을 대납한 자, 국가재정을 횡령한 관리의 아들, 두 번 시집갔거나 행실이 좋지 못한 부녀자의 아들과 손자, 서얼의 자손 등이 그에 속했다. 향시의 경우, 각 지방별로 치르는 시험이다 보니, '해당 도에 살고 있지 않은 자나 현직 관리'에게는 응시 자격이 제한되었다.

시험은 초시, 복시, 전시의 3회로 나누어서 행하여졌는데, 정기적으로 보는 식년시와 경사가 있을 때 보는 특별시가 있었다. 생진과[생원시·진사시]는 '소과'라고도 하는데, 합격자는 성균관에 입학할 수 있는 자격과 하급 문관에 등용될 수 있었고, 문과의 응시 자격을 부여하였다. 문과는 고급 문관의 등용자격시험으로 '대과'라고 하며, 오늘날의 고등고시와 비교할 수 있다. 무과는 용호방이라고도 하며, 소과와 대과의 구분이 없이 단일과이다. 잡과는 기술직의 관리 등용 자격시험으로, 잡직에 근무하는 중인계급의 자제를 대상으로 응시케 하였다.

시험문제는 시관들이 이른 새벽에 한 자리에 모여서 상의하여 출제하였다. 이미 출제되었던 문제나 명나라에 저촉되는 글, 집권자를 비방하는 문제를 냈을 때는 시관을 인책·유배하였다. 또한 과거시험 답을 쓰는 데에 일정한 양식이 있는데 그것에 어긋나면 합격할 수 없었다. 예를 들면, 생원시·진사시의 답안은 반 드시 정자체인 해서(楷書)로 작성해야 하고, 노장사상이나 불교, 또는 순자(荀子), 음양서(陰陽書) 등 이단의 학설을 인용하지 말아야 한다. 이외에도 붕당(朋黨)을 언 급해서도 안 되고, 국왕이나 역대왕의 이름을 범해서도 안 되며, 신기하고 기괴 한 문자를 쓰지 말아야 했다. 특히, 책문(策問)에서는 먼저 시제(試題)를 베껴 쓰고 초·중·종장의 첫 머리에 '신이 엎드려 해독해 보건데[臣伏讀]'라는 세 글자를 써야만 한다. 그리고 출제된 문제와 자획이 다르거나 한 자라도 빠뜨리면 안 된 다. 이렇게 하여 시험에 합격할 경우, 생원·진사는 입격(入格)이라고 하고, 잡과 는 출신(出身)이라고 하며, 문·무과는 급제(及第) 또는 출신(出身)이라고 하였다.

과거제도는 국왕이 모든 백성들에게 응시 자격을 주어 유능한 관리를 뽑아 쓰기 위한 제도적 장치로 다음과 같은 몇 가지 특성을 지니고 있다.

첫째, 과거는 전제 왕권 확립을 위한 수단으로 운영된 제도이다. 즉 군현제 라는 정치체제에서 왕이 모든 지역을 직접 다스릴 수는 없었다. 특히 지방에 관 료를 파견하여 직접 통치하는 중앙집권적인 통치방식을 취해야 했다. 이 때문에 관료들이 필요하였다. 과거는 바로 국왕이 이러한 관료들을 선발하는 국가시험 제도였다.

둘째, 과거제도는 능력주의에 바탕을 둔 개방적 선발방법이다. 관료나 관리 를 선발하는 데는 '혈통과 능력'이라는 두 가지 큰 기준이 있다. 혈통주의가 기득 권층의 특권을 보장해주는 폐쇄적 관리 선발방법이라면 능력주의는 능력 있는 신료를 확보하는 개방적 관리 선발방법이다. 이런 점에서 과거는 신분사회에서 의 음서제나 과전제 등을 개혁하고, 능력 있는 새로운 관료들을 선발함으로써 국 가의 발전을 꾀하려는 제도였다.

셋째, 과거제도는 문치주의(文治主義)와 관련이 깊다. 즉 문신이 국가의 정치 를 주도하는 문치주의를 기초로 형성되었다. 문과, 무과, 잡과 중 문과를 가장 중 시하였다. 그러므로 문과에는 예비시험인 생원시·진사시가 특별히 있었고, 이른 바 관학인 성균관, 향교, 4학은 이 문과를 준비하기 위한 교육기관이었다.

넷째, 과거제도는 신분사회의 제약을 반영하고 있었다. 노비나 천인은 과거에 응시할 수 없었다. 서자도 마찬가지였다. 일반 백성들은 과거에 응시할 수 있었으나 실제적인 경제적 여건이나 교육환경 등의 제약 때문에 오랜 시간이 걸리는 과거시험 준비에 불리하였다. 그러므로 사실 양반을 끊임없이 재생산하는 계급질서유지의 수단으로 기능하였다.

교육은 본질적 가치와 수단적 기능, 교육 목적의 내재설과 외재설이 늘 함께한다. 교육은 그 자체가 목적이기도 하지만 수단이기도 하다. 과거제의 경우 수단적 가치로서 인재 선발이라는 목표를 지향한다. 이것은 유학 자체의 이상이자 목적인 성인군자의 양성에 비해 수단적 가치에 치중해 있다. 그러나 유학은 치자(治者: 관료)가 바로 군자라는 인간상을 전제로 성립하는 학문이다. 따라서 교육의 목적과 수단은 명확하게 분리될 수 없다.

총체적으로 볼 때, 과거제도는 다음과 같은 교육양식을 지향했다고 판단된다.

첫째, 국가의 교육은 기본적으로 '과거'를 통해 인재를 양성하기 위한 수단적·외재적 가치에 무게 중심을 두고 설정되었다.

둘째, 과거의 종류에 따라 과목을 규정함으로써 교육의 내용을 제한하여 전공 영역의 발달을 지향했다.

셋째, 한계는 있지만 형식적으로라도 응시 자격을 개방하고 능력에 따라 인재를 선발할 수 있도록 했다.

넷째, 과거제도 자체가 유학을 중심으로 설정되어, 한국교육의 형식적·제도적 발전이 유학교육에 치중하고 있다.

과거로 인재를 선발하는 제도를 개인적 차원과 사회적 차원으로 나누어 보면 다음과 같이 이해할 수도 있다(김경용, 2003: 310). 개인적으로는 공개경쟁을 통해 입신양명하는 통로이다. 사회적으로는 사회에 본보기를 제시하고 사회의 각 부문과 영역에서 이 본보기를 따르도록 하는 작업이기도 했다. 즉 유교경전에 파묻혀 있는 관념적 이상형이 아닌, 실존하는 모범적 인간형을 선보이고 이에 따르도록 하는 사회교육적 성격을 지녔던 것이다.

(5) 교육 법규

조선시대는 교육기관이 발달하면서 다양한 교육 법규가 나타났다. 조선조 통치의 기본 법전인 『경국대전』「예전(禮典)」에는 여러 부류의 과거시험 규정을 비롯하여 교육과 관련한 다양한 규정을 마련하고 있다. 무엇보다도 최고교육기관인 성균관에서는 규정과 규범을 정비하여 교육을 하였다.

성균관의 직원은 지사, 동지사, 대사성, 제주, 사성, 사예, 사업, 직장, 전적, 박사, 학장, 한록, 향유 등의 등급으로 이루어져 있고, 제각기 맡은 임무를 수행하였다. 지사와 동지사는 다른 기관의 고위급 관리들이 겸임하기로 되어 있었고, 직장 이상의 관리가 실제 교육을 담당하였다. 특히, 대사성은 성균관의 실질적인 총책임자로서 매일 학생들에게 직접 유교경전과 역사 서적을 강의하면서 인재 양성을 담당하였다. 대사성을 비롯하여 제주, 사성, 사예, 사업 등은 교육을 직접 담당하는 관리였기에, 학술적으로나 인격적으로 명망이 높은 선비들 가운데 선발하여 임명하였다.

성균관의 학생 정원 수는 200명이었다. 생원과 진사만으로 정원이 차지 않을 때는 4학의 학생 가운데 15세가 넘은 자로 『소학』과 사서 가운데 어느 한 경전에 통달한 자를 선발하여 보충하게 되어 있었다. 아울러 공로가 있는 집의 맏아들로서 『소학』에 통달한 자와 생원시, 진사시, 한성시에 합격한 벼슬아치로서 과거에 응시하기를 원하는 자들로 보충하기로 하였다. 다시 말하면, 성균관 유생은 진사, 생원 등 문관들을 시험하여 뽑는 문과시험에 응시할 자격을 가진 자들을 기본적으로 수용하되, 정원이 채워지지 않았을 경우에 얼마간의 보결생을 뽑아 수용하였다. 성균관의 입학 자격을 문과시험 자격자인 생원, 진사로 규정한 것은 성균관이 관리 양성을 위한 국가의 최고교육기관이라는 점과 연관된다. 동시에 보결생을 제도를 둔 것은 단순히 정원을 보충하려는 데만 목적을 둔 것이기보다는 유생들의 향학열을 불러일으키기 위한 일종의 장려책이기도 하였다(홍희유·채태형, 1995: 105-106).

성균관 유생들은 재에서 기숙하면서 학습을 하게 되어 있었는데, 이를 엄격하게 통제하기 위한 여러 규정을 마련하였다. 예를 들면, 재에서 기숙하면서 학습한 날짜가 300일이 된 자에 한하여 정기적으로 진행하는 식년시 문과초시에 응시할 자격을 주었다. 시험점수가 동일할 경우에는 성균관 재에서 기숙하면서 학습한 날짜가 많은 사람을 우선 합격시켰다(『대전회통』 권3).

학습을 평가하는 시험제도는 매년 3월 3일과 9월 9일 두 차례씩 실시하는 년고(年考), 매월 치르는 월고, 열흘에 한 번씩 시험을 보는 순고(旬考), 매일 시험을 보는 일고가 있었는데, 성균관에서는 학령(學令)을 마련하여 학생들의 일과, 성적, 벌칙 등을 규정하였다. 학령은 다음과 같이 규정하고 있다.

- 매월 초하루 날에 유생들은 관대를 갖추고 문묘의 뜰에 나아가 알성하여 사배례(四拜禮)를 행한다.
- 매일 공부할 때에, 학관(學官)이 명륜당에 가지런히 앉으면 유생이 읍례 행하기를 청한다. 북을 한 번 울리면 유생들이 차례로 뜰에 들어와서 읍례를 행하고, 마치면 각각 재[기숙사]의 앞으로 나아가서 서로 마주 보고 읍하고 재로 들어간다.
- 다음에는 유생이 학관 앞에 나아가서, 읽은 책 중에서 추첨하여 강독을 시험하는 일강(日講) 행하기를 청하고, 상재·하재에서 각각 1인씩을 뽑아 읽은 글을 강한다. 통(通)한 자는 세초(歲初)에 획수를 통틀어 고찰하고 과거를 보는 식년에 강서(講書)한 획수를 합계하며, 통하지 못한 자는 벌을 주어 초달(楚撻)한다.
- 북을 두 번 울리면 유생들은 읽은 책을 가지고 각각 사장(師長)에게 간다. 먼저 이전에 배운 내용 중 어렵고 의심스러운 것을 묻고 토론하며 분변한 뒤에 새로운 내용을 배운다. 많이 배우기만을 힘쓰지 말고 정밀하게 연구하는 것이 중요하며, 혹시라도 책을 대함에 흐리멍텅하거나 꾸벅꾸벅 졸아서 가르침을 받는데 유의하지 않는 자는 벌한다.
- 유생들의 독서는 먼저 의리(義理)를 밝히고 만변(萬變)에 통달해야 한다. 모름지기 장구(章句)에 빠져들어 글 자체에 갇혀서는 안 된다. 항상 사서(四書)·오경(五經) 및 제사(諸史) 등의 글을 읽으며, 노자(老子)·장자(莊子)·불경과 같은 잡류(雜類)와 백가자집(百家子集) 등의 책을 끼고 다녀서는 안 되며, 어기

는 자는 벌한다.

- 매월 실시하는 제술(製述)은 초순에는 의의(疑義) 혹은 논(論)으로 하고, 중순에는 부(賦)·표(表) 혹은 송(頌)·명(銘)·잠(箴)으로 하며, 하순에는 대책(對策), 혹은 기(記)로 한다. 그 체제는 모름지기 간결하고 엄격하며, 정밀하고 절실하게 말을 전달하는 것을 요할 뿐이요, 험벽하고 기괴함을 일삼지 말아야 한다. 만일 당시의 문체를 변경하고 부미(浮靡)한 것을 주창하여 인도한 자는 퇴출하고 글씨를 쓴 것이 바르지 못하면 또 벌한다.

- 유생들이 강경(講經)·구두(句讀)가 자세하고 분명하며 의론이 정통하고 활달하여 한 책의 강령과 뜻을 모두 포괄하여 종횡으로 여러 책을 넘나들면서 융회 관통하여 완전하다는 경지에 이르면 '대통(大通)'이라 한다. 비록 완전히 다하는 경지에 이르지 못하였어도 구두가 자세하고 밝으며 의논이 정통하고 활달하여 한 책의 강령과 의미를 모두 포괄하여 융회 관통한 것을 '통(通)'이라고 한다. 비록 융회 관통함에 이르지는 못하였더라도 구두가 자세하고 밝으며 해석한 뜻이 정통하고 활달하여 위와 연결되고 아래와 접할 수 있어 한 장의 큰 뜻을 얻는 것은 '약통(略通)'이라 한다. 구두가 자세하고 명백하며 해석한 뜻을 분명히 깨달아서 한 장의 큰 뜻을 얻었지만 의논이 다하지 못함이 있으면 '조통(粗通)'이라 한다. 이것 이하는 벌한다.

- 유생들이 성현을 논하는 것을 숭상하지 아니하고 혹은 형이상학적인 이야기를 좋아하여 이전의 현인들을 헐뜯고 조정의 정사를 비방하며, 혹은 재물이나 이익, 뇌물을 상의하고 주색(酒色)을 이야기하며 혹은 때에 따르고 세(勢)에 아부하여 벼슬에 나아가기를 꾀하는 자는 벌한다.

- 유생들이 죄를 지어서 오륜을 범하거나 혹은 예절을 잃어 행실이 어그러져 몸과 명예를 더럽힌 자가 있으면 유생들이 통지하고 의논하여 북을 울리며 성토하고, 심한 자는 종신토록 태학에 함께 참여하지 못하게 한다.

- 유생들이 혹 재주를 믿고 스스로 교만하거나 권세를 믿고 스스로 귀하다고 하거나 부를 믿고 스스로 자랑하면서 젊은이가 어른을 능멸하고 아랫사람이 윗사람을 능멸한 자와 혹은 호걸스럽고 사치스런 것을 숭상하여 복식이 남들과 어긋나거나 혹은 교묘한 말과 어여쁜 얼굴색으로 사람들을 기쁘게 하려고 힘쓰는 자는 내치되, 힘써 배우고 행실을 고치면 바로 중지한다.

- 유생들 가운데 나그네처럼 들락날락하며 국고만 허비하면서 수업도 안 하고

제술도 안 하며 글 읽기를 좋아하지 않는 자와 길을 가면서 말을 타고 다닌 자는 아울러 엄금하여 위반한 자를 벌한다.

· 매월 초 8일과 23일은 유생들이 의복 세탁을 청하여 알리면 허락한다. 그날 은 모름지기 예전에 배운 것을 익히고 활쏘기와 바둑·장기·사냥·낚시 등 여러 가지 놀이는 못하게 하며, 어기는 자는 벌한다.

· 생들은 길에서 사장(師長)을 만나면 몸을 보이고 길의 왼쪽에 서서 예를 갖춘 다. 사장(師長)이 말을 타고 지나가는 데 유생들이 몸을 숨기거나 얼굴을 가 리고 예를 행하기 꺼려하는 자는 벌한다.

· 매일 날이 밝기 전에 북이 한 번 울리면 유생은 자리에서 일어나고 밝아질 무렵 북이 두 번 울리면 의관을 정제하고 단정히 앉아서 글을 읽는다. 북을 세 번 울리면 차례로 식당에 나아가서 동쪽 서쪽으로 마주 향하여 앉아서 식사를 한 후 차례로 나온다. 차례를 지키지 않거나 떠드는 자는 벌한다.

· 유생으로 조행(操行)이 뛰어나고 재예(才藝)가 출중하며 시무에 통달한 자가 있으면, 한 두 사람을 매년 세초에 유생과 같이 의논하여 천거해서 학관에게 알리고 뽑아 쓰게 한다(『증보문헌비고』「학교고」).

서울에 설치한 4학과 지방의 향교들도 사정에 맞게 규정과 규범들이 정해져 있었다. 그러나 성균관 이외에 대부분의 교육기관은 성균관 '학령'을 기준으로 각 교육기관의 규모와 상황에 맞게 응용한 것으로 보인다.

서울에 설치한 4학의 경우, 성균관에 문묘가 있었기 때문에 별도로 문묘를 설치하지 않았다. 그러나 지방의 향교는 성균관을 대신하는 역할을 하기 때문에 문묘가 설치되어 있었다. 따라서 조선시대 향교는 성균관의 축소판으로 문묘인 대성전을 중심으로 명륜당, 동재, 서재 등과 그 밖의 부속 건물들로 구성되어 있 었다.

4학과 향교의 교원은 교수, 훈도 등으로 불리었는데, 이들 이외에 약간이 노 비들이 배속되어 잡다한 일을 맡았다. 4학의 교수와 훈도는 성균관의 전적 이하 성원들이 겸임하였고, 향교의 교수와 훈도는 해당 고을의 유학자를 채용하였다. 지방 유학자의 경우, 개별적으로 서당을 설치하여 운영하면서 향교의 교수나 훈도로 일하는 수도 있었다.

『경국대전』에 의하면, 4학은 수용 인원이 각 학당마다 100명으로 총 400명이었다. 향교의 경우 각 고을의 행정 등급에 따라 달랐다. 부, 대도호부, 목에 있는 향교는 90명, 도호부에 있는 향교는 70명, 군에 있는 향교는 50명, 현에 있는 향교는 30명을 수용하였다(『대전회통』 권3).

4학과 향교의 유생들은 매년 6월에 시험을 보게 하고, 매월 보는 시험인 월강은 물론 매일 보는 시험인 일강을 규칙적으로 수행하였다. 4학에서는 매년 6월에 각각의 학당에서 20명씩을 선발하여 남학에 모여서 시험을 보았다. 3품 이상의 문신 3명이 강론 또는 제술로 시험을 보고 성적이 우수한 자 10명을 뽑아 그들에게 생원 또는 진사 복시에 응시할 자격을 주었다. 향교의 경우, 각도의 관찰사들이 매년 6월 도내 향교에서 선발된 우수한 유생을 도회소에 집결시켜 놓고 문관 3명을 파견하여 강론 또는 제술로 시험을 보았다. 그리고 성적이 우수한 유생을 뽑아 정부에 보고한 다음 생원 또는 진사 복시에 응시하게 하였다. 특히, 향교에서는 월강 및 일강시험을 종합하여 관찰사에게 보고하는데, 관찰사는 향교를 순회하면서 다시 성적을 고사하여 학적부에 등록하였다가 성적이 높은 학생에게는 역을 면제시키는 표창을 하기도 하였다.

이외에도 다음과 같은 교육 관련 법규가 유명하다. 『소학』을 교육의 기초로 하여, 생원시 등에 『소학』을 시험과목으로 부과하자는 규칙으로 권근이 주장한 「권학사목」이 있고, 사학 교사를 관학에 채용하는 것과 아동을 강제로 관학에 옮기는 일이 없도록 규정한 법규인 「향학사목」이 있다. 또한 과목에 대한 진급과 학습할 과목 순서를 정해 놓은 것으로 학과를 9개로 편성한 「구재학규」도 있고, 신입생, 결석생, 학과, 자격 등에 관한 규칙인 「학교절목」, 학업이나 출결 상황 등 성적을 점수로 평가하는 「제강절목」과 「원점절목」이 있다. 서울 이외의 학교에서 교사의 채용, 교과목, 입학, 성적고사, 상벌 등에 관한 학규인 「경외학교절목」도 있다. 특히, 율곡 이이가 제시한 것으로는 교사와 학생에 관한 인사문제를 규정한 「학교사목」과 학생 수양에 관한 상세하고 구체적인 훈규인 「학교모범」도 있다.

이 중에서도 『학교모범』은 왕명으로 국왕에서 지어올린 만큼 공공성을 띠고 있고, 내용이 구체적이다. 율곡은 『학교모범』의 앞부분에서 그 취지를 잘 설명하고 있다.

> 자연의 질서에 따라 사람이 태어났고, 세상의 모든 사물에는 그에 합당한 법칙이 존재한다. 따라서 사람도 누구나 착한 본성을 부여 받았다. 그러나 가르치는 사람이 제 역할을 하지 못하고 교화 또한 제대로 이루어지지 않으면 교육이 제구실을 못하게 된다. 때문에 선비들의 성격이 얄팍해지고 양심이 마비되어 들뜬 명예만 숭상하고 본분에 걸맞게 실행하는데 힘쓰지 않을 수 있다. 그러다 보니 위로는 조정에 인재가 모자라게 되어 관직이 빈 곳이 많고, 아래로는 사회풍속이 점차 쇠퇴하고 어지러워지기 쉽다. 이런 생각에 이르게 되면 참으로 한심하지 않을 수 없다. 이제는 옛날의 낡은 습관을 일소하고 선비의 기풍을 크게 변화시켜야 한다. 그러기 위해 선비를 선택하여 교화에 힘을 쏟아야 하기 때문에, 성현이 보여준 모범적 교훈을 본떠서 그 지침이 될 만한 『학교모범』을 16조를 만들었다. 이를 통해 여러 선비들에게 몸가짐과 일해 나가는 규범으로 삼게 한다. 제자가 된 자는 진실로 이를 준행하여야 하고, 스승이 된 자는 먼저 이것으로 자신을 바로 잡아, 스승으로서 제자를 이끄는 도리를 다하여야 한다(『학교모범』).

위의 서문을 분석해 보면, 『학교모범』을 저술한 이유는 크게 네 부분으로 나누어진다. 첫째는 교육의 원칙과 위상 정립에 관한 언급이고, 둘째는 현실 인식과 교육의 역할에 대한 문제제기이며, 셋째는 교육 현실과 미래에 대한 걱정으로 교육 지침의 제정이고, 마지막으로 지침의 활용 차원에서 제자와 스승의 도리문제를 다루고 있다.

첫째, 교육의 원칙과 위상에서는 자연의 질서와 사물의 법칙, 그리고 인간의 품성에 대한 유교의 시선을 드러내고 있다. 그것은 인간이 부여받은 착한 본성을 교육을 통해 진작할 수 있다는 믿음이다. 기질을 바꿀 수 있다는 교기질(矯氣質)과 통한다.

둘째, 현실 인식과 교육 역할의 경우, 율곡은 스승의 역할과 교화의 부재를 들어 위기의식을 일깨운다. 즉 마땅히 스승 역할을 해야 할 관료들은 잘못된 습속에 물들고 양심 불량에다 헛된 명예를 꿈꾸며 본분을 망각하고 있다는 것이다. 그러다보니 인재 양성에 소홀하게 되어 사회적 동량을 기르지 못했다고 지적한다. 이것이 시대문제를 낳을 수 있다는 게 율곡의 인식이다.

셋째, 교육 지침을 제기하는 현실적 문제이다. 낡은 시대정신을 제거하고 사회지도층으로서 관료와 그들이 담당해야 할 교화의 기준을 구체적으로 만들었다는 자긍심이다. 그것은 성현들의 가르침을 근거로 재편집한 것이다. 다시 말하면, 『학교모범』은 왕명도 있었지만, 낡은 습관의 일소와 관료의 기풍 변화라는 율곡의 소명의식이 반영된 저술이다.

마지막으로 율곡은 『학교모범』의 활용과 적용문제를 직접적으로 언급한다. 그것은 제자에게는 교육의 규칙이자 준수해야 할 규정으로서 일종의 학칙에 해당한다. 스승에게는 자신을 수양하는 성찰의 지침이자 학생 인도의 기준이 된다.

이런 차원에서 『학교모범』은 교육하는 본질을 전반적으로 열거하고 있는 교육학개론 내지 교육학원론에 해당한다. 이는 모두 16개의 항목으로 구성되어 있는데, 크게 다섯 차원에서 논의할 수 있다. 첫 번째 차원은 개인의 독서(讀書)와 강학(講學), 두 번째 차원은 개인 수준에서의 인간관계, 세 번째 차원은 가정과 사회라는 공동체 수준에서의 질서와 관계의 정립, 네 번째 차원은 학문과정에서 주의할 덕목의 제시, 다섯 번째 차원은 학교생활과 운영에 관한 지침 제시이다.

첫 번째 차원은 개인의 독서(讀書)와 강학(講學) 수준이다. 이는 입지(立志)에서 존심(存心)에 이르는 수기(修己) 차원에서, 수렴(收斂)하는 성격을 띤다. 그 대강은 다음과 같다.

첫째는 입지(立志)인데, 『격몽요결』과 마찬가지로 배우는 사람은 먼저 뜻을 세워 그 목적을 확실히 정해야 함을 강조했다. 그것은 궁극적으로 인간의 착한 본성인 인성을 회복하는 작업으로, 성인을 꿈꾸는 자기 결의이다.

둘째는 검신(檢身)이다. 검신은 몸단속으로, 배움의 길에 들어서서 제일 먼저 실천해야 하는 것이다. 몸을 가다듬어 용모와 복장을 단정히 하고, 가만히 있을 때는 공손하게, 걸을 때는 똑바로 걷는다. 음식은 적절하게 먹고 글은 정성들여 반듯하게 쓰며 책상과 강당을 깨끗하게 사용하고 몸가짐을 신중히 한다. 그리고 예가 아니면 보지도 듣지도 말하지도 행동하지도 말아야 한다. 또한 심성을 해치는 현란하고 문란한 음악이나 오락은 접하지 않으며 퇴폐적인 놀이에 빠지지 않아야 한다.

셋째는 독서(讀書)이다. 배우는 사람의 본분은 독서와 강학에 있다고 해도 과언이 아니다. 일상을 통해 몸을 가다듬고 마음을 집중하여 독서와 강학에 매진해야 한다. 독서의 순서는『소학』에서 시작하여『대학』과『근사록』, 그리고『논어』,『맹자』,『중용』등의 사서(四書)를 읽고 이후에 오경(五經)으로 나아간다. 그런 다음 역사서나 성리학자들의 다양한 견해를 섭렵한다. 그것은 먼저 근본 배양에서 학문의 규모를 정하고 점차로 철학과 역사적 식견을 넓혀가는 모양새를 갖춘다. 다시 말하면, 독서에 임하는 사람은 예절에 관계되는 책을 통해 도덕을 실천할 수 있도록 스스로를 다지고 다음으로는 인격을 향상할 수 있게 하여 도덕성을 함양하며, 역사서를 읽어 실천능력을 배양한다. 이외에 성현(聖賢)의 경전이 아닌 무익한 글은 삼가야 하며, 여가가 있으면 거문고 연주나 활쏘기, 투호 등을 익혀 교양을 함양해야 한다.

넷째는 신언(愼言)으로 말을 신중히 하라는 주의이다. 사람의 허물이나 실수는 말로 인한 것이 많다. 따라서 무엇보다도 말을 신중히 하도록 교육할 필요가 있다. 특히, 실속 없는 말이나 빈말, 난폭한 말, 욕설 등을 삼가해야 한다.

다섯째는 존심(存心)이다. 존심은 마음을 보존하는 작업이다. 유교에서는 마음이 착하다는 성선(性善)이나 선단(善端)을 가정하기 때문에 율곡도 이러한 맹자의 경향을 이어 받아 존심을 강조했다. 그 방법으로는 정좌(靜坐) 등을 연마하여 고요한 마음 상태를 유지하도록 권고한다. 여기까지는 개인의 수양 차원, 즉 개인의 독서와 강학 수준에서 공부하는 양식을 정돈한 것이다.

두 번째 차원은 개인 수준에서의 인간관계 차원이다. 이는 사친에서 택우에 이르는 과정으로, 비록 개인 차원에서 이루어지는 행위이기는 하나, 수기와 치인을 통합하는 수준에서 진행된다. 요점을 정돈하면 다음과 같다.

여섯째는 사친(事親)으로 부모 섬기는 양식을 제시한 것이다. 유교는 인간사회에서 착한 행실의 근본이 효도로부터 출발한다고 인식한다. 따라서 도덕윤리의 사회적 실천은 부모에게 효도하는 일에 힘쓰는 일로부터 시작되어야 한다. 평소에 부모의 마음을 잘 헤아려 뜻을 따르고 상황에 맞게 봉양하며, 병환이 났을 때는 정성껏 간병하고, 돌아가셨을 경우에는 슬픔을 다하여 제사를 지내고 길이 추모하는 자식의 도리를 다하여야 한다. 이는 천륜을 지닌 인간이 실천해야 할 부모 자식 사이의 기본적이며 보편적 윤리이다.

일곱째는 사사(事師)이다. 사사는 배우는 사람이 스승을 섬기는 일이다. 배우는 사람에게 스승은 매우 중요한 존재이다. 스승은 진리를 전해주는 사람이고, 진리를 배우는 일은 스승을 받드는 일에서부터 시작한다. 다시 말하면, 스승을 받들지 않을 경우, 진리를 받들지 않는다는 논리가 성립한다.

여덟째는 택우(擇友)이다. 택우는 벗을 선택하는 일로, 배우는 과정에 있는 자들에게 매우 중요한 행위이다. 배움의 과정에서 벗으로부터 많은 영향을 받기 때문에, 벗은 배움의 동반자이다. 그 관계의 형성은 진실하고 돈독한 사람을 벗으로 사귀는 택우의 과정에서 나온다. 이처럼 사친에서 택우에 이르는 교육의 덕목은 개인 수준에서의 인간관계를 보여준다.

세 번째 차원은 가정과 사회라는 공동체 수준에서의 질서와 관계의 정립이다. 그것은 거가(居家)에서 응거(應擧)에 이르는 교육의 단계로, 치인(治人)의 차원에서 발산되고 확장되는 논리를 지녔다.

이 중 아홉째의 거가(居家)는 집안에서 형제자매 간의 우애, 부부 간에 화목 등을 다룬다.

열 번째인 접인(接人)에서는 사회에 나아가 타자들과 만나고 사귈 때 예의로 접할 것을 권고한다. 도덕적인 일을 서로 권하고 잘못을 서로 깨우쳐 주며, 이를 바탕으로 사회윤리를 확립하고 어려운 일을 서로 도우며, 늘 타자를 돕고 위하는 마음을 갖도록 하는 내용을 담고 있다.

열한 번째에 응거(應擧)가 자리한다. 응거는 과거 응시와 연관된다. 인간은 본성을 회복하여 수양이 되면 그것을 바탕으로 도덕윤리의 사회적 실천을 지향해

야 한다. 그 방법의 핵심은 과거를 통해 관료로서 사회에 봉사하는 차원인 치인
(治人)이다. 당시 사회제도적 차원에서 볼 때, 과거에 응시하는 것은 사회적 실천
을 위한 관문이었다. 이런 점에서 거가와 응거는 가정과 사회라는 공동체 수준에
서의 질서와 관계 정립의 방법을 보여준다.

네 번째 차원은 학문과정에서 주의할 덕목의 제시이다. 그것은 교육과정에서
의 규칙에 해당한다. 수의(守義)에서 독경(篤敬)에 이르기까지 학문의 원리와 원칙,
그리고 방법을 세밀하게 보여준다.

열두 번째 수의(守義)는 의리를 지키는 자세의 체득이다. 배우는 사람은 이익
이나 명예를 추구하는 마음을 억제하고 의리를 지키도록 노력해야 한다.

열세 번째는 상충(尚忠)이다. 유학의 기본 전제가 수양을 통한 자기 충실에
있는 만큼, 배우는 사람은 진실한 마음을 갖도록 노력해야 한다. 어떤 일을 맡건,
진실한 마음을 간직해야 본분을 다하고 절개를 지킬 수 있기 때문이다.

열네 번째가 독경(篤敬)이다. 독경은 말 그대로 경(敬)에 최선을 다하는 모습
이다. 경건한 마음을 독실하게 갖도록 노력하여 최고의 인격을 갖추어야 학문의
경지에 들어섰다고 볼 수 있다. 이는 학문과정에서 주의하고 터득해야 할 유교의
덕목이다.

다섯 번째 차원은 학교생활과 운영에 관한 지침 제시이다. 그것은 거학(居學)
과 독법(讀法)에 구체적으로 기록되어 있다.

열다섯 번째의 거학(居學)은 학궁에서의 생활방식을 자세하게 적시하고 있는
데, 핵심은 학교생활을 모범적으로 이행해야 한다는 말이다. 특히, 동료들과 진
지하게 강론하여 인격 향상에 힘을 다하여야 한다.

맨 마지막 열여섯 번째에 배치되어 있는 독법(讀法)은 실제적 교육의 원칙과
지침을 일종의 규칙과 규정으로 정돈한 것이다. 그 핵심은 학교의 규칙을 준수할
수 있도록 학생들에게 숙지시키고, 규칙을 어길 때는 엄격하게 판단하여 학교 운
영을 원만히 해야 한다. 이는 학교조직을 어떻게 운영할 것인지에 대한 양식과
기준을 정돈하여 권면한 것이다.

그리고 글의 말미에는 선한 행위를 한 학생과 악한 행위를 한 학생들의 일상

을 기록하여 선적(善籍)과 악적(惡籍)을 남겨 교육에 효율성을 기할 것을 당부한다. 그것은 오늘날의 생활기록부와 유사한 것으로 일종의 교육과 학습에 관한 기록이다. 이는 기록 자체로 끝나는 것이 아니라 인재 선발과 교육적 동기를 부여하는 데 필수적인 자료로 활동된다. 그리고 유학교육의 핵심이랄 수 있는 스승 선택의 중요성과 관료 선발의 규정을 구체적으로 정리하고 재차 강조하였다. 이를 정돈하면 다음 표와 같다.

▍『학교모범』의 구조와 내용 ▍

구조와 단계		내용	수준과 차원		
서문		교육의 원칙과 이유 설정	교육의 원론과 문제제기: 교육과정 총론		
본문	1. 입지 (立志)	배우려는 사람은 먼저 성인이 되려는 뜻을 세워야 함	개인의 독서와 강학 수준	수기(修己) 차원의 수렴	학문의 내용
	2. 검신 (檢身)	낡은 습관을 씻고 배움에 정진하며 몸가짐을 단속함			
	3. 독서 (讀書)	독서 강학을 통해 의리를 밝힘 (『소학』-『대학』-『근사록』-『논어』-『맹자』-『중용』-『오경』 순으로 독서)			
	4. 신언 (愼言)	언행을 신중히 함			
	5. 존심 (存心)	착한 마음을 보존하여 근본을 세움			
	6. 사친 (事親)	효제를 근본으로 하는 관료의 행실과 부모 섬김의 의미와 방법	개인 수준에서의 인간관계	수기치인 (修己治人) 의 통합	
	7. 사사 (事師)	배움의 추구에서 스승을 섬기는 도리의 융숭함			
	8. 택우 (擇友)	벗의 중요성과 사귐의 윤리			
	9. 거가 (居家)	가정과 가문을 다스리는 방법	가정과 사회라는	치인(治人) 차원의	

10. 접인 (接人)	마을의 이웃을 만나는 인간관계법	공동체 수준에서의 질서와 관계 정립	확장	
11. 응거 (應擧)	입신행도(立身行道)와 충군보국(忠君報國)을 위한 과거 공부에 임하는 자세			
12. 수의 (守義)	의(義)·리(利) 구분의 중요성	학문 과정에서의 주의할 덕목	학문의 원리원칙과 방법	
13. 상충 (尙忠)	충후(忠厚)함을 기르기 위한 예학(禮學)의 중요성			
14. 독경 (篤敬)	진덕수업(進德修業)의 핵심은 독경(篤敬)			
15. 거학 (居學)	학궁(學宮)에서의 생활방식	학교생활과 운영에 관한 지침	조직 운용의 양식	학교 운영의 원칙과 지침
16. 독법 (讀法)	매월 초하루와 보름에 학당에 모여 교육의 원칙과 지침 확인			
말문	선적(善籍)과 악적(惡籍)의 기록과 스승 선택, 관료 양성의 규정	교화의 효율성과 인재 선발의 동기부여: 교사채용		

(6) 훈민정음의 창제와 교육사적 의의

1444년 1월 훈민정음이 창제되기 이전, 조선 민족은 민족 고유의 문자로 자기의 문화를 충분하게 표현하지 못하였다. 조선 민족은 삼국시대부터 이두문자를 써왔다. 그러다가 15세기에 세종 때에 이르러 고대의 신지 글자를 계승 발전시켜 완전히 새롭고 고유한 형식의 글자인 훈민정음을 창제하였다.

훈민정음의 창제는 조선교육의 발전에 큰 영향을 미쳤다(홍희유·채태형, 1995: 124-130). 훈민정음의 창제를 계기로 당시까지 표기의 주축이었던 한자의 음운에 대한 연구가 보다 활발하게 진행되었다. 뿐만 아니라 유교와 불교의 경전들을 국문으로 번역한 언해본이 많이 나오고, 새로운 표음문자인 한글을 통해 중국어, 여진어, 몽골어, 일본어 등 외국어를 학습을 강화할 수 있게 되었다. 다시 말하

면, 우리 글로 표기를 할 수 있게 되면서, 한글철학 사상과 외국어 교육 등을 할
수 있는 계기가 되었다.

훈민정음의 창제는 무엇보다도 먼저 당시의 언어문자이자 교육의 연결고리
이던 한자에 대한 음운 연구를 심화시킴으로써 교육 발전에 기여하였다. 1446년
『훈민정음』 해례본을 출간한 후, 다음 해에 『동국정운』이 편찬되었다. 『동국정
운』은 한자를 조선의 소리글자로 바꾼 최초의 학술 사건이었다. 조선의 음을 본
위로 한 한자자전이었다. 이후에도 한자를 조선의 글로 바꾸려는 노력은 계속되
었다. 1455년에는 중국 발음으로 된 『홍무정운』을 훈민정음으로 번역한 한자자
전인 『홍무정운역훈』을 편찬하였다.

훈민정음으로 한자자전을 편찬하는 사업은 한자 문명을 한글 문명으로 바꾸
는 기초 작업이었다. 1536년 최세진의 『훈몽자회』는 조선식 한자자전의 정점을
이루었다. 『훈몽자회』는 비교적 나이 어린 학동들을 위하여 부류별로 글자를 모
아 한글로 그 음과 뜻을 밝힌 한자자전이었다. 이는 한자교육에 필요한 교재 역
할을 하였는데, 한글을 통해 조선교육의 지평이 한층 확대되는 계기가 된다는 점
에서 교육적 의의가 크다.

훈민정음의 창제는 한자자전을 한글로 편찬하는 데서 머물지 않았다. 교육내
용을 담보하고 있는 교과서의 질적 전환이 이루어지기 시작하였다. 서당과 향교,
4학과 성균관 등 각급 학교에서 교재로 쓰고 있던 유교의 기본 경전들이 한글로
번역되었던 것이다. 『소학』을 비롯하여 사서오경과 같은 유교경전을 한글로 번
역한 언해본들이 대량으로 편찬되어 교과서로 이용할 수 있게 되었다. 이는 교육
내용의 질적 전환인 동시에 철학적 사유의 전환을 가져오는 계기로 작용할 수
있다.

훈민정음의 창제로 인한 문화의 변화는 대학자들에게도 조금씩 영향을 미치
고 있었다. 퇴계 이황은 "시를 노래로 부르려면 반드시 우리말로 엮어야 한다."라
고 하면서 한글로 『도산12곡』을 창작하였고, 송강 정철도 한글로 수많은 가사를
창작하여 조선의 문학을 빛냈다. 율곡 이이는 『대학』, 『논어』, 『맹자』, 『중용』 등
사서에 대한 언해본을 저술하였고, 민간에서도 훈민정음을 이용한 유교경전의 언

해본 이용이 점차로 증가하였다. 한문으로 된 유교경전의 언해본들에 대한 국가
적 차원의 관심이 높아지면서, 조선은 1585년에 임시로 교정청을 설치하고 번역
한 경서들의 교정사업을 진행하였다. 그 결과 『대학언해』, 『논어언해』, 『맹자언
해』, 『중용언해』, 『주연언해』, 『시전언해』, 『서전언해』 등 사서삼경으로 불리는
유교의 핵심 경전들이 한글로 번역되었다. 1600년에는 초급 학교의 기본 교재인
『소학』이 한글로 번역되어 『소학언해』가 출간되었다. 『소학언해』의 출간은 교육
에 입문하는 초등 수준의 학동들이 학습할 수 있도록 배려했다는 점에서 보다
많은 사람이 교육을 받을 수 있는 시발점으로 평가할 수도 있다.

훈민정음의 창제는 외국어 교육의 발전에도 상당한 영향을 주었다. 중국어를
비롯하여, 여진어, 몽고어, 일본어에 이르기까지 외국어 학습을 위한 언해본들도
많이 출간되었다. 고려 말에 편찬된 『노걸대』와 『박통사』는 중국어 교과서인데,
그것이 『노걸대언해』와 『박통사언해』로 번역되어 학습을 용이하게 만들었다.

이외에도, 사회 교양교육의 차원에서 윤리도덕을 강조하는 서적들도 한글로
편찬되었다. 유교의 윤리도덕을 강조하는 『삼강행실도』를 비롯하여 『여훈』, 『여
계』, 『여논어』, 『내훈』, 『여범』 등 여성들의 교양을 위한 다양한 서적들이 편찬되
었다. 이는 당시 형식교육의 차원에서 배제되었던 여성교육이 훈민정음 창제를
계기로 활성화되었다고 볼 수 있는 대목이다. 다시 말하면, 가정이라는 좁은 울타
리에 속박되어 교육에서 소외되어 있던 여성들에게 조금이나마 교양교육을 받을
수 있는 조건을 마련했다는 점에서 의미가 있다. 뿐만 아니라 『법화경』, 『원각경』
등 불교 서적과 『태산집』, 『마경』과 같은 의학책들도 번역 출간되어 어려운 내용
을 쉽게 이해할 수 있는 계기가 되었다.

(7) 성리학적 교육사상의 흐름

조선시대는 유학의 황금시대인 만큼 유명한 교육사상가들이 많이 배출되었
다. 대부분이 성리학(주자학)을 신봉한 교육사상가들이었다. 조선은 바로 이 성리
학, 신유학을 국학으로 삼아 건국한 나라였다. 이때 결정적으로 활동한 학자가

정도전과 권근이었다. 그 후 조광조, 이언적, 서경덕, 조식, 이황, 이이 등 한국 유학의 거목들이 쏟아져 나왔다.

조선 초·중기, 특히 임진년 전쟁[임진왜란] 이전의 조선 유학은 사회상황이나 사상가에 따라 나름대로의 특징을 지니고 있다. 조선 초기의 경우, 유학이념은 혁명론(革命論)과 강상론(綱常論)으로 대별할 수 있고, 16세기 이후에는 도학(道學)과 리기학(理氣學), 예학(禮學) 등 강조점에 따라 색다른 유학의 면모를 보인다(금장태, 1994). 혁명론은 조선 왕조의 건국을 정당화하기 위해 제왕(帝王)에게 부여한 천명(天命)을 변혁한다는 의미를 지니며, 강상론은 인간의 성품에 부여된 천명에 따라 올바른 삶의 기준과 실천을 제시하는 작업이다. 이런 대립과 화해과정이 다양한 변형을 보이며 조선사상의 흐름을 이루었고, 교육으로 직결되었다.

앞에서도 언급했지만, 유학의 목표는 간단히 표현하면, 수기치인(修己治人)이다. 즉 수신제가치국평천하(修身齊家治國平天下)를 실현하기 위한 교육적 장치이다. 먼저 자기 몸을 닦고 타인을 다스린다는 과정으로 볼 때, 교육은 수기인 동시에 치인이다. 이 중에서도 수기가 본질이자 근본이라면 치인은 궁극 목적이 된다. 그러기에 유학을 한 마디로 요약할 때 '위기지학(爲己之學)'이라고 한다. '자기를 위하는 학문' 이는 다른 사람에게 보이기 위한 가식적이고 허례허식적인 학문이 아니라 자신의 진실한 삶을 위하여 내면적 주체의식을 기르는 참 공부를 말한다. 그렇다고 유학이 자신만을 수양하는 작업에 그친 것은 아니다. 그것은 철저하게 타자에게로 다가가기 위한 인간의 자기 구제 장치였다. 타자에게 다가갈 때, 즉 타인에 대한 이해와 관심, 배려의 차원으로 승화할 때, 수기와 치인은 자연스럽게 연결된다. 여기에서 유학은 위기지학에 터하여 성기성물(成己成物)이나 내성외왕(內聖外王)의 단계로 나아가 학문적 완성을 꾀한다.

특히, 유학은 인간의 '본성이 착하다'는 맹자(孟子)의 가정 아래, 착한 마음을 가다듬어 타고난 그대로 유지하려는 존심양성(存心養性)을 중시하였다. 이것이 수기의 기본 바탕이기 때문이다. 이 수기를 근본으로 하여 세상의 이치와 우주의 근본 원리, 자연과 인간의 관계 등을 깨우치기 위하여 배우고 생각하는 궁리(窮理)에 열중했다.

요약하면, 유학은 존양(存養)과 궁리(窮理), 두 가지 목표를 지니고 있었다. 이 목표는 결국 성현(聖賢)을 본받아 힘쓰는 작업이었다. 그러므로 성리학은 성현을 본받아 배우고 수양하는 체계적 학문으로 이해할 수 있다. 성인(聖人)은 인간 본래의 성품을 다하는 사람이요, 자기를 완전히 실현하는 사람이다. 유학의 교육이념은 이를 실현하는 기준이었다.

조선조는 이와 같은 성리학을 지도이념으로 삼았으므로 교육도 이런 관점에서 이루어졌다고 볼 수 있다. 조선조 건국의 사상적 주역으로 볼 수 있는 정도전과 권근의 사유를 보면 좀 더 명확한 관점을 인식할 수 있다.

정도전은 『조선경국전(朝鮮經國典)』과 『경제문감(經濟文鑑)』 등의 저술을 통해 유학이념에 기반을 둔 사회제도의 구성을 제시하면서 다른 한편으로는 『심기리편(心氣理篇)』과 『불씨잡변(佛氏雜辨)』 등의 저술을 통해 불교적 전통질서를 개혁할 수 있는 비판적 이론을 제시하여 유학의 정당성을 확립하였다. 사상적으로 성리학에 기초하면서 사회적으로는 도학(道學)의 경세론을 분명하게 제시한 것이다. 즉 고려 말 선초의 사상적 패러다임의 전환 속에서 새로운 사유를 성숙시킨 것으로 새로운 왕조의 우주론적·인식론적 기저를 구축하였다. 특히 정도전은 학교 설치를 강조하여 교육을 통해 인륜을 밝히고 인재를 양성하며, 정치 또한 교육에 달려 있음을 분명하게 제시하였다.

권근의 경우, 고려 말 조선 초의 유불사상 교체기에서 경학(經學)이라는 유학의 본체적 문제를 다루었다. 조선교육학의 기초라고 볼 수 있는 『입학도설(入學圖說)』과 체용론적(體用論的) 구조와 천인상응론(天人相應論)의 관점을 잘 보여주는 『오경천견록(五經淺見錄)』은 성리학의 이념체계를 기초로 조선사상사의 선구가 되었다. 특히, "인재는 국가의 생명을 좌지우지하는 것이다. 성현의 가르침은 인재를 양성하는 가장 중요한 기준이다. 인간의 착한 본성을 잘 보존·확충하고, 성현의 가르침으로 잘 배양하여 훌륭한 덕을 이루어야 한다. 인재가 융성하여야 왕의 교화가 아름답게 되고 세상의 도를 옳게 만들 수 있다."라고 하여, 유학의 교육이념을 충실하게 주창하였다.

조선 건국의 사상적 기반이 된 두 선각의 교육적 사유는 크게 보면, '인재 양성'에 집중되어 있다. 그것은 바로 유학의 성현과 같은 훌륭한 리더십leadship을 지닌 존재의 교육을 의미한다. 이후 조선 유학은 이들의 사유를 바탕으로 상황에 따라 자신의 학설을 확충해나간 교육의 역사로 볼 수 있다.

유학이 우리나라에 들어오면서부터 교육의 목적에는 두 가지 유형이 나타나기 시작했다. 하나는 성인·군자를 목표로 하는 '이상주의적 도덕파(理想主義的 道德派)'라고 할 수 있고, 다른 하나는 경학(經學)을 배워서 과거에 응시하여 관리로 등용되는 것을 유일의 목표로 삼는 '현실주의적 관료파(現實主義的 官僚派)'라고 하겠다. 조선조는 이와 같은 두 갈래의 교육 목적에 대해 처음에는 교육의 현실과 이상을 조화시키려고 노력했다. 그러나 중기 이후부터는 관료파의 과거교육이 지나칠 정도로 성하여 자체 반성이 일어나기도 했다.

앞에서 살펴본 것처럼 수기치인이라는 측면에서 볼 때, 유학은 교육의 과정을 최우선에 놓을 수밖에 없다. 유학의 주요 경전인 『소학』과 『대학』의 관계를 보아도 그렇고 유학의 이론체계, 교학방법을 보아도 교육은 가장 중요한 것이었다. 따라서 유학은 숙명적으로 교육학이 될 수밖에 없으며 모든 유학사상은 궁극적으로는 교육철학이고, 또 모든 유학자는 교육학자였던 것이다.

▶ 정도전

정도전(鄭道傳)은 고려 불교를 누르고 조선 성리학을 부각시킨 결정적인 인물이다. 즉 『불씨잡변』을 통해 고려 말 척불론(斥佛論)의 집대성을 이루었다. 그러나 정도전 사상의 핵심은 역시 『심기리(心氣理)』와 『심문천답(心問天答)』에 있다. 심기리편은 유·불·도 삼교가 서로 논란하는 형식을 취하여 결론적으로 유교가 불·도보다 합리적이고 민생세무(民生世務)에 유익하다는 것을 분명히 하기 위해 미리 목적의식을 갖고 그에 부합하는 방향으로 유도된 글이다. 심(心)은 불교를 대표하는 개념이고 기(氣)는 도교를 대표하는 개념이다. 여기에서는 먼저, 심난기(心難氣)와 기난심(氣難心) 두 편을 써서 불교와 도교가 서로 공박하게 함으로써 서로의 약점을 드러나게 하였다. 다음으로 리유심기(理論心氣)편을 써서 불·도 이교(二敎)의 그름을 바르게 보완할 수 있는 정도(正道)로서 유학을 표출하고 있다.

또한 『심문천답』에서는 착한 삶이 복을 받고, 악한 사람이 화를 입는다는 복선화악(福善禍惡)의 이치가 일시적으로는 맞지 않는 경우가 있지만, 궁극적으로는 맞는 것이므로 꾸준히 선을 행하여 복을 기다려야 한다는 철학적 내용을 담고 있다. 이것의 기본 논리는 유학의 리기론적(理氣論的) 천인감응설(天人感應說)을 밑바탕에 깔고 있다. 하늘과 인간은 기가 상응하여 인간이 죄악을 저지를 때는 하늘의 기를 손상하여 떳떳한 도리를 잃고 복선화악의 법칙도 일시적으로 어그러지는 수가 있다. 하지만 천리가 다시 안정되면 하늘이 떳떳한 도리를 되찾아 인간을 지배하게 된다는 것이다. 즉 인간사회를 주재하는 천리(天理)의 우위성을 인정하여 불교의 숙명론적 인과응보설을 비판한 것이다.

정도전의 사상은 어떠한 경우에도 인간의 삶을 바람직한 방향으로 바꾸어내기 위한 실천적 관심이 중심 또는 근저에 놓이는 형태로 형성되어 있다. 이는 진정한 유학자의 탄생을 고대한다. 진정한 유학자[眞儒]에 의한 사(士)·관(官) 일치 사상이 뒷받침되기 위해서는 사의 양성과 엄정한 선발이 문제되지 않을 수 없다. 인간은 태어나면서 사가 되는 것이 아니고, 후천적 수양과 교화에 의해 진유의 인격이 형성되기 때문이다. 여기에서 교육과 입관(入官)제도의 확립이 요청되는 것이다. 이처럼 교육과 관직에 나아가는 일이 유기적으로 연결되어야 한다는 생각이 정도전의 기본 철학이었다.

정도전은 주대(周代)의 교육 및 관료선발제도를 가장 훌륭한 것으로 인식했다. 따라서 능력과 자질이 뛰어난 자를 사(士)로 선발하여 수준 높은 리더십 교육을 받은 다음 관리로 나가게 했다. 관리를 양성하는 고등교육을 위해 학교 설치를 주장했다.

학교는 교화의 근본이다. 인륜을 밝히고 인재를 양성해야 한다. 뿐만 아니라 정치를 잘하고 못하는 것도 학교의 교육이 잘 이루어지느냐 아니냐에 달려 있다(『삼봉집』).

정도전은 교육에서 주대와 마찬가지로 서민 이상 신분의 교육 참여의 기회를 넓히고 인재 양성을 위한 학교라는 제도의 확립을 강력히 희망하였다. 따라서 정도전은 수령의 임무 중에서 학교의 진흥을 중요한 임무의 하나로 설정하였다. 이는 교육과 관리 선발, 즉 인재 양성과 인재 등용이 유기적으로 연관되는 작업으로 조선 건국과 더불어 교육의 중요성을 설파한 것으로 이해된다. 이른 바 '교육입국(敎育立國)'의 선포에 다름 아니다.

역사적으로 볼 때, 교육은 문자 지식의 보급과 더불어 급속히 확산되었다. 조선 건국을 주도했던 정도전도 이를 정확히 간파했다. 그러기에 학업에 뜻을 둔 사람은 누구나 독서하고 자습할 수 있도록 활자의 주조와 서책의 출간을 강조하였다.

> 사(士)가 된 사람이 향학심이 있어도 책을 구할 수가 없으니 이를 어찌할 것인가. 우리나라는 서적이 귀하여 학자들이 모두 독서가 넓지 못한 것을 한탄해 왔다. 나도 또한 이를 오래 전부터 걱정하여 왔다. 그래서 서적포를 설치하고 활자를 주조하여 경사자집(經史子集)에서 의학(醫學)이나 병률(兵律)에 이르기까지 인출(印出)하지 않는 것이 없게 하여 학문에 뜻을 둔 사람은 누구든지 독서할 수 있게 함으로써 만세지탄(晚歲之歎)을 면해 보고 싶은 생각이 간절하였다 (『삼봉집』).

서적의 보급은 교육을 진흥할 수 있는 중요한 수단이다. 정도전은 국가의 건설과정에서 국가의 기반이 될 인재 양성을 위한 다양한 방안으로 스스로 공부할 수 있는 서적의 발간과 보급을 고민하였다. 이것은 이후 조선사회의 서적 발간의 기초가 되고 교육을 진흥하는 데 결정적으로 기여했다.

▶ 권근

권근(權近)은 조선 유학의 터전을 닦았고, 학문 연구의 신기원을 열어놓은 선구적인 학자이다. 그는 오경(五經)과 사서(四書)를 나란히 중시하여 유학 일반을 골고루 연구할 수 있도록 원통박대(圓通博大)한 터전을 닦았다. 학문 취향은 분석과 종합을 겸하여 정심(精深)하면서도 웅혼(雄渾)한 설계를 꾀하였다. 선현들의 기성학설에 구애받지 않고 스스로 깨달아 얻음을 귀히 여겨 창조적이고 발전적인 학풍을 세웠다. 권근은 무엇보다 순수 성리학의 연구라는 관점에서 볼 때, 여말선초를 대표한다. 이는 정도전이 정치와 관련된 시각에서 성리학을 연구함으로써 성리학의 관학화에 힘을 기울인 것과는 좋은 대조를 이룬다.

권근은 국가의 번영이 인재의 양성에 있으며, 성현의 가르침인 교육을 하루도 중단할 수 없음을 강조했다. 이때의 교육은 물론 유학, 성리학에 기초한 것이다. 유학을 전제로 하는 교육은 인간의 행동규범을 밝히는 데 목적이 있다. 특히 권근은 가깝고 작은 것을 먼저하고 멀고 큰 것을 나중에 하여 어린 시절에는 청소나 응대에 익숙하게 하고 어른이 되어서는 예의나 염치에 힘쓰며, 몸·마음·일·물건·인사에 당하여 자신의 임무를 다할 수 있도록 하는 데 교육의 요지를 두었다. 이는 성리학이 제시하는 교육의 대강(大綱)을 잘 정리한 사유의 표본이다. 권근의 교육적 주장은 다음과 같다.

> 성현의 가르침에는 차례가 있다. 먼저 가깝고 작은 것을 전하고 뒤에 멀고 큰 것에 미친다. 어릴 때에는 일상생활에서 청소나 응대를 잘하는 것을 익히고 어른이 되면서 예의나 염치에 힘쓰고, 안으로는 부모·형제를 섬기고 밖으로는 사회의 어른을 섬긴다. 올바로 정리된 훌륭한 글을 익히고 몸과 마음, 일과 물건을 제대로 경험하여, 부모와 자식, 임금과 신하, 부부, 아이와 어른 등 저마다 맡은 임무를 다하지 않을 때, 인륜을 제대로 가르치고 풍속을 아름답게 할수 있도록 성인의 가르침으로 훈육해야 한다(『양촌집』).

이런 자신의 생각을 실천하기 위해, 권근은 '인륜(人倫)'에 대해서 기술한 저작인 『소학』을 높이 평가하고, 학문하려는 사람이 제일 먼저 읽어야 한다고 강조했다. 뿐만 아니라 정치를 할 때 민중 교화가 가장 중요하다는 사실을 깨닫고 인재를 배양하는 학교를 세우는 일의 중요성을 새삼 강조하였다. 학교 설립의 목적은 당연히 인륜을 밝히는 데 있다. 그러기에 권근은 중앙에서 지방에 이르기까지 인륜을 두텁게 하고 풍속을 아름답게 이루기 위해 정치지도자들이 학교를 세워야 한다고 주장했다.

그의 『입학도설』은 『논어』와 『맹자』에 대해서는 짤막한 대지(大旨)만을 밝히고, 『중용』과 『대학』에 관해 주로 탐구하고 있다. 여기에서 주장한 성(誠)과 경(敬)은 이후 조선 유학에서 수양론의 핵심이 되었을 뿐 아니라 사람됨의 표준으로 여겨졌다. 이는 유학교육의 기본 내용을 일러준 주요한 공헌이었다. 또한 도식과 그림으로 유학교육을 알기 쉽게 풀이한 점은 교육방법, 교수방법상 수작으로 평가된다. 40종에 이르는 도표는 요점을 요약 제시하고, 내용을 분석하고, 류별을 명시하고, 체계를 정연히 하고, 복잡한 것을 간명하게 만들고, 상상을 실제화하고, 형상을 실물로 드러냈으며, 수량을 직감적으로 파악할 수 있게 하였다.

이러한 『입학도설』의 교육적 사유는 이후에 전개되는 유학교육의 기초가 되고 인간의 심성과 수양에 대한 연구를 활발하게 하는 계기가 되었다. 더구나 유학의 교육학을 체계적인 도설로 정리했다는 점에서 조선교육 사상사의 선구로 자리매김하는 데 손색이 없다.

▶ 조광조

조광조(趙光祖)는 한국 도학(道學)사상의 태두로 정몽주 이래 조선 성리학에서 주요한 위치를 차지한다. 성리학이 천리(天理)·인성(人性)·의리(義理) 등을 이론적으로 추구하는 주지주의적(主知主義的) 색채가 짙은 데 비하여 도학(道學)은 그 원리의 실현에 주력하는 실천주의적(實踐主義的) 색채가 짙다. 따라서 같은 지식 추구를 할지라도 성리학이라고 표현할 때는 비교적 객관지(客觀知)의 추구정신이 두드러지는 데 비해, 도학이라고 명명할 때는 좀 더 행위를 위한 주체적 실천지(實踐知), 즉 의리(義理)를 추구하는 정신이 강조된다. 그리고 같은 실천궁행(實踐躬行)이라 하더라도 도학의 경우가 성리학이라고 할 때보다 철저한 수기치인을 꾀한다. 한 마디로 말하면, 의리(義理)와 대의(大義)의 실현에 의해 유학 전래의 도통을 발전시키려는 '성리학적 실천유학'이 도학이다.

조광조는 『소학』을 인재를 기르는 근본으로 보았고, 이 정신을 바탕으로 중국 고대의 정치 이상을 재현해 보려고 했다. 이에 도덕수행론이 필연적으로 동반한다. 인간 존재를 인의예지(仁義禮智)라 규정했을 때, 그것은 생의 정신과 자연적 실현을 의미하는 것이 아니라 자연에 대한 형이상학적 사색을 기반으로 인간이 지향해야 할 이념으로 세워진 것이다. 그러므로 인간은 마땅히 그것의 실현을 위해 노력해야만 한다. 게다가 현실적으로는 오히려 정념이나 욕망이 강하고도 위험스럽게 발동하는 까닭에 수행이 치밀하지 않으면 안 된다. 이것이 인간의 교육 행위이다.

조광조의 수행론은 매우 '심학(心學)'적이다. 그는 우리들이 일상생활에서 지켜야 할 행위 규범을 논하기보다는, '행위 이전에 우리의 심성을 어떻게 잘 다스려야 하는가'의 문제를 매우 중요시 한다. 왜냐하면 인간 존재를 인(仁)으로 규정하고 인간됨을 무너뜨리는 요인을 정념이나 욕망에 두었을 때, 이 모두는 '일심내재(一心內在)'의 사항에 속하는 것이기 때문이다. 이렇게 하여 그의 수행론은 마음의 행로를 열어주는 것을 기본으로 한다. 교육 또한 일상생활의 자연스런 운영을 위해 닫힌 마음을 여는 행위라고 볼 때, 소학 공부를 기본 실천력으로 한 그의 교화는 매우 의의 있는 교육적 행위였다.

조광조는 이상적 정치론으로 지치(至治)의 신념을 내비췄다. 지치는 국가의 기강과 정치의 근본 원리를 천인합일(天人合一), 즉 자연과 인간의 이치를 하나로 통일하는 사유를 이어 임금과 백성의 도리를 하나로 통일하는 작업이다. 그것은 임금의 마음을 바로 잡는데서 출발한다. 임금이 자신의 마음을 밝힘으로써 군자와 소인을 분별해야 한다. 공정한 의리를 추구하는 군자와 사사로운 이익을 추구하는 소인을 분별하여 군자를 존중하고 소인을 물리쳐야 백성을 위한 정치를 베풀 수 있다는 주장이다.

따라서 조광조 교육사상의 정점에는 이러한 지치주의(至治主義)가 자리한다. 교육은 임금의 마음을 바로 잡아 백성을 올바르게 다스리는데, 무게 중심이 있다. 동시에 임금을 보좌하여 나라를 다스리는 관료들의 리더십을 기르는 일이 교육이다. 그것이 도학의 실천을 담보한다.

조광조는 교육의 목적을 성인의 도를 배워 나라를 다스릴 인재 양성으로 보고, 다음과 같이 강조하였다.

> 학문은 단순히 자구(字句)나 문장(文章)만이 아니라 사물의 이치를 알고 마땅하게 처리할 줄 아는 것이다. 조정에 있으면 임금을 바르게 하고 지방에 있으면 교화를 베풀어 가는 곳마다 학문으로 하지 않는 것이 없어야 한다. 학자가 뜻을 세울 때는 스스로 성인이 될 것을 기약하는 일이 지나친 것은 아니다. …… 학문은 시기에 맞게 힘써야 하니 기개가 쇠약해지면 진척이 없게 된다. …… 학문은 조금이라도 잡된 것이 섞여서는 안 되는 것이니, 잡된 것이 섞이지 않으면 일처리가 모두 성현들의 도리에 맞게 된다. 학문은 고요한 가운데 이루어져야 하는데 학문이 견고확실(堅固確實)하지 못하면서 벼슬길에 바빠서 겨를이 없으면, 사물은 무궁한데 마음은 불안하여 일을 당하여 잘못하게 된다(『정암집』).

조광조는 이처럼 사물의 이치를 바르게 인식하고, 자신의 처지에서 직무를 제대로 수행할 것을 강조하였다. 다시 말하면, 세상의 법칙과 인간의 질서인 성인의 도를 깨우칠 수 있는 인재 양성을 희구하였던 것이다. 그리하여 뜻을 고상히 세우고, 힘써 학문을 연마하여 순수하고 경고확실한 인간이 될 것을 소망하였다. 이 또한 유학에 기반한 도학의 정신이요, 지치주의적 태도로 볼 수 있다.

▶ 이언적

이언적(李彦迪)은 우리나라 리(理) 철학의 선구자이다. 이언적은 리(理)를 태극(太極)으로 보면서, 체용(體用) 양면으로 나누어 본다. 즉 태극의 본체는 지극히 미묘하지만, 그 작용은 지극히 넓고 커서 어느 곳에나 있다. 그러나 그 태극이 사람에게 붙어서 날마다 쓰이면 지극히 가깝고 실한 것이다. 태극은 그 본체 상에서는 미묘한 것이어서 사실상 우리와 먼 거리에 있는 것처럼 보이지만, 그 쓰임에는 지극히 넓고 커서 언제 어디서든지 있지 아니한 곳이 없다. 이는 리의 보편성을 의미하는 데, 리가 사람이라는 대상과 관련을 맺게 되면, 우리의 일상적 도리가 지극히 가깝고 실한 것이 된다.

이런 관점에서 이언적은 도(道)란 어떤 고원한 무엇이 아니고, 인간이 일상생활 속에서 마땅히 지켜야 할 도리이다. 그것은 부자·형제·부부 간에 지켜져야 할 규범은 물론 우주 내 온갖 사물들이 제각기 자기 실현을 통해 완성되는 사물의 존재 형식까지 포함한다. 이 도를 실현하는 주체는 인간이다. 그런데 인간이 도를 행하는 주체라고 했을 때 그의 행위를 지배하는 것은 마음이다. 따라서 먼저 마음을 다스리지 않으면 안 된다. 이 수양론이 바로 교육 이론이다.

이런 사유는 그의 「오잠(五箴)」이나 「입잠(立箴)」, 「양심잠(養心箴)」과 「경신잠(敬身箴)」, 「자신잠(自新箴)」 등에 잘 나타나 있다. 이언적은 「오잠」에서 "하늘을 두려워하고 마음을 배양하며 몸을 공경하고 허물을 고치며 의지를 돈독히 하자." 라고 스스로 다짐하였다. 또한 「입잠」에서는 "한결같이 성인을 본받아 경솔함을 고치고 나태함을 경계하며 진실함을 쌓고 지속적으로 노력하여 성인의 경지에 들어가기를 서약한다."라고 스스로 약속하였다. 이때 입(立), 자신을 확립하는 부분은 이언적의 교육론에서 기초를 이루며, 공자의 '삼십이립(三十而立)'과 통한다.

> 입(立)이란 어떤 것인가? 마음은 안정되고, 진리는 깨우쳐졌고, 마음에 충실하고, 밖으로는 바르고 방정하고 의젓하여 편협하게 기울어지지 않고, 인(仁)에 거주하고 의를 행하며 부귀에 빠지지 않고 빈천하다고 마음을 바꾸지 않으니 천하의 만물이 나를 휘어 꺾지 못한다. 이것을 입(立)이라고 한다(『회재집』).

이언적은 자기 확립의 방법으로 경(敬)에 집중한다. 즉 수신의 정신적 좌표를 경에 두었다. 경의 이론적 구극처는 내 마음의 허령(虛靈)한 이치인 '마음에 있는 이치[在心之理]'로서의 '인극(人極)'과 대자연을 관통하는 궁극적인 씨앗인 '사물에 있는 이치[在物之理]'로서의 '태극'이 혼연일체가 되는 데 있다. 이것이 그를 '리(理)' 철학자로 규정하게 하는 계기이기도 하다.

이언적에게서 인간의 길은 일상의 도리에 불과하므로, 존심(存心)의 공부도 생활 속에서 처사(處事)의 합리에 그 목적이 있다. 따라서 우리의 공부는 내면뿐만 아니라 외면에 나아가서도 행해지지 않으면 안 된다.

내 몸은 아주 귀중하여 만물에 비할 바가 아니니 이를 알고도 몸을 공경하지 않을 수 있겠는가. 경(敬)은 어떻게 하는가. 몸을 바르게 하는 것이다. 용모를 장엄하게 하고 의관을 단정히 하며, 보는 것, 듣는 것, 말하는 것, 동작하는 것을 법도에 맞게 해야 한다. 출처(出處)와 진퇴(進退)엔 반드시 의리에 맞게 결행한다. 부귀나 빈천에 마음을 움직이지 않고 의연히 공정하게 처하여 도(道)에만 따른다(『회재집』).

여기에서 경(敬)이란 우리의 행위를 보편적 리(理)인 도(道)에 맞추는 것을 의미한다. 그의 수양, 교육 태도는 58세 때 유배지에서 지은 「자신잠(自新箴)」에 구체적으로 드러난다. "하늘 아래 땅 위에서 털끝만큼도 속이는 일이 없어서, 하나의 생각이 정성스럽게 되면, 어떤 일에든 종사하여 직책을 다할 수 있으리라. 사사로운 욕심을 극복해서 예법에 맞게 되면, 하늘을 우러르고 땅을 굽어보아 부끄러움이 없으리라." 이는 유학자로서의 실천적 교육 태도를 잘 보여준다.

▶ 서경덕

서경덕(徐敬德)은 조선조 유학자 중에서도 독특한 위치를 점하고 있다. 우주 만물의 궁극적 근원을 기(氣)로 보아 기일원론(氣一元論)의 철학을 열었다. "천지 만물이 아직 생성·변화되기 이전의 우주원형을 태허(太虛)라 한다. 그것은 맑고 형상이 없으며, 얼마나 큰 지 바깥이 없으며, 그 먼저 됨이 시작이 없다. 태허는 만유의 궁극적 실체인 기의 원형으로서 빈 것이지만, 없는 것이 아니라 오히려 전 우주 공간을 빈틈없이 꽉 채우고 있는 것이다."

따라서 태허는 비어 있으면서도 비어 있는 것이 아니며, 소리도 없고 냄새도 없는 것 같지만 사실은 실재하는 것이어서 '허즉기(虛卽氣)'라고 하였다.

이와 같은 기(氣)는 소멸하지 않는다. 화담은 그것을 다음과 같이 설명한다.

나는 죽음, 삶, 영혼이란 기의 뭉침과 흩어짐일 뿐이라고 생각한다. 모이고 흩어짐은 있어도, 있고 없음은 없다. 그것은 기의 본질이 그런 것이다. 기의 담일

청허(湛一淸虛)한 것은 더 이상의 바깥이 없는 허공을 꽉 채우고 있다. 그러다가 크게 뭉친 것은 천지가 되고 작게 뭉친 것은 만물이 된다. 그래서 뭉쳤다 흩어졌다 하는 것은 크거나 작은 차별이 있기 때문이다. 한 포기의 풀, 한 그루의 나무 같은 미미한 것일지라도 그 기는 마침내 흩어지지 아니하거늘, 하물며 그 흩어짐을 보면 모두 없어짐에 돌아가는 것 같다. 이 경지는 모두 생각해 낼 수 없는 것이다(『화담집』).

이 세계는 단지 기(氣)가 모였다 흩어지는 것에 불과하다. 기가 모이면 태어남이요, 흩어지면 죽음이다. 따라서 생사는 하나이면서 둘이요 둘이면서 하나이다. 이와 같이 화담은 "기의 작용은 천차만별의 차이가 있을지라도 그 기는 영원·불멸한다."라고 하여 기의 항존성을 주장하였다.

이러한 철학에 바탕을 둔 서경덕은 교육 목적을 격물(格物)과 궁리(窮理)를 실천하는 데 두었다. 그는 사색의 생활화를 통하여 이를 달성하려고 했다. 화담에게는 자연 세계가 학문의 대상이며 이 자연은 사색을 통하여 연구 달성되어야 하는 그 무엇이었다. 이런 태도는 과거(科擧) 등을 목적으로 하는 경전과 강독 및 문장 기송(記誦)의 술(術)만을 내세우는 교육을 반대하는 관점이다. 서경덕이 학문을 인식하는 태도는 다음과 같다.

18세에 『대학』을 읽다가 "앎에 이르는 것은 사물의 이치를 캐물어 들어가는 데 있다[致知在格物]."라는 구절에 이르렀다. 이 말을 보고 탄식하면서 "학문을 하는 데 사물의 이치를 연구하는 것을 먼저 하지 않으면 책을 읽은들 무슨 소용이 있겠는가?"라고 하였다(『화담집』).

서경덕에 의하면, 교육은 궁리와 격물을 핵심으로 전개하는 작업이다. 그러기에 서경덕은 자학자득(自學自得)을 중시하고 의심을 일으키고 의심을 깨뜨리는 것을 학문의 방법으로 삼았다. 따라서 만물을 하나씩 연구하여 한 사물에 대한 의문이 밝혀진 뒤에야 다른 사물을 연구하였다. 이런 교육적 사고는 다음과 같은 그의 언급에서 확인된다.

의리가 문자 상에 드러나는 것은 옛 사람들도 핵심으로 여기지는 않았다. 중요한 것은 깨닫는 데 있다. 천지 만물의 이름을 모두 벽에 붙이고 날마다 궁리하면서 공부하되, 한 사물을 제대로 통한 다음에 또 한 사물을 연구하였다(『화담집』).

요컨대, 서경덕은 격물(格物)과 궁리(窮理)의 실천에 교육의 목적을 두고, 스스로 배우고 깨닫는 방법을 중시하였다. 동시에 의심나는 것에 대해서는 하나씩 연구하여 의문을 밝히는 점차적이고 자연스런 방식을 채용하였다.

▶ 조식

조식(曺植)은 퇴계 이황과 같은 해에 태어났으나 정치일선에 나가지 않았다. 그러나 산림처사로서 국가의 치란(治亂)을 걱정하지 않은 일이 없었다. 남명은 "고상한 선비로서 벼슬에 나가지 않았다고 해서 세상일을 남의 일처럼 방관해서는 안 된다.", "학자는 세상일에 통하지 않으면 안 된다. 세상의 일이란 한 집안의 일과 같다. 내가 하지 않으면 누군가 하겠지 하고 세상일을 내버려 두면 결국 자기 자신을 그르치게 된다. 어려운 것은 세상 속에 살면서 세상일에 어떻게 응변하느냐이다."라고 하였다.

이런 태도는 실천적 지성인으로서 학문 이외에 사회에 져야 할 책임도 있음을 보여 준다. 이의 기초로 조식은 "내 집에 경(敬)과 의(義)라는 두 글자가 있음은 하늘에 해와 달이 있는 것과 같다. 이 이치는 만고에 걸쳐 변하지 않을 것이며, 성현의 천언만어도 그 귀착되는 요결은 경(敬)과 의(義)의 뜻에서 벗어나지 않는다."라고 하였다. 따라서 한결같은 마음으로 수양하여 조금도 게을리 하는 일이 없었다. 이것이 남명의 경(敬)·의(義)의 반궁실천(反躬實踐)인 행동철학이다. 여기에서 조식의 교육 목적이 경(敬)과 의(義) 두 글자에 집중되어 있음을 알 수 있다. 즉 '지경거의(持敬居義)'는 그의 생활신조요, 교육이념이기도 했다. 이와 같은 그의 교육 목적은 제자들을 가르치며 훈계하는 대목에서 구체적으로 드러난다.

지금의 학자들은 가까운 것은 버리고 높고 먼 곳만을 향하고 있다. 학문을 하는 것은 부모를 섬기고 형을 공경하며 어른을 받들고 어린 아이를 사랑하는 데 있다. 이런 노력은 하지 않고 당장 필요하지도 않은 천성(天性)과 천명(天命) 등 심오한 것들만 궁리하고 있다. 이는 사람의 삶에서 중요한 일은 하지 않고 하늘의 이치만을 구하는 것이니 실제로 마음에 얻는 것은 없다. 그러니 철저하게 경계하여야 한다(『남명집』).

조식은 교육의 중심을 인간의 삶을 아름답게 살아갈 수 있는 인사(人事)에 두었다. 천리(天理)를 인식하고 통하는 작업은 나중의 문제이다. 인사를 배우지 않고 천리를 말하며, 스스로 도를 닦지 않고 지식만을 넓히려 하는 일은 문자만을 일삼는 학문일 뿐이다. 조식은 현실적인 삶을 실천할 수 없는 형이상학적 처세를 경계했다. 당시 시대상황은 과거에 얽매어 문장의 장구를 외우는 성향이 짙었다. 조식은 그와 달리 실사(實事)적인 경세치용에 교육의 목적을 두었다.

이처럼 조식은 일상생활에서 늘 삼가는 실천적 태도를 지향했다. 사악함을 멀리하여 성(誠)을 보존하는 마음가짐으로 안으로 경(敬)에 힘쓰고 밖으로 의(義)에 의한 행동을 실천했던 것이다. 그러니 경(敬)과 의(義) 두 글자를 최후의 유언으로 남길 정도였다. 그는 경과 의를 한 몸에 집약하는 자아를 형성하기에 이르러, 그것으로 평생의 학문과 수양, 교육의 기본철학으로 삼았다. 이를 실천할 교육방법으로는 자해자득(自解自得), 성경(誠敬), 박문약례(博文約禮), 윤상(倫常) 실천, 개성과 자질을 신장시키는 데 두었다.

나는 제자들에게 성현의 저술에 대해 각성할 기회를 준다. 눈만 뜨면 스스로 하늘과 땅과 해와 달을 볼 수 있기 때문에 학생들을 위하여 경서를 다시 이야기하고 설명할 필요는 없다. 그리고 제자들의 자질에 기초하여 가르친다. 질문에 대해서는 의미를 해부하여 완전히 이해하여 스스로 표현할 수 있도록 한다(『남명집』).

조식은 평생을 벼슬에 나아가지 않았으면서도 제자교육에는 이처럼 철저하였다. 요컨대, 일상 삶의 구체적 실천을 통해 성인의 경지를 염원하였다. 이 과정에서 학생들이 스스로 해명하고 깨달을 수 있는 분위기를 조성하였고, 개인의 자질을 존중하는 개성교육을 실시하였으며, 의혹을 해명하는데 심혈을 기울였다.

▶ 이황

이황(李滉)은 우리에게 너무나 익숙한 영남학파의 거두이다. 이황에 의하면, 선한 본성을 실현시키는 조건이 바로 경(敬)이다. 경은 의식을 집중시켜 마음의 흐트러짐이 없는 주일무적(主一無適)의 상태로 매사에 조심하는 것이다. 따라서 경(敬)이 없고서는 올바른 행위뿐 아니라 학문도 이루어지지 않는다. 지(知)와 행(行), 내(內)와 외(外)에 일관되는 기본 조건이 경(敬)이다. 그의 경 중시는 그의 철학을 '경(敬)'의 학문이라고 일컬어도 무방할 정도이다. 이황에게서 경은 인간의 본성을 드러내주는 조건이므로 그의 경 중시는 곧 인간 본연의 회복에 대한 의지를 의미하는 것이기도 하다.

따라서 경(敬)은 이황의 교학이념으로 자리한다. 이황은 경을 주로 삼고 근본으로 하였다. 경을 인격 실현의 지도이념으로 삼았을 뿐 아니라 교학(教學)정신의 중심 개념으로 하였던 것이다. 이황에 의한 경은 도덕적 자아의 구현을 위한 통일 개념이기도 하였다.

경(敬)은 다양한 모습으로 인식된다(『퇴계전서』『성학십도』). "오로지 하나를 주체적으로 실현하고 다른 곳으로 나아감이 없음[주일무적(主一無適)]", "가지런하고 엄숙한 모습[정제엄숙(整齊嚴肅)]", "항상 마음을 깨어 있게 하는 법[상성성법(常惺惺法)]" 등 깨달음과 성찰을 통해 자기를 다스려 가는 방법이다. 이황은 이러한 의미의 경을 교학의 핵심적 지위에 두었다.

경을 실천하는 교육은 먼저 배우고 가르침에 대한 유학의 태도로부터 시작된다. "쓸데없이 문장을 외우고 여러 가지를 많이 아는 것은 오히려 해가 된다." 이에 따라 이황도 "배우는 일은 반드시 성현의 말과 행동을 본받아 잘 익히고 실천해야 한다. 그런 다음 학문에 나아가는 공이 함양된다."라고 했다. 그러므로 학문이 빨리 이루어지기를 서둘거나 입으로만 지껄이려 들어서는 안 된다. 이렇게 해서야 글을 천 편 외우고 머리가 희도록 경전을 말한들 무슨 소용이 있겠는가?

마음[心]은 한 몸의 주재이고 경(敬)은 그 한 마음을 주재하는 만사의 근본이다. 그러므로 경에 힘쓰는 방법을 아는 일이 성학(聖學)의 처음이자 끝이다. 따라서 학문을 하는 뜻은 의리를 밝혀서 그 몸을 닦은 뒤에 미루어 사람에게까지 미치려 함이요, 한갓 널리 보고 억지로 기억함에 힘써 문장으로 이름이나 날리고 녹봉으로 이익을 취하는 것은 아니다. 이에 마음을 주재하는 경(敬)의 구체적인 공부로 정좌법(靜坐法)을 원한다. 정좌한 뒤에라야 몸과 미음이 거두어지고 도리가 한 곳으로 모이게 된다는 것이다.

다음으로 인격교육의 실천이념으로서 경(敬)을 보자. 이황에 의하면 진정한 지식은 실천지(實踐知)이기 때문에 궁리와 실천을 통하여 몸소 체인체득(體認體得)하는 행위의 원리와 주체가 경이라는 것이다. 그러나 이황은 마음 공부로서의 경을 출세간적인 방법이나 명상을 통해 구하려고 하지는 않았다. 그는 일상생활의 평범한 삶 속에서 지경(持敬)을 이룰 수 있다고 보았다. 다시 말하면 모든 삶의 현실 가운데서 경을 간직한 인격교육이 가능하다고 보았다. 이에 "아침저녁으로 한결같이 나날이 계속하고, 기氣가 청명할 때 이를 자세하게 완미하고 평상시에 체험하고 복돋우라."고 하였다.

이와 같은 경의 삶을 누리는 일은 '생각하는 일'과 '배우는 일'을 겸하는 작업이고, 움직임과 고요함을 일관시키는 일이며, 마음과 행동을 합치시키는 일이고, 마음의 나타남과 감춤을 하나로 통일하는 길이다. 즉 경(敬)은 사(思)와 학(學), 동(動)과 정(靜), 내(內)와 외(外), 현(顯)과 미(微)를 종합 통일하는 원리이다. 경의 길은 사람됨의 알맹이기 때문에 가장 바른 교육의 길이 된다. 이황은 진지(眞知)와 실천(實踐)이라는 수레의 두 바퀴를 경(敬)의 축으로 밀고 나아가게 하였다. 이런 경은 앎과 됨을 하나로 묶고 사람다움으로 추동하는 교육 실천이념의 축이다. 따라서 이황의 유학은 '경(敬)의 교육학'으로 이해할 수 있다.

▶ 이이

이이(李珥)는 이황이 경을 강조한 데 비해 상대적으로 성실(誠實)을 중시했다. 즉 성(誠)을 교육사상의 핵심에 두었다. "배우는 자는 반드시 성심(誠心)으로 도를 향하고 세속의 잡된 일로써 자기의 뜻을 흔들리지 않게 해야만 학문의 기초가 이루어졌다고 할 수 있다." 이는 배움이 성실로부터 싹틈을 얘기한다. 또 『성학집요(聖學輯要)』에서 다음과 같이 말한다.

증자의 학문은 성실하고 독실한 것뿐이다. 그러므로 배움이란 성실을 귀한 것으로 여긴다. 증자는 말하기를 "나는 날마다 나 자신을 세 가지로 반성하는데, 남을 위해 일을 도모하는 데 마음을 다하지 않는가[忠], 벗들과 사귀는데 믿음이 없지 않은가[信], 스승으로부터 가르쳐 받은 것을 익히지 않았는가[傳], 자기에게 다하는 것을 충(忠)이라 하고, 진실하게 하는 것을 신(信)이라 한다. 전(傳)은 스승에게 가르침을 받는 것이고 습(習)은 몸에 익히는 것이다. 증자는 이 세 가지로서 말마다 그 자신을 반성하여 이런 일이 있으면 고치고 없으면 더욱 힘썼는데, 그가 스스로 자기를 다스리는 성(誠)이 이와 같으니 정말 학문을 하는 바탕을 얻었다고 할 수 있다. 그리고 이 세 가지의 순서로는 충(忠)·신(信)을 전습(傳習)의 근본으로 삼는다(『성학집요』).

이로 볼 때, 이이의 교육사상을 꿰뚫고 있는 것은 성실(誠實)이다. 글자 자체에서도 성(誠)은 '말을 이룬다[言＋成]'라는 의미가 배어 있다. 성실이라는 말은 그 뜻이 깊고 넓으나 한 마디로 말하면, 참이요, 거짓이 없는 것이다. 나를 속이지 않는 동시에 남을 속이지 않는 것이다. 진실로 자신에 대하여 충실한 동시에 남에 대하여 정성을 다할 것을 요청한다. 자기 충실과 타자 배려라는 관점에서 개인과 공동체의 조화를 꾀한다.

성실(誠實)은 성인들의 기본적인 삶의 자세이다. 이이는 모든 유학자들이 내세우는 이른 바 성인(聖人)을 모델로 자신의 교육을 입론하였다. "처음 배우는 사람은 뜻을 세워 반드시 성인이 될 것을 기약하라.", "무엇보다도 먼저 뜻을 크게 가지고 성인을 표준으로 하여 털끝만큼이라도 그에 미치지 못하면 나의 일은 끝나는 것이 아니다.", "옛날 성실하게 삶을 영위했던 성인의 위업을 깊이 깨닫고 그 업적이 계속 이어지도록 노력하라." 등 자신을 채찍질하고 교육을 논의하는 전반적인 선언의 서두에서 성인을 모범적으로 내세우고 있다.

성인은 성(誠)이라는 진실함의 체현자이다. 성인을 모델로 할 때, 인간은 성(誠)을 떠나서 참다운 존재와 학문을 이룩할 수 없다. 인간적 태도란 결국 인간이 인간답게 살려고 애쓰는 성(誠), 성실함 그 자체인 것이다. 그러기에 『중용』에서는 "성은 하늘의 도이고 성실하려고 노력하는 것은 인간의 사명"이라고 언급하였다.

이이에 의하면 한 마음이 진실로 참되면 모든 일이 다 참된 것이니 성은 사람으로서 사람 구실을 할 수 있는 사람의 길이다. 이이에게 실리(實理: 天道)·실심(實心: 人道)이라는 것도 다른 것이 아니고 성(誠)일 따름이다. 성은 천도이고 성을 온전히 하는 것이 인도이다. 사실 성(誠)은 인간이 노력해서 달성할 수 있는 극처가 아니다. 성(誠)은 언제나 무위(無爲)로 존재한다. 그것은 인간의 자기 노력을 통하여 실현된다. 여기에서 교육은 수기(修己)라는 자기 노력을 통해 진실함의 경지로 나아가는 데 기여한다.

이런 측면에서 이이는 사람됨의 길과 인간교육의 방법론을 구체적으로 가르쳐 주었다. 그것을 이름하여 '성(誠)의 교육학'이라 할 수 있겠다.

이와 같은 조선 초·중기의 유학교육은 유학의 중점이 시대상황에 따라 바뀌어온 교육체계라고 볼 수 있다. 요컨대, 조선 초·중기의 유학교육 사상은 수기치인(修己治人)이라는 유학의 기본체계를 철저하게 계승하면서도, 사상가의 현실 인식에 따라 리(理), 기(氣), 성(誠), 경(敬), 의(義) 등의 유학교육의 주요한 개념이 생활실전과 결부되어 전개되었다.

2. 조선시대 후반기: 양란 이후의 교육

(1) 관학의 쇠퇴와 성격의 변화

임진년 전쟁[임진왜란]을 기점으로 조선 후기에 들어서면, 기존의 유학에 대한 반성이 일어나면서 새로운 학풍이 대두하였다. 조선 후기 유학은 흔히 '실학'이라고 하는데, 실학자들은 조선 전기의 성리학자들의 사고에만 머물지 않고 교육의 기회균등을 주장하고, 인간의 개인차를 인정하며, 능력에 의한 교육을 주장하였다. 또한 공교육의 필요성과 단계적인 학제를 주장하고, 중국 중심의 사대주의적 학풍을 비판하면서 교육과정의 개혁을 주장하였다.

이 시기에는 백성들의 슬기와 창조적 활동에 의하여 생산력이 발전하고 천문기상학과 의학이 발전하면서 기술교육이 확대되었다. 따라서 중앙집권교육이 약화되고, 지방의 중소 지주세력의 적극적 사회진출을 통해 국가의 정규교육기관의 성격이 변화하고 사설교육기관인 서원이 팽창하였고, 백성들의 지원과 독학자들의 발기에 의하여 서당교육이 급속히 확대되었다.

17~18세기 들어서면서, 국가의 정규교육기관인 관학의 성격이 급속히 변화되었다. 관학은 서울에 소재하고 있던 최고교육기관인 성균관과 사학, 지방의 향교이다. 이 중에서도 서울에 있던 교육기관들의 변화가 두드러졌다.

북한의 교육사에서는 관학의 성격 변화를 네 가지 측면에서 비판적으로 정돈하고 있다(홍희유·채태형, 1995: 166-173).

첫째, 조선 후반기에는 교육내용이 한층 반동화 되고 교육방법에서 독경식(讀經式) 교육의 뿌리가 깊이 내리기 시작하였다. 17~18세기에는 당파싸움이 격화되면서 성리학에 바탕을 둔 교육 이론이 더욱 반동화 되었다. 시대는 바뀌고 있는데, 기본 교재는 이전과 다름없이 사서삼경과 주자의 경전집주였다. 특히, 우암 송시열의 사유를 주자의 사상에 대한 수정을 절대 허용하지 않는 맹목적 태도로 보고, 강력하게 비판한다. 송시열과 같은 학문 태도는 경전 학습에서 학생들의 창발성이 극도로 마비되는 결과를 가져왔고 교육에 부정적 영향을 미쳤다는 것이다. 아울러 송시열의 학습방식은 성리학의 관념론적 개념을 통째로 받아들이고 그 본질을 탐구하지 않고 맹목적으로 읽고 따라 배우며 기계적으로 암송시키는 독경식 교육을 보급시켰다고 비판하였다.

둘째, 교육기관에서 제사의식과 관련된 기능이 일방적으로 강조되고 그것이 당파싸움에 이용되었다. 앞에서 설명하였듯이, 성균관이나 향교에는 학생들이 공부하는 강당인 명륜당이 있고, 동시에 공자를 모시는 사당인 문묘가 있었다. 사학인 서원의 경우에도 선현을 모시는 사당이 있었다. 이는 유교의 교육이 제사의식과 밀접히 결합되어 있고 종교의식이 동반됨을 의미한다. 엄밀하게 말하면, 당파싸움이 본격화 되지 않았던 16세기 이전에는 제사의식이 관학의 운영에서 심각한 문제는 아니었다. 17세기 이후, 당파싸움이 격화되면서 각 당파에 속하는 학자들은 자신이 존경하는 선현들을 성균관이나 향교의 문묘나 모시고 제사지낼 것을 집요하게 요구하였다. 문묘나 사당을 장악하는 것은 바로 해당 교육기관을 차지하는 것이나 마찬가지였기 때문이다. 성균관 유생들의 경우, 성균관 문묘종사 문제를 가지고 상소하기에 앞장섰고, 뜻대로 되지 않을 때는 학업을 거부하는 권당이나 공관의 싸움에 참여하기도 하였다. 이런 점에서 성균관은 교육기관의 기능을 상실하고 제사의식과 연관하여 당파의 이익을 다투는 장이 되고 말았다.

셋째, 국가에서 운영하던 교육기관들이 이름만 남고 실속 없는 기관으로 전락하였다. 위에서 보았듯이, 중앙의 최고교육기관인 성균관은 당파싸움으로 인한 공관 등으로 교육이 중단되고 혼란이 조성되는 일이 많았다. 때문에 유생들의 자질도 이전보다 낮아졌고, 교육도 낮은 수준에서 진행되었다. 교원도 인품이나 덕망, 지식 소유 정도에 따라 선발된 것이 아니라, 당파의 소속에 의해 꾸려졌다. 사실, 성균관은 과거시험을 보기 위한 교육기관이었다. 하지만 당시 성균관 유생으로서 문과 과거시험에 합격한 사람의 수는 매우 적었다. 이는 과거시험을 준비해야할 유생들이 당파싸움에 휘말려 유교경전 연구를 소홀히 했다는 증거이다. 지방의 향교는 더욱 피폐하였다. 향교를 관리하던 자들은 향교의 교육보다는 향교로 인해 나오는 수입을 뜯어 먹는 데만 몰두하였다. 이런 형편이다 보니 지방의 유생 중에 향교에서 공부하려는 사람은 거의 없었고, 지방 유생들의 명단인 청금록에 이름만 올려놓고 군포 납부를 모면하는 부정이 저질러지기 일쑤였다. 그야말로 향교는 이름만 남아 있었다고 해도 과언이 아니었다.

넷째, 교육기관의 재정과 경제적 토대가 약화되었다. 임진왜란은 관학의 발전에 치명적 결과를 가져왔다. 임진왜란으로 인해 서울의 성균관과 사부학당은 거의 파괴되었고, 17세기에 들어와서야 겨우 복구되고 재건되기 시작하였다. 1601년에 성균관의 문묘가 복구되고, 5년 후인 1606년에야 명륜당이 다시 준공되었다. 사학은 1609년이 되어서야 중부학당과 서부학당이 복구되고, 동부학당과 남부학당은 그보다 뒤에 복구되었다. 그것도 국가의 재정 형편이 어려웠기 때문에 본래 모습대로 복구하지 못하였다. 국가의 재정이 어려운데, 중앙 관학의 재정이 어려운 것은 당연하였다. 거기에다 성균관과 사학을 유지하기 위해 마련해 준 어장을 비롯하여 여러 재정을 일부 지배계층이 빼앗아 가는 바람에 학교를 유지하기가 더욱 어렵게 되었다. 향교는 더욱 열악한 환경에 놓였다. 임진왜란 때 소각되거나 파괴된 향교들은 제때에 복구되거나 재건되지 못하였고, 기껏해야 표창제도를 통해 지방 유생들의 기부금으로 향교를 복구하는 조치를 취할 뿐이었다(『증보문헌비고』 권209). 전쟁의 피해를 입지 않은 향교의 경우에도 수리보수 사업이 진행되지 않아 건물이 저절로 파손되었고 향교 안에는 잡초가 무성하여 빈집처럼 되었다고 한다(『효종실록』 권18).

(2) 사학의 확대와 팽창

17세기 이후, 관학의 성격 변화와 더불어 사설교육기관인 서원이 급속히 팽창하였다. 서원은 국가에서 지원하는 사액서원과 비사액서원으로 나눌 수 있다. 사액서원의 경우, 학생 수가 20명이었으나 비사액서원의 경우 15명으로 한정되어 있었다. 서원에 입학하는 자는 생원이나 진사, 또는 소과의 초시합격자, 그밖에 지역사회에서 나름대로 공부를 좀 하는 독학사들이었다. 그렇다고 모든 서원이 높은 입학 자격을 요구한 것은 아니었다.

교재는 성균관이나 향교와 같이 사서삼경이었고, 대부분의 서원은 주자의 백운동서원의 규칙과 율곡 이이의 학교모범에 의거하여 교육을 진행하였다. 서원에는 책임장인 원장, 부책임자인 부원장, 경서와 예절을 가르치는 강장, 문장을 가르치는 훈장, 행정사무를 담당하는 도유사, 부유사, 선비의 기개를 장려하는 집강, 잡무를 담당하는 색장 등으로 구성되어 있었다.

서원의 설립은 원칙적으로 아무리 이름난 유학자라고 할지라도 한 사람당 하나만 세울 수 있었다. 그러나 17세기 이후, 한 사람의 선현을 모시는 서원이 여러 개 설치되는 첩설현상이 나타났다. 이러한 이중 삼중의 서월 설립을 막기 위해 조정에서는 첩설금지령을 내리기도 하였으나 그것을 막아낼 수는 없었다. 1741년 국가에서는 각도에 차사원을 파견하여 첩설한 서원에 대해 철폐하게 하였으나 1770년대에 이르러 전국의 서원 수는 600개, 1798년에는 800여개로 늘어났다.

서원 수의 증가는 교육의 수준을 저하시키고, 여러 가지 폐단을 낳았다. 군역을 피하여 서원에 투숙하는 유생의 수와 노비의 수가 불어났고, 서원에 속한 전답이 늘어났다. 심지어는 지방에서 사설교육기관인 서원이 국가의 정규교육기관인 향교를 천시하는 경향도 생겼다. 요컨대, 17~18세기 서원은 교육기관으로서의 기능보다는 군역기피의 소굴이 되었고, 유교경전의 연구보다는 당파싸움, 백성들로부터 재물을 긁어내어 주색잡기로 허송세월하며 무위도식하는 공간이 되고 말았다.

17세기 이후, 서원 이외에 주목할 만한 사설교육기관은 서당이다. 전국적으로 어느 정도의 서당이 분포되어 있었는지 학생 수가 얼마나 되는지 자세하게 알 수는 없다. 하지만 사회정황상 추측해 보건대, 동네마다 서당이 없는 곳이 거의 없을 정도였다고 한다.

서당 가운데는 일반 백성의 자제를 대상으로 한 것과 양반의 자식을 대상으로 한 것이 있었다. 일반 백성과 양반의 자식들을 함께 교육하는 서당도 있었지만, 이 경우에도 서당의 서쪽 칸은 일반 백성들의 자제가, 동쪽 칸에서는 양반의 자식들이 따로 공부하여, 한 방안에서 양반과 일반 백성이 구별 없이 교육하는 경우는 거의 없었다. 서당의 종류에는 집에서 통학하는 것과 서당에 기숙하는 것의 두 종류가 있었는데, 일반적으로 기숙서당이 규모가 컸다.

서당의 교재는 천차만별이다. 서당에 따라 또는 같은 서당일지라도 학생의 지식 수준에 따라 일정하지 않았다. 하지만 『천자문』, 『동몽선습』, 『사략초권』, 『소학』, 사서삼경, 『근사록』 등을 교재로 선정하여 교육하였다.

이러한 17~18세기의 서당교육의 확대는 교육의 대상과 규모를 확장하였다는 데 의미가 있다. 특히, 사립학교의 발전을 추진하는 계기가 되었다고 판단된다. 반면, 계급의 한계로 인해 최하층계층인 노비에게 열려 있지 않았고, 교과목 편성에서 한글로 교육하지 않은 점은 교육 문화 발전에 장애가 되었다고 판단된다.

(3) 실학적 교육사상의 흐름

조선 후기 유학은 제도 개혁에 치중하는 경세치용학파로 반계 유형원과 성호 이익이 있고, 상공업 및 생산기술에 관한 연구와 그 혁신에 치중하는 이용후생학파로 연암 박지원과 박제가를 들 수 있으며, 경서와 금석 등의 고증에 치중하는 실사구시학파로 추사 김정희를 들 수 있다. 유형원은 신분과 직업의 세습제 철폐를 주장하며, 능력주의를 중시하였고, 이익은 지행합일을 소중히 여기는 실천주의를 강조하였다. 박지원은 민족의 주체성과 인간의 존엄성을 강조하였고, 실학의 완성자라고 하는 정약용은 자기 수양을 통해 능력을 닦고 이것을 천하 국가를 위하여 실천궁행할 수 있는 사람을 양성하고자 하였다.

이와 같이 조선 후기 유학인 실학의 교육이념은 실제 행해지지는 못했다 하더라도, 우리나라 교육의 진보와 교육 개혁, 민족 주체의식의 보급 등 이후의 교육에 일정한 영향을 미쳤다.

▶ 유형원

유형원(柳馨遠)은 조선 후기 유학의 실학적 경향을 열어 놓은 교육사상가이다.

그는 당시 민중들의 피폐한 삶을 목격하고 사회제도의 문제점을 심각하게 고민하였다. 유형원은 기본적으로 유학의 도를 사회에 구현하려는 점에서는 당대의 학자들과 동일하다. 그러나 유학의 내용에 밝은 인간을 양성하기 위한 교육을 실시하되 능력에 의한 교육을 주장하고, 교육기관 사이의 계열화를 주장하는 학제 개혁안을 제시한다는 차원에서 혁신적이다.

유형원은 학문의 목적을 유학의 도를 밝히고 현명한 사람을 기르는 데 두었다. 이전의 유학자들이 유학의 본질적인 차원, 즉 성인·군자라는 이상적 인간상에 교육의 궁극 목적을 둔 데 비해, 유형원은 당시 과거시험 준비 차원에서 이루어지던 교육을 바로 잡기 위하여 개혁을 시도하였다. 다시 말하면, 유학이 사회를 발전시키는 사상적 기초로 작용하지 못하고 오히려 사회를 정체시키는 요인으로 전락한 것에 대해 심각한 위기의식을 느꼈다. 따라서 그는 유학의 근본 원리를 탐구하여 그 본질을 밝히고 이를 실천에 옮길 수 있는 인재 양성을 간절히 바랐던 것이다.

이런 차원에서 유형원은 제도의 개혁을 모색하면서, 능력에 따른 교육 기회의 확대를 주장하였다. 그는 '세상에 태어나면서부터 귀한 사람이 정해진 것은 아니다'라고 하면서, 신분 차별이 심한 사회 현실을 개탄하였다. 우리의 풍속이 지나치게 문벌을 숭상하여 선비들조차도 양반과 품류를 따져서 향적에 가입시키는 실정을 비판하였다. 그의 이러한 정신은 교육관에도 그대로 반영되었다.

교육은 신분의 높낮이보다는 개개 인간이 지닌 능력이나 연령에 따라 실시되어야 한다. 아울러 학교는 사대부의 자제는 물론 평민의 자제들도 모두 입학하여 공부할 수 있어야 한다고 주장하였다. 이것은 과거라는 선발제도보다는 학교를 통한 교육의 본질을 구현할 때, 훌륭한 인재도 길러질 수 있다는 의미이다. 이에 유형원은 과거제를 폐지하고 공거제(貢擧制)를 주장하였다. 공거제는 학교 교육을 통하여 나타난 개인의 덕행을 준거로 인재를 등용하려는 것이다.

또한 학교교육을 강화하여 교육의 본질을 회복하려는 그의 노력은 학제의 계열화로 나타났다.

서울에는 태학(太學)을 세우고 또 중학(中學)과 사학(四學)을 세우며, 사학에는 내사(內舍)와 외사(外舍)를 둔다. 여러 도의 감영(監營)에는 모두 영학(營學)을 두고 주현(州縣)에는 읍학(邑學)을 두며 읍학에도 내사와 외사를 둔다. 태학은 선발된 선비들이 거처하는 곳이다. 중학은 사학에서 논의하여 올리는 선비를 받는다. 사학은 동·서·남·북 네 곳의 학교이다. 「대대례(大戴禮)」를 살펴보건대, 옛날에는 태학이 있었고, 동서남북의 학이 있었으며, 당나라의 제도에는 태학 이외에 사문학(四門學)이 있었다. 내사는 액내생(額內生)이 거처하게 하고, 외사는 증광생(增廣生)이 거처하게 한다. 증광생은 액외생(額外生)에 해당한다. 내사는 안에 두어 동재(東齋), 서재(西齋)로 나누고 외사는 밖에 두어 동재, 서재로 나누는 데, 그 내외의 두 사는 동일한 담으로 둘러있으며 작은 담으로 막고 가운데 문을 통해 개방한다. 지금 외방의 향교에서는 양반은 동재에 거처하고 서민들은 서재에 거처하므로 서재가 비어 있어도 양반이 즐겨 들어가지 아니하고 동재가 비어 있어도 서민들이 들어갈 수 없으니, 이치에 맞지 않는 일이다. 마땅히 하나로 하여 편의에 따라 들어가 거처하게 만들고, 결코 동서 재실로 차등을 나눠 정하지 말아야 한다. 영학은 주현의 읍학에서 논의한 선비를 받는다(『반계수록』).

즉 초등교육기관으로 지방에는 향상(鄕庠), 서울에는 방상(坊庠)을 두고 지방에는 읍학(邑學)과 영학(營學)을 두어 태학에 입학할 수 있게 하고, 서울의 경우, 사학(四學)과 중학(中學)을 거쳐 태학에 진학할 수 있게 학제를 개편하려고 하였다. 이런 측면에서 유형원은 유학에 충실하면서도 능력에 따라 인재를 선발하려는 개혁적 교육사상가로 평가할 수 있다.

▶ 이익

이익(李瀷)은 일생을 초야에 묻혀 살면서 유형원의 학문을 더욱 발전시킨 사상가였다. 그는 주자와 퇴계의 학문을 바탕으로 자기 사고를 전개했으나, 성리학의 사변성에 회의를 품고 실용성을 강조하는 학문에 관심을 기울였다. 특히 나라를 다스리는 데 어진 인재가 필요하다고 보고, 과거시험이 아닌 학교교육을 통해 인재를 선발하려고 하였다. 그것은 다음과 같은 그의 과거제 인식과 관련된다.

> 과거라는 것은 선비들이 자기 재능을 자랑하여 유사에게 뽑히기를 바라는 짓이다. 그들이 배운 글을 외우고 짓는 등 말단적인 일일 뿐이다. 세상에 태어나 머리털이 마르기도 전에 과거에 대한 공부만 하고 있으므로 요행히 과거에 급제하여도 그들이 배운 것은 여전히 서투르고 거칠어 배운 것은 소용이 없고 소용되는 것은 배운 것이 아니다. 그러니 어찌 관청에 앉아서 법령을 내어 국가를 견고하게 하고 백성을 편하게 할 수 있겠는가? 옛날에는 인재를 등용하는 데 명목이 많았다. 문장만으로 뽑는다면 시골에서 효도하고 공경하는 순박한 사람을 뽑을 수 없을 것이고, 덕행만으로 뽑는다면, 실무능력도 있고 재능도 있는 사람이 나올 수 없다. 그러므로 마땅히 다방면으로 등용할 수 있는 길을 열어 놓아야 한다(『성호전서』).

이익의 교육 개혁은 과거제 개편과 능력 본위의 인재 선발로 요약된다. 당시 폐단이 많던 과거제를 오년대비지제(五年大比之制)로 바꾸고 향거이선(鄕擧里選) 제도를 채용하여 인재 선발방법을 보완하려고 하였다.

오년대비지제의 핵심은 종전의 과거제가 3년에 한 번씩 실시하는 식년제인데 이를 폐지하고 5개년에 걸쳐 소정의 과별시험을 실시하여 응시자의 학업 내용을 보다 착실하게 하여 인재를 가려내자는 것이다. 이는 "재능이 있는 사람이 태어나는 데는 귀한 가문이나 천한 가문의 차이가 없다."라는 이익의 인간관과 연결되어 있다. 이익은 인재 등용에서 문벌 존중이나 신분적 제한을 풀고 모든 사람들에게 개방하는 일을 급선무로 보았다. 특히, 노비에 대해 점진적으로 응시 자격을 부여하자는 주장은 평등적인 시각의 정점을 보여준다.

그리고 향거이선 제도는 3년마다 인재를 천거하는 데, 향대부 이상은 각 1인씩을 추천하되 귀천을 가리지 않고 오직 어진 사람을 취하도록 하고, 또한 주와 군에서 각 1인씩을 추천하게 하되 주와 군내에 제한하지 않고 널리 도내에서 취하도록 하는 것이었다. 추천된 사람은 그 문적을 만들고 많은 사람으로부터 추천받은 사람을 상위로 정하였다. 결국 이익은 과거제 개편과 추천제를 병행하는 능력 중심의 새로운 인재 선발방법을 모색하였다.

또한 이익의 사상에서 교육과 관련하여 눈여겨 볼 것은, 자율과 자각에 의한 교육방법이다. 이익은 인간을 도덕 판단의 척도를 지닌 존재로 규정하면서 자율의지에 의해 행동한다고 보았다. 이는 인간 자신이 정밀하게 판단하여 진리에 도달한다는 의미이다. 이런 주체적 신념의 자율인 강조는 민족 주체성을 자각하는 방향으로 나아갔다. 이에 당시의 유학자들과는 달리 이익은 우리의 역사와 철학을 상징하는 『동국사』와 『퇴계집』을 교육내용으로 첨가하자고 주장하였다.

아울러 '자각'을 중시하였다. 즉 자신이 스스로 깨닫는 방법이 가장 좋고, 그 다음으로 분발하여 깨우치는 것이다. 그러기에 아이가 지각이 조금 열릴 때 깨닫는 바에 따라 격려하고 칭찬하면 바로 공부에 흥미를 갖게 되어 배움을 좋아하게 된다고 인식하고 아이들의 개성을 존중하였다.

요컨대, 이익은 '인간은 평등하다'라는 인식 가운데 '개인의 특성을 발견하여 신장하는 것'을 교육의 핵심으로 본 듯하다. 다시 말하면 인간은 온갖 이치와 처리방법을 갖춘 영명한 존재라는 관점에서 계발교육을 강조하였다. 귀천의 차별 없이 인간에 대한 신뢰를 전제로 자발성에 의한 계발교육을 열었다고 볼 수 있다.

▶ 박지원

박지원(朴趾源)은 이른 바 조선 후기 학풍 중 북학파(北學派)라고 불리는 사조의 중심 인물이다. 북학파는 청[중국]의 선진 문물을 과감히 수용하려는 일군의 학자들이다. 이들은 상공업 발전의 중요성을 통감하고 이용후생(利用厚生)의 사고를 중시하였다.

박지원은 학문의 정신을 '선비'에 비유한다. 선비는 인간 삶의 근본을 터득하고 있는 존재이다. 이는 성현처럼 도를 밝힐 수 있는 능력을 지녀야 한다. 다시 말하면 인간과 사물에 대한 올바른 법칙과 질서체계를 담보할 수 있어야 한다. 이것은 배움을 통해 가능하다.

성현의 법을 배우는 데는 두 가지 종류가 있다. 하나는 형식 또는 외피를 배우는 일이고 다른 하나는 그 정신 또는 내용을 배우는 일이다. 형식만 배우고 그 속에 담겨 있는 정신을 배우지 못하면 그것은 참다운 배움이 아니다. 이런 정신과 내용을 배우는 일의 핵심은 개인의 완성을 지향하는 존덕성(尊德性)과 공동체의 완성을 고려하는 도문학(道問學)이었다. 이런 차원에서 박지원의 눈에 비친 교육은 개인적 완성뿐만 아니라 사회적 완성의 과정이었다.

박지원의 교육에 대한 언급 중 획기적인 제안은 익히 알려진 '삼서불가독설(三書不可讀說)'이다. 이는 중국의 문자서이자 역사서인 『천자문(千字文)』, 『사략(史略)』, 『통감절요(通鑑節要)』 등 세 책이 아동용 교재로 적합하지 않으므로, 읽어서는 안 된다는 주장이다. 『천자문』은 그 구성상 의미가 개념의 구성 원리에 맞지 않고, 『사략』과 『통감절요』는 내용이 비합리적이어서 교육적으로 의미가 없다는 것이다. 다시 말하면, 당시 아동용 교재로 많이 쓰였던 이런 책을 아이들에게 가르쳤을 때, 잘못하면 단순히 글자를 익히는 데로 떨어질 소지가 있고, 중국적 사고에 물들게 할 수 있다. 박지원의 비판은 이런 사태에 대한 경고이다.

박지원이 볼 때, 진정한 교육은 문자의 참뜻을 알고 삶의 질서와 운행을 인식하여 분별력과 종합력을 제대로 갖추는 일이다. 단순히 글을 배우는 것이 아니라 조선인으로서 삶을 올바르게 이해하고 탐구하는 문제이다. 그러기에 '삼서불가독설'을 통해 엿볼 수 있듯이, 배움의 초기 단계에서 단순한 글자가 아니라 삶과 배움의 올바른 의미를 가르쳐 주어야 한다. 이것이 바로 존덕성에 해당한다. 박지원은 성현들의 가르침을 배우고 검토함으로써 민족주체성에 기반한 삶과 배움의 참 의미에 접근할 수 있다고 판단하였다.

▶ 이덕무

이덕무(李德懋)는 박지원과 같은 북학파로서 교육에 대한 심도 있는 논의를 전개하였다. 그가 지은 『사소절(士小節)』은 인간의 출생 이전인 태교부터 유아기, 아동기, 성인기, 노년기, 죽음에 이르기까지 한 평생의 교육내용을 구체적으로 담고 있다. 특히 아동교육에 관한 그의 견해는 매우 각별하다.

이덕무는 말한다. "말은 태어난 후 길들이지 않으면 천리마가 될 수 없다. 소나무 묘목은 북돋아 주지 않으면 좋은 재목이 될 수 없다. 자식을 낳아 두고서 가르치지 않으면 내버리는 것과 다름없다.” 이덕무는 동물이나 식물이 어릴 때부터 기르고 가꾸어서 제대로 형성되듯이 인간도 그런 과정을 거쳐야 한다고 역설한다. 이는 바로 교육의 기능과 역할에 대한 지적이다.

이런 인식에 기초하여 이덕무는 아이들의 특성과 교육의 양식은 다음과 같이 구체적으로 제시한다(『사소절』「동규」).

- 어린이는 경솔하고 수선스럽고 들뜨고 천박한 버릇이 많다. 행실이 완전하지 못하고 일을 제대로 하지 못하는 것은 바로 이러한 특성 때문이다. 그러므로 『주역』에서 말하였다. “무지몽매한 아이들을 교육하여 바른 사람으로 만드는 것은 위대한 성인[聖人; 교사]의 공적이다.”
- 어린이는 말을 급하게 하고 걸음을 허겁지겁 빨리 걷는다. 교사들은 이를 보는 대로 주의를 주어 바로 잡아 주어야 한다.
- 어린이의 성품은 깨끗하고 새로운 것을 좋아하는 버릇이 있어, 스스로 그러한 것을 시험해 보려고 한다. 이는 사치하는 버릇에 빠지기 쉽다. 교사들은 이를 조절하여 검소하게 바로 잡아서 소박한 의복을 입게 해야 한다. 또한 헝클어진 머리와 때묻은 얼굴, 옷과 띠를 잘 정비하지 않는 경우가 있다. 이는 검소한 것이 아니라 용렬하고 천한 것에 가까워 칭찬할 것이 못 된다. 교사는 이를 조절하여 깨끗하게 바로 잡아서 잘 씻고 정비하여 누추하게 되지 않게 해야 한다.
- 어린이는 뛰놀기 좋아한다. 그러므로 열이 많아 물을 절제 없이 자꾸 마시고 상당수가 고질병을 이룬다. 이에 조용한 행동을 익히고 마시는 것을 조절하도록 교육해야 한다.
- 어린이는 거짓말을 해서 남을 놀라게 하고, 명치 끝을 짓누르고 발목 뼈를 후려치며, 바람을 일으키며 춤을 추고, 한 발로 걷고, 곤두박질하고, 남의 얼굴에 먹칠을 하고, 종이를 말아 가지고 남의 콧구멍을 쑤시는 등 애꿎은 버릇이 많다. 교사는 이런 행동에 대해 적절한 교육을 해야 한다.
- 어린이는 칼이나 송곳 같은 뾰족하고 날카로운 기구를 가지고 놀기를 좋아한다. 그러다 보니, 심한 경우에는 잘못해서 살에 상처를 내어 딱지가 앉게 만

들고, 눈동자를 찔러 애꾸눈이 되게 하는 일도 있다. 교사는 항상 이를 조심시켜야 한다.

· 어린이는 말하는 것이 급하니 신중히 하도록 경계해야 한다. 예컨대, 거지를 대하더라도 비렁뱅이라 부르지 말고, 애꾸눈을 대하여도 애꾸눈이라 부르지 말게 해야 한다. 또한 '참혹하다, 원통하다, 재수 없다' 등의 부정적인 말을 가볍게 입 밖으로 내지 말도록 교육하는 것이 좋다.

· 어린이는 앉을 때 반드시 기대어 앉고, 오래 앉는 것을 견디어 내지 못하며, 무릎을 흔들고 손을 뒤척이고, 들떠서 항상 돌아다니려고 한다. 교사는 이런 기운을 바로 잡고 버릇을 고칠 수 있도록 교육해야 한다. 그렇지 않으면 성인이 되었을 때, 험상 굳고 패악한 행실을 하게 될 수도 있다.

· 어린이는 놀기를 좋아하고 구속받기를 꺼려서 항상 선생님이 교실에 없기를 바란다. 이는 착한 마음이 아니다. 선생님이 교실에 없는 것을 틈타서 친구들을 모아 콩 볶듯 시끄럽게 놀며 하지 않는 짓이 없다가, 문득 선생님의 큰 기침 소리가 들리면 창문 구멍으로 엿보며 가만가만 걷고 조용조용 이야기하여 굳이 책 읽는 체한다. 그렇다고 선생님이 속아 넘어가는가? 그러기에 『예기』에 말하였다. "그 마음을 훤히 들여다보는 것과 같다."라고. 어린이는 하는 짓이 대개 이와 같다. 그러니 교사가 이런 행실을 고쳐 주지 않으면 불량아가 되고도 남음이 있으니 심각하게 교육해야 한다.

· 어린이는 책을 읽을 때, 마음이 몹시 조급하고 산만하여 스승이 가르치는 뜻을 듣기 싫어하는 경향이 있다. 그러다 보니 손가락으로 책장을 넘기려고만 한다. 심지어는 설명이 마지막 줄의 뜻에 이르기도 전에 빨리 책장을 넘겨서 그 뜻을 잘 이해하지 못하기도 하고, 또한 어려운 점을 묻는 일도 없이 가르치자마자 바삐 책을 덮어놓기도 한다. 또 선생님이 소리를 내어 같이 읽도록 인도할 때, 어린이는 다급하게 빨리 읽어서 그 소리가 선생님보다 앞서기도 한다. 이는 교육의 도리에 어긋난다. 가르치는 뜻을 잘 이해하지 못하여 마음이 안정되지 않으니 훌륭한 인재가 되기 어렵다. 교사는 이를 깊이 고려해야 한다.

· 어린이의 버릇은 거의 다 '책읽기[지식 공부]'를 싫어하고 '일하기'를 꺼려한다. 그러면서도 '노는 일'은 권하지 않아도 잘하고 가르치지 않아도 부지런하다. 장기·바둑·투전·윷놀이·돈치기 등을 훤히 다 알면 부모형제들과 친구들은 그 재주와 지혜를 칭찬하며 장려하고, 혹 잘하지 못하면 조롱하고 비웃

으며 왕따 시키니, 어찌 이렇게 고질병이 되었는지 모를 일이다. 이런 놀음은 모두 정신을 피폐화 하고, 의지와 기개를 더럽히며, 공부를 그만두게 하고, 바른 품행과 절도가 엷어지며, 경쟁을 조장하고, 간사함을 기른다. 심해지면 도박에 재산을 탕진하고 죄를 져 형벌을 받는 데까지 이른다. 그러므로 교사는 이를 엄중히 꾸짖어 금하고 종아리를 쳐야 한다.

- 어린이가 담배를 피우는 것은 아름다운 행실이 아니다. 담배는 골수를 스미고 혈기를 마르게 한다. 그 독한 진은 책을 더럽히고 재는 옷을 태운다. 담배통을 물고서 난잡하게 다투는 놀이를 하여 입술이 터지고 이가 부러지고 심지어는 골을 꿰고 목구멍을 찌르게 하니, 어찌 두렵지 아니한가? 선생님이 절실히 금하고 종아리를 때려도 몸을 숨기고 훔쳐 피워서 마침내는 잘못을 고치지 못하는 아이도 있다. 더욱 심각한 것은 부모형제나 친구들이 담배를 피우라고 권하는 사람도 있다. 담배를 피우는 일이 성행하는 것은 그리 아름다운 일이 아니다.

나아가 이덕무의 『사소절』에서는 성인기 노년기의 죽음에 이르기까지 평생교육의 내용을 담고 있다. 즉 아동을 가르치는 부모의 경우, 스스로 성품과 행실을 점검하고, 일상생활에서 모범을 보이도록 평생을 수행하면서 자기 교육, 자기수양에 힘써야 한다.

요컨대, 아동은 학습자로서 부모와 주변의 어른으로부터 교훈을 따라 배우고 익히게 하고, 부모도 성현의 가르침을 준칙으로 평생동안 교양을 쌓으며 자기 반성을 행하는 수련자로서, 교수와 학습을 겸해야 한다.

▶ 박제가

박제가(朴齊家)는 홍대용·박지원 등의 학풍을 계승하여 이용후생을 핵심으로 하는 북학론을 정립하는 데 결정적 기여를 하였다. 북학론은 당시 선진적인 중국 문물과 제도를 섭취하고 실용성을 추구하려는 의식을 지니고 있었다. 그러기에 『북학의』 서문에서, "이용(利用)과 후생(厚生)은 한 가지라도 갖추어지지 않으면 위로 정덕(正德)을 해치는 폐단을 낳게 된다."고 하여 실학적 면모를 드러내었다. 또한 당시의 시대상황을 다음과 같이 지적하며 벼슬아치들의 각성을 촉구하였다. "현재 백성들의 생활은 날이 갈수록 곤궁해지고, 국가의 재정은 날이 갈수록 고갈되고 있다. 이러한 상황임에도 불구하고 사대부가 팔짱을 낀 채 바라만 보고 구제하지 않을 것인가? 아니면 과거의 습속에 안주하여 편안히 안락을 누리면서 실정을 모른 체만 할 것인가?"

박제가가 교육에 대해 체계적으로 논의한 것은 찾아보기 힘들다. 그러나 그의 현실인식과 비판정신은 교육이 무엇을 지향해야 하는지 상징적 효과를 준다. 특히, 박제가는 인재 등용의 문제를 제시하면서, 실제적이고 실용적인 능력 있는 존재의 선발을 직접적으로 언급하고 있다(『북학의』「과거론」).

과거란 무엇인가? 인재를 뽑기 위한 것이다. 인재를 뽑는 이유는 무엇인가? 그들을 쓰기 위해서이다. 인재를 뽑을 때, 문장을 기준으로 하는 것은 그의 문장 솜씨를 이용하기 위한 목적에서이다. 이는 인재를 뽑을 때 활쏘기를 기준으로 하는 것이 그의 활솜씨를 이용하려는 것과 같은 이치이다.

그렇다면 오늘날의 과거는 무엇을 목적으로 하고 있는가? 앞서 치른 과거에서 거두어들인 인재를 미처 기용하지도 않았는데, 뒤에 치른 과거를 통해 또 다시 급제자가 무더기로 배출되는 형편이다. 3년만에 한 번씩 치르는 대비과(大比科) 외에도 반시(泮試), 절일제(節日製), 경과(慶科), 별시(別試), 도과(道科) 등 여러 명목의 과거가 번잡하게 치러진다. 수십 년 동안 크고 작은 과거에서 배출된 인원이 국가에서 정한 관작의 정원 수에 비해 10배는 된다. 정원 수의 10배가 되는 인원을 모두 기용할 수 없는 점을 감안하면 그 중의 9할은 쓸데없이 배출한 인원임이 분명하다. 그렇다면 인재를 기용한다는 과거 본연의 목적은 과연 어디에 있단 말인가?

현재 치르는 과거에서는 과거시험에서 쓰는 문체의 기예를 통하여 인재를 시험하고 있다. 그런데 그 문장이란 것이 위로는 조정의 관각에서도 쓸 수 없고 임금의 자문에도 응용할 수가 없을 뿐만 아니라 아래로는 사실을 기록하거나 인간의 성정을 표현하는 데에도 불가능한 문체이다.

어린 아이 때부터 과거 문장을 공부하여 머리가 허옇게 된 때에 과거에 급제하게 되면 바로 그 날로 그 문장을 팽개쳐버린다. 한 평생의 정기와 알맹이를 과거 문장에 익히는 데 전부 소진하였으나 정작 국가에서는 그 재주를 쓸 곳이 없다.

무슨 목적이 있어서 선을 행했다면, 그 선행은 분명히 억지로 행한 위선이다. 무슨 목적이 없는 데도 선을 행했을 경우, 그 선행이야말로 진정한 선행이라고 할 수 있다. 따라서 진정한 인재를 얻고자 한다면 반드시 뜻하지 않는 방법으로 불시에 그 인재를 시험해야 하며, 또 버림받은 많은 인재 가운데 인재를 선발해야만 한다. 그런 다음에야 인재의 수가 많아져 얼마든지 골라 쓸 수 있을 것이다.

버림받은 많은 인재들은 스스로 선을 그어 과거시험과는 단절된 채 무언가를 할 것이다. 뜻하지 않는 방법으로 불시에 인재를 시험하지 않는다면, 다소 똑똑한 사람이라면 10여일에 한 달 정도만 과거에 쓰이는 문장을 공부해도 너끈히 합격할 수 있다. 따라서 과거제도를 잘 이용하는 자라면 그 제도를 이용해서는 중급 정도의 선비를 낚을 수가 있고, 법을 초월한 제도를 이용해서는 상급 정도의 선비를 얻을 수 있을 것이다.

국가에서는 과거 문장을 이용하여 인재를 뽑고 있으므로 이익과 녹봉이 이 과거 문장에 달려 있고 공명이 과거 문장에서 나오게 된다. 그러므로 이 세상에 태어난 사람은 과거를 통한 방법이 아니면 무슨 일을 할 도리가 없다.

▶ 김정희

김정희(金正喜)는 학문의 기본, 혹은 근원처를 실사구시(實事求是)에 두고 있다. 실사구시는 '실제'와 '올바름'을 근본 축으로 하는 교육의 핵심이다. "실사구시설"의 첫 대목은 바로 교육의 길을 제시하는 것으로 시작한다.

『한서(漢書)』「하문헌왕전(河間獻王傳)」에 다음과 같은 기록이 있다. "실제적인 일에서 올바름을 추구한다." 이 말은 학문의 핵심이 무엇인지 명확하게 지시한다. 실제적이지 않은 일을 하면서 속이 텅 비고 엉성한 잔꾀만을 부린다거나, 올바름을 구하지 않고 잘못 들은 말로 자기 주장만을 되풀이한다면, 그것은 성현의 도에 어긋나는 짓이다(『완당선생전집』).

"실제적인 일에서 올바름을 추구한다."는 "실사구시(實事求是)"는 "옛 것을 좋아하여 배우고 닦아 실제적인 일에서 올바름을 추구한다."라는 "수학호고 실사구시(修學好古 實事求是)"에서 유래하였다. 따라서 실사구시(實事求是)는 수학호고(修學好古)가 전제되어 있다. 이것은 원래 청대 초기에 고증학을 표방하는 학자들이 공리공론을 일삼는 송·명대의 학문을 배격하여 내세운 표어이다. 이때 실사구시는 '공론을 피하고 착실한 증거를 찾는다'는 뜻으로, 문헌학적인 고증의 정밀함을 존중하고 객관주의·사실주의적 학문 태도를 지닌다는 의미이다.

김정희에 의하면, 실사구시는 궁극적으로 고대 '성현의 도'로 회귀한다. 그것은 공자에 의해 집대성되는 유학의 근본 뿌리가 담긴 세계를 갈망한다.

> 가만히 생각해 볼 때, 학문의 길이 요(堯)·순(舜)·우(禹)·탕(湯)·문(文)·무(武)·주공(周公)·공자에게로 돌아가는 것을 기본으로 삼는다면, 마땅히 실제적인 일에서 올바름을 구해야 할 것이요, 공허한 이론을 신봉하며 그릇된 곳으로 빠져서는 안 된다(『완당선생전집』).

인용문을 볼 때, 김정희는 요순에서 공자에 이르기까지 유학의 기본 뼈대를 형성했던 학문을 실사구시로 이해했다.

이는 유학의 실질을 찾으려는 노력이다. 그 궁극적 귀결처는 유학의 도통으로 불리는 지점이 된다. 그러기에 김정희는 성현의 도를 강조하며, '실사구시' 정신에 모든 역량을 집중시킬 것을 권고한다.

> 성현의 도는 몸소 실천하는 데 있지, 공허한 이론을 숭상하는 것이 아니다. 실제적인 일은 마땅히 구해야 한다. 그러나 공허한 사안은 근거할 것이 없어 아득하고 깜깜한 가운데서 무엇을 찾는 것 같고 드넓은 빈터에 내 던져진 것 같아, 옳고 그름을 판단할 수 없어서 본래의 뜻을 모두 잃어버리게 된다. 그러므로 학문을 하는 길은 반드시 한나라와 송나라의 경계를 나눌 것도 없고, 정현과 왕숙, 이정과 주희의 단점과 장점을 비교할 것도 없으며, 주희와 육구연, 설선과 왕수인의 문호를 다툴 필요는 없다. 중요한 것은 마음을 바로잡고 기를

맑게 하여, 널리 배우고 힘써 실행하는 일이다. 오로지 '실제적인 일에서 올바름을 구한다'는 이 한마디 말을 기본으로 하여 실천하는 것이 좋다(『완당선생전집』).

김정희는 실사구시의 핵심을 성현의 도를 '몸소 실천하는 작업'이라고 단언한다. 그리고 그것이 공허한 이론이 아니라면, 어떤 학문은 옳고 어떤 학문은 그르다는 구분도 허물어 버린다. 기준은 오직 실사구시이다. 그것은 마음을 바로잡는 작업이요, 기운을 맑고 고요하게 하는 일이며, 널리 배우고 힘써 실천하는 일이다. 주체를 평정(平正)하여 고원(高遠)한 것에 애쓰지 않고, 절문근사(切問近思)하여 가치 판단 기준을 사실에서 구하며, 박학(博學)으로 사실에 부합하느냐의 여부를 고증하여 경험적이고 사실적인 실천궁행을 하는 작업이다.

원래 성현이 걸어갔던 길이자, 우리가 본받고 나아가야할 삶의 길은 다름 아닌, 도덕적 실천이다. 그것이 성리학이건 실학이건 고증학이건, 현대의 어떤 학문이건, 학문이 공허한 곳으로 빠지지 않고 실사구시하고 있다면, 그것은 교육의 표준이 된다. 실사구시의 입장에서 김정희의 교육적 사고를 다음과 같이 정리할 수 있다.

첫째, 공리공담이나 형이상학적 해석을 지양하고 옛 행적에서 착실한 진리 증거를 찾는다.

둘째, 스승으로부터 전수 받은 진리를 신뢰하며 정확한 주석을 통해 경전을 해석한다.

셋째, 실제적 사실이나 일상에서 경전의 가르침을 적용한다.

넷째, 마음을 바로잡고 기운을 맑게 하여 널리 배우고 직접 실천한다.

▶ 정약용

정약용(丁若鏞)은 조선 후기 유학을 대표하는 지성이다. 고위 관료는 물론 오랜 유배 기간을 통해 다방면의 저술활동을 하며, 해박한 지식과 사회의 모순을 꿰뚫어 보는 냉철한 의식으로 여러 개혁안을 내놓았다. 널리 알려진 일표이서(一

表二書), 즉 『경세유표(經世遺表)』·『목민심서(牧民心書)』·『흠흠신서(欽欽新書)』는 정약용의 정치·경제·산업·형법 등 인간의 삶과 관계되는 여러 가지 사안을 논의한 저서들이다.

정약용은 인간을 이해하는 방식에서 이전의 성리학자들과 다른 특징을 보인다. 그는 인간의 성(性)을 '내 마음이 좋아하는 것'이라고 하는 유명한 성기호설(性嗜好說)을 주장한다. 이는 성즉리(性卽理)라든가, 본연지성, 기질지성으로 나누어 보는 성리학적 인성론을 극복한 것이다. 성기호설은 '인간의 본성이란 기호, 즉 자연적 경향성이다'라는 주장이다. 본성이란 생명의 자연스런 욕구, 충동, 본능의 영역을 가리킨다는 것이다. 어떤 사람의 성은 산수(山水)를 좋아하고 어떤 사람의 성은 서화(書畵)를 좋아한다고 할 때, 이는 모두가 그 사람이 좋아하는 기호를 성으로 본 것이다.

인간이 좋아하는 기호, 좋아하는 경향성인 성은 선과 악이 동시에 존재한다. 성은 '좋아하는 것', 기호이기 때문에, 결정적이 아닌 개방적이며, 선으로 갈 수도 있고 악으로 갈 수도 있는 경향성이 된다. 다시 말하면, 성이란 선천적으로 결정된 주어진 것이 아니라, 후천적인 자신의 환경, 도덕에 따라 변하고 형성되는 가능태로 주어질 뿐이다. 성리학에서는 '천명지위성(天命之謂性)'이라고 하여, 인간의 성품을 하늘로부터 부여되는 고정된 것이라는 느낌이 강했다. 하지만 정약용은 여기에 유연성을 부여했다.

정약용의 성기호설은 천명지위성과 같은 인간 내면에 도덕적 실체가 선천적으로 부여되었다는 신념이나 리기론에 입각한 성리학적 인간관을 거부하고, 가능태로서 인간의 실천을 강조하는 인간관으로 변모시켰다. 인간의 성이 '선이냐 악이냐' 하는 차원이 아니고, 자신의 자주적 능력으로 자신의 삶을 순간순간 결정한다는 것이다. 이렇게 인간의 성품을 경향성인 기호로 본 결과, 정약용의 인성론은 인간의 지위 변화에 상당한 기여를 했다. 자주적 인간능력을 전제할 경우, 인간의 선천적 차별을 정당화할 수 있고, 그 자주성이 갖는 인간에 대한 이해를 받아들일 경우, 교육과 윤리에 대한 이해 또한 매우 유연하게 받아들일 수 있는 기반이 된다(김경태, 1996: 55-59).

이러한 인간 이해를 바탕으로 정약용은 교육에 대한 포괄적인 관심을 갖는다. 교육의 내용 측면에서 그는 효(孝)·제(弟)·자(慈)를 중시하였고, 당시 풍미하던 사서삼경(四書三經)을 넘어 사서육경(四書六經), 이른 바 십경(十經)을 강조하며 경학 연구에 심혈을 기울였다. 뿐만 아니라 『삼국사기』·『고려사』·『동국통감』 등 우리나라 역사서를 통해 현실을 읽고 백성을 다스리는 방법을 모색할 것을 주장하였고, 기예(技藝)를 익혀 삶에서 지혜와 생각과 궁리를 내어 실제성을 추구하였다. 특히 기예는 이론적 측면에서 농업·방직·군사·의술 등에 대해 논의하였고 실제로 화성(華城) 축성 계획서로 드러나기도 하였다.

정약용이 교육의 핵심 내용으로 내세운 효는 자식이 부모에게 행하는 가장 중요한 예이다. 다시 말하면, 아랫사람이 윗사람을 향해 실천하는 기본적인 예로 우리 생활의 핵심적 가치를 형성한다. 제는 존중을 총체적으로 일컫는 말로, 인간과 인간 사이에 형과 아우라는 상하-수평적 관계에서 행해지는 중요한 예이다. 그리고 사랑은 부모가 자식에게, 윗사람이 아랫사람에게 베푸는 성스러운 예이다.

효도와 공경과 사랑, 이 세 가지는 사람과 사람 사이에 이루어질 수 있는 삶의 길을 가장 압축된 모습으로 보여준다. 한 인간이 다른 한 인간에게 행할 수 있는 행동의 기본 패턴이다. 그것은 일방통행하는 질서체계가 아니라 쌍무적 윤리관계이다.

이런 인식 아래 정약용은 "모든 사람이 부모에게 효도하고 어른을 공경하여 모실 때, 이 세상이 평화롭게 된다."라고 한 맹자(孟子)의 말을 인용하여, 다른 사람과의 관계를 이해했다. 그리고 인간 사이의 화목과 친애를 매우 중시하였다. 이처럼 정약용에게서 교육은 효도와 공경과 사랑이라는 범주를 넘어서지 않는다. 교육은 개인과 공동체의 조화를 추구한다. 다산의 다음과 같은 인식은 그것을 뒷받침하고 있다.

노인을 노인으로 대접하여 백성들이 효도의식[孝]을 일으키고, 어른을 어른으로 모셔 존중의식[弟]을 일으키며, 고아와 같은 외로운 이를 불쌍히 여겨 백성

들이 등 돌리지 않게 하여, 한 가정이 사랑으로 화목하고 한 국가가 화평하도
록 하는 것이다(『대학공의』).

정약용은 교육을 통해, 인간의 윤리가 단순하게 가족 내에서의 효·제·자에
멈추는 것이 아니라, 사회와 국가의 효·제·자의 윤리로 확장되어야 한다고 강
조했다. 이것은 공맹(孔孟)이 지닌 유학을 더욱 실천적으로 고취하려는 의도이다.
그러기에 정약용의 유학을 공자와 맹자의 사상과 같은 원시유학으로 되돌리려는
수사학(洙泗學)이라고도 한다. 달리 말하면 '수기치인지학(修己治人之學)'이다. 그것
은 정약용에게서 우선되는 것이 실천적 교육임을 의미한다.

또한 정약용은 아동교육에도 상당한 관심을 기울였다. 당시에 유행하던 주요
아동용 교재인 『천자문』을 어린아이들의 교재로 부적합하다고 보고, 2천자문인
『아학편(兒學編)』을 새롭게 편찬한다. 아동에게 '어떠한 성질'의 단어를 '어떠한 방
식'으로, '어떠한 순서'에 의해 가르칠 것인지를 고민하였다. 그 결과 『아학편』은
내용상 아동들에게 감각 경험을 통해 배움과 현상 세계를 일치시키려고 하였고,
교육과정상 좀 더 체계적이고 과학적으로 정비하였다.

한국교육사의 통합적 이해
-일제강점기 이전까지 남한과 북한의 교육사 인식-

제 8 장

전통교육의 해체와 근대교육의 도입

제 8 장
전통교육의 해체와 근대교육의 도입

　　19세기 후반 들어 조선사회는 급격한 변화를 겪게 된다. 1876년 일본과 체결한 한일수호조규, 이른 바 강화도조약을 시작으로 조선은 서양의 여러 나라들과 통상수호조약을 맺으면서 개화기를 맞게 된다. 특히, 1894년부터 진행된 갑오개혁은 조선사회를 획기적으로 개혁하는 결정적 계기가 되었다. 교육적 차원에서 보면, 조선의 교육을 폐지하고 서구의 근대적 학교교육제도를 도입하여 국가교육의 체제로 확립하려는 성격을 지녔다. 이 시기 조선은 대한제국이라는 새로운 주체적인 국가의 기틀을 마련하고 고종이 「교육입국조서」를 반포하면서 교육 부흥에 나선다. 그러나 갑오개혁이 실패로 돌아가고, 외세에 아부하는 사대매국노와 일제의 노골적인 침략과정에서 교육은 새로운 국면을 맞게 되었다. 그럼에도 불구하고, 이 시기에는 정부주도의 교육 개혁이 활발하게 진행되었고, 민족교육 발전을 위한 애국적 지식인들의 활동, 민족선각자들의 교육 구국 운동, 기독교 선교사들의 교육 운동이 활발하게 전개되었다.

1. 전통 유교교육의 쇠퇴와 서구 근대교육의 태동

　　조선사회에서 유교교육을 대표하던 교육기관은 성균관과 4학, 향교, 서원, 서당 등이었다. 북한의 교육사에 의하면(박득준, 1995: 7-11), 역사의 흐름과 더불어 19세기 중엽부터 봉건 통치제도가 조금씩 붕괴되면서 봉건교육도 쇠퇴의 길로 들어섰다. 무엇보다도 부패하고 무능한 봉건 통치배들의 치열한 당쟁과 방탕한 생활로 인하여 사회적 무질서는 극도에 달하였고 봉건교육 자체도 매우 약화되었다.

　　19세기 초부터 60여 년간 지속된 세도정치는 정치질서를 문란하게 만들었고 사회를 혼란에 빠트렸다. 매관매직의 성행을 비롯하여 과거시험에서의 뇌물수수는 교육을 극도로 피폐하게 만들었다. 특히, 학교제도와 관료 인재 양성으로 직결되는, 즉 교육의 최종 관문인 과거제도가 문란해지면서 교육은 파국으로 치닫고 있었다.

　　최고교육기관인 성균관의 경우, 학생 수가 30여명으로 줄어들었고, 양반 자식들은 권세를 믿고 성균관의 규정을 지키지 않을 뿐만 아니라 이름만 걸어놓고 학습은 태만히 하면서 당쟁에만 몰두하였다. 이렇게 되다보니, 성균관은 학생들이 공부하는 곳이 아니라, 권세 있는 양반 관료들이 모여 공리공담을 일삼는 장소가 되었고, 성현들에게 제사나 지내면서 인민들을 착취하는 소굴로 변해 버렸다.

　　4학도 상황이 비슷하였다. 지배계층에서 교육에 대한 관심이 적어지면서 높은 계층의 양반 자식들은 4학에 다니지 않았다. 이에 점차 교육기관으로서의 기능을 상실하고 4학은 양반 자식들이 모여 노닥거리며 노는 놀이터가 되고 말았다.

　　향교의 경우에도, 본래의 교육 기능을 상실하고, 지방의 권세 있는 양반과 유생들이 모여 선현들에게 제사나 지내면서 시나 읊고 술이나 마시면서 재물을 탕진하는 유흥장이 되고 말았다. 『속음청사』의 기록은 이런 정황을 잘 일러 준다.

옛날에는 나라의 재정이 아무리 고갈되어도 국가예산의 사용을 줄여서라도 교육에 대한 지원만은 소홀히 한 적이 없다. 학교와 교육을 부흥시키는 일이라면 무슨 방법이라도 쓰지 않은 것이 없고, 비용을 아끼지 않았다. 건물 유지도 잘 하였을 뿐 아니라 제사에 필요한 제기도 잘 손질하여 보존하였다. 그런데 후대로 올수록 교육에 대한 지원이 줄어들자 향교를 쓸모없는 것으로 보고 건물이나 제기들을 내버려 두게 되었다. 사정이 이러한 데, 향교에서 인재의 양성을 어떻게 기대하고 논할 수 있겠는가?(『속음청사』 권3 고종 25년)

사립교육기관이던 서원은 더욱 심하였다. 서원은 지방 중소 지주와 사림을 중심으로 점차 세력을 확장해 나가면서 관할 토지 이외에도 많은 토지를 소유하고 부근의 인민들을 마구 노비로 만들었다. 그러다 보니, 19세기의 서원은 교육기관이라기보다는 일종의 권력기관으로 변질되었고 당파싸움의 소굴로 전락하였다.

이러한 서원에 대해, 1863년에 집권한 흥선대원군은 전국적으로 서원에 등록된 토지와 재물을 조사하여 등록하고 사회적 불안과 무질서를 조성하는 서원들을 철폐하는 강력한 조치를 취하였다. 1864년부터 1873년까지 약 10년에 걸쳐 전국 600여개의 서원 중 사액서원 47개만 남기고 나머지는 폐지하였다.

당시의 교육의 피폐상황에 대해, 고종은 다음과 같이 한탄하였다.

옛날에는 교육이 흥성하여 배우려고 하지 않은 사람이 없었는데, 요즘은 놀기만 좋아하는 습성이 생겨나서 배우는 일에서 완전히 손을 놓고 있다. 이런 지경에서는 어질 때나 자라서까지 배우는 일에 대해 알지 못하니, 한탄할 일이로다!(『고종실록』 권23)

이러한 조선의 상황은 진보적인 개화사상가나 민족선각자가 볼 때 한심한 일이 아닐 수 없었다. 조선사회의 정황과 교육에 대해 비판적인 지식인 중에서 개화사상과 그에 기초한 개화 운동은 당시 교육을 추동하는 데 중요한 작용을 하였다(박득준, 1995: 12-19).

개화사상은 1850년대 오경석, 류홍기 등 중인 출신의 인물에 의하여 싹트기 시작하였다. 그들은 새로운 사회 건설을 위해 개화하기 위해서는 개화 운동을 실천할 수 있는 인재 양성이 급선무라 생각하고 진보적 청년들을 육성하기 위해 교육활동의 시작하였다. 특히, 서울 북촌의 양반 자식들 가운데 진보적 청년들과 사귀면서 그 방안을 모색하려고 하였다. 예컨대, 류홍기는 김옥균과 같은 총명한 청년들과 사귀면서, 통역관이었던 오경석이 가져온 세계 각국의 지리, 역사 및 각종 서적들을 김옥균에게 넘겨주고 읽을 것을 권유하였으며, 자기 집에 드나드는 모든 청년들에게 개화사상과 신지식을 주입하는 데 적극 노력하였다. 박규수의 경우에도 자기 집에 찾아오는 청년들을 개화사상과 근대적 지식으로 교육하였다.

이에 1870년대 후반부터 김옥균을 중심으로 하는 개화사상가들은 조선의 낡은 제도를 개혁하기 위한 다양한 사업을 구상하였다. 무엇보다도, 학교교육을 개화 운동의 실천적 과업으로 내세웠다. 근대적 학교교육을 실시하기 위해서는 외국의 교육기관을 시찰하고 근대 학교에 대한 견문을 넓힐 필요가 있었다. 1876년 제1차 수신사로 일본을 다녀온 김기수의 시찰보고서는 김옥균에게 큰 영향을 미쳤다. 이 보고서에는 일본의 상업학교, 공업학교, 외국어학교, 의학학교 등 각종 학교들이 소개되어 있었다. 남녀가 신식 공부에 열중하고, 근대적 기술을 배우기에 열중하는 장면과 각종 기계기술의 도입, 신식군사제도, 군사교육 등 다양한 내용이 소개되어 있었다. 1879년부터 1881년까지 이동인, 김홍집, 홍영식, 어윤중 등 60여명의 시찰단이 일본을 시찰한 후, 군사, 교육, 공장시설 등 다양한 자료를 확보하여 돌아왔다. 급기야 김옥균 자신도 1881년에서 1882년까지 약8개월에 걸쳐 일본 시찰을 하였다.

이런 급박한 상황에서 1882년 8월에 지석영은 고종에게 다음과 같은 상소를 올렸다.

서울에 원이라는 교육기관을 설치하고 거기에서 각국의 유명한 인사들이 저술한 『만국공법』, 『보법전기』, 『박물신편』, 『격물입문』, 『격치휘편』 등 여러 가

지 새로운 서적들과 김옥균이 쓴 『기화근사』, 박영교가 쓴 『지구도경』, 그 밖
에 『농정신편』, 『공보초략』 등을 가지고 근대적인 교육을 실시하기를 건의합
니다(『고종실록』 권19).

근대적인 학교교육에 대한 경해와 안목을 넓힌 김옥균을 비롯한 개화사상가
들은, 나아가 그것을 실천에 옮기기 위한 사업의 하나로, 국가에서 외국에 유학
생과 실습생을 파견하는 조치를 취하도록 적극적으로 노력하였다. 이런 건의에
의해 파견된 유학생들은 근대적 군사지식은 물론, 정치, 교육, 체신, 재정 등 전
문지식을 습득하였다.

아울러 개화사상가들은 국내에서도 자체적으로 농업기술자를 양성하기 위한
농업학교 설립에 착수하였으나, 교원과 교재가 갖추어지지 않아 실시하지 못하
였다. 이외에도 개화사상가들은 통리교섭통상사무아문 내에 통변학교와 기기창
내에 기능전습소를 설치하는 활동도 전개하였다. 1881년에는 신식군대인 1,000
명의 별기군과 임시 사관학교를 조직하여 경기도 광주에서 새로운 군사지식에
기초한 교육과 훈련을 진행하였다.

이러한 노력은 1883년 3월, 최초의 근대적인 학교라고 할 수 있는 통변학교
를 설치하고 운영하게 만들었다. 통변학교를 먼저 설치한 이유는 간단하였다. 당
시 조선사회와 교육을 개혁하기 위해서는 외국의 선진 문물을 경험하고 받아들
일 통역관 양성이 절실하였다. 때문에 외국 문물을 이해하고 외국인들과 접촉하
며 사업을 주동적으로 하려면 외국어가 필수적으로 요청되었다. 통변학교는 서
울의 재동에 소재하고 있었던 일종의 외국어학교였다. 남궁억에 의하면 통변학
교는 조선 신식교육의 시초였다.

뒤이어 1883년 5월, 당시 혁신 관료였던 김윤식이 서울 삼청동 북창에 병기
제작소인 기기창을 설치하고 그 안에 가공기능전습반을 만들고 기술교육을 실시
하였다. 전습반에는 4명의 기술자가 초빙되었고, 40여명의 청년들에게 자연기초
과목과 기계학을 가르쳐 주었다(『고종실록』 권20). 이는 우리나라 최초의 근대적 기
술교육을 시도한 것으로 평가된다.

이러한 근대식 교육, 이른 바 신식교육은 형식뿐만 아니라 내용의 차원에서 조선의 전통 유교교육과는 확연히 다른 것이었다. 조선의 전통교육은 유교사상과 그 도덕을 핵심으로 하였다면, 신식교육은 자연과 사회에 대한 일정한 과학적 지식을 기본 내용으로 하였다. 국어, 역사, 지리, 법률, 산술, 물리, 화학, 박물, 체육 등 근대 과학과 실용적 성격이 강하였다. 이처럼 김옥균을 비롯한 개화사상가들의 교육 활동은 1884년 갑신정변의 정강인 "내외의 공채를 모집하여 운수, 교육, 군비의 충실을 기할 것"이란 조항에서 집중적으로 표현되어 있다.

교육 분야에서는 소학교, 중학교를 설립하여 6살 이상의 남녀를 모두 취학시킬 것, 성인학교를 설치하여 정치, 국문, 한문, 재정, 내외법률, 역사, 지리, 산술, 이과학개요를 가르칠 것, 인민에게 먼저 역사와 국어를 가르칠 것, 동서양 나라들의 어학을 익혀야 한다.

갑신정변의 실패에도 불구하고, 개화사상가들의 활동은 1880년대 근대적 성격을 띤 새로운 교육의 시발점이라고 할 수 있다. 그리고 개화사상가들은 조선 정부의 혁신 관료로서 당시의 시대추세와 개화 풍조에 따라 근대적 성격을 지닌 신식교육기관을 국가적 차원에서 전개하게 되었다.

2. 정부 주도의 교육 개혁

앞에서 살펴 보았듯이, 새로운 문화를 수용하기 위한 정부의 노력은 일본과 청나라에 수신사나 신사유람단, 영선사 등을 파견하는 방식으로 이루어졌다. 또한 동문학(同文學; 통변학교(通辯學校), 1883)이나 육영공원(育英公院; Royal English School, 1886) 등을 통해 외국어와 새로운 문물과 지식을 가르쳤다. 동문학은 독일인 묄렌도르프가 통상아문(通商衙門)의 부속기관으로 설립하였다. 나이가 어리고 총명한 학생 40명을 뽑아 오전반과 오후반으로 나누고 영어와 일어, 서양식 필산

(筆算: 쓰기와 셈하기)을 가르쳤다. 동문학은 학교라기보다는 일종의 통역관 양성소라고 보는 것이 옳다.

　육영공원은 조미수호조약 체결 후 미국 시찰을 마치고 돌아온 민영익의 건의에 의해 설립된 학교이다. 민영익은 서양 문물의 탁월함을 고종에게 보고하는 동시에 현대식 학교의 설립을 제안하였다. 이에 고종은 미국 정부에 이런 학교를 세우고 가르칠 수 있는 교사 세 사람을 추천해 줄 것을 요청하였다. 당시의 학교 설립과 교육 상황은 다음과 같은 기록에서 자세히 볼 수 있다(Gilmore, 1892).

　우리[G. W. Gilmore, D. A. Bunker, H. B. Hulbert]는 1886년 봄에 소집되어 7월 4일 한국에 도착하였다. 우리가 거주할 집은 새롭게 수리하여 단장되어 있었고, 학교 건물과 학생 기숙사도 준비 중에 있어, 장래가 밝아 보였다. 9월 말에 이르러 우리는 수업을 시작하였다. 학생들은 대부분 양반 귀족의 자제들이었고 국왕이 선택한 사람들이었다. 처음에 우리 반에는 35명의 학생이 있었는데, 영어를 아는 사람이 아무도 없었으므로 알파벳부터 시작해야 했다. 통역하는 사람이 셋이 있었는데, 우리 선생 세 사람에게 한 사람씩 배정되어 있었다. 국왕[고종]은 상당히 진보적 성향을 지니고 있었다. 급진적이지는 않았지만 국민이 따라 갈 수 있을 정도로 그들을 지도하여 좀 더 높은 수준으로 이끌어가는 것이 국가에 유익한 일이라고 생각하였다. 국왕은 유학과 보수적인 관료들에게 둘러 싸여 있었다. 그런데 이 나라[조선]는 국왕의 진보적 정책을 지지할 수 있는 사람이 절실히 요구되었다. 우리 학교는 바로 이러한 일을 할 것으로 기대되었다. 학생들이 서양 문화와 문명을 대표하는 사람들과 접촉하고, 개화사상을 터득하여 자유주의적인 인물이자 국왕을 지지하는 사람이 될 것으로 인식하였던 것이다.

　영의정(領議政)의 아들이 우리 학교의 학생이었는데, 매우 영리하고 능력도 뛰어났으나 좀 게을렀다. 영어 공부에 대한 신기함이 차츰 사라지자, 태만해지고 공부에 별 관심을 갖지 않게 되었다. 얼마 지나지 않아 국왕 앞에서 시험을 보게 되었다. 관리들은 이 고관의 자제가 불합격할까 걱정하였다. 그리고 일정한 페이지를 지정하여 시험 준비를 하고 국왕 앞에서 능숙하게 할 수 있도록 했다. 그러나 고관들에게 한 가지 걱정이 생겼다. 국왕이 시험을 교사에게 맡기

고, 학생의 학습 상황과 성적을 교사가 국왕에게 직접 보고할 경우에 어떻게
할 것인가의 문제였다. 영의정의 아들은 이 사태를 알고, 여러 학생들과 예조
의 관리를 우리 교사들에게 보내어, 자신은 영의정의 아들이므로 높은 점수를
줘야 한다고 탄원했다. 그러나 우리는 아버지의 벼슬과 아들의 점수와는 무관
하므로 그가 시험을 치른대로 점수를 주어야 한다고 대답하였다.

육영공원은 처음부터 조선 정부의 내무부 소속으로 되어 있었다. 그것을 관
리 운영할 직원으로 판리, 사무, 사첨 등을 두었는데, 판리는 육영공원의 총책임
자로 학교장과 같은 역할을 맡았기 때문에 당상관급의 고위층에 있는 사람을 임
명하였고, 사무는 육영공원 내 좌원과 우원의 책임자로 순무사, 참상, 주사들 가
운데 겸임하도록 하였으며, 일반 교원인 사첨은 생원이나 진사가 된 유학자 가운
데 외국어에 능통한 사람으로 임명하였다. 필요에 따라 일부 교원은 외국인을 임
명하기도 하였다. 육영공원은 좌원과 우원으로 나뉘어져 있었는데, 학생 수는 35
명이었다. 좌원의 입학 대상은 주로 각 아문의 당상관, 랑관의 아들, 사우, 동생,
조카와 같은 높은 양반 관료와 친척들 가운데 15~20세 정도의 사람들을 뽑았고,
우원의 입학 대상으로는 각지의 유학자 가운데 나이가 젊고 재주 있는 사람들을
선발하였다(박득준, 1995: 25-26).

당시 조선 정부의 내무부에서 작성한 『학절목참작서』에 의하면, 육영공원의
매일 학습하는 과목으로 독서, 습자, 학해자법, 산학, 사소습산법, 지리, 학문법이
있고, 초학을 마친 후의 학습은 대산법, 각국 언어, 제반 학법첨경역각자, 격치만
물(의학, 농리,지지, 천문, 기기 등), 각국 역사, 정치(각국의 제조약법 및 부국용병술 등)가 있
다(『고종실록』 권23). 이런 점에서 육영공원의 교과목으로는 처음부터 각국의 어학
과 자연, 사회과목이 포함되어 있었다. 낮은 단계의 교육과정에서는 경서 읽기를
중심으로 하는 독서, 글자 쓰기, 글자 해독, 산술, 암산법 등을 배웠고, 낮은 단계
를 마치고 높은 단계로 가면, 각국의 어학을 비롯하여 대수, 의학, 농학, 동식물
학, 천문, 기계학, 역사와 지리, 정치, 법률 등 여러 과목을 다루었다.

육영공원의 수업연한은 3년이었고, 매년 두 학학으로 정하고 한학기가 끝나

면 방학을 하였다. 양대 조직인 좌원과 우원은 그 구성과 교육내용 및 방법의 측면에서 약간의 차이가 있었다. 좌원의 경우에는 학생들이 높은 계층의 양반 관료 자식으로 구성되어 있었기 때문에 매일 학교에 나오지 않고 집에서 스스로 경서를 읽다가 3일에 한 번씩 원에 나와 다른 학과목 강의를 받았다. 우원의 경우에는 학생들이 지방의 유생들 가운데 총명한 사람들로 구성되었고 통역관 양성을 목적으로 하였기 때문에 외국어 공부를 위주로 하면서 다른 과목들을 공부하엿다. 그러므로 학생들은 원에서 학숙을 하면서 매일 강의를 받고 복습을 하였다(『고종실록』 권26).

1889년 첫 졸업생을 배출하였는데, 졸업생들은 특별시험에 응시하게 하여 각 분야의 관리로 등용하였다. 육영공원은 그 특성상 조선의 전통교육과 근대적 신식학교의 과도적 교육 형식으로 볼 수 있다. 하지만, 양반 자제들의 특권의식과 나태함, 관리들의 학교 공금 유용 등 정부에 봉사할 유능한 인재 양성이라는 소기의 목적을 제대로 달성하기에는 미흡하였고, 1894년 갑오개혁을 계기로 조선의 제도가 개혁되면서 1895년 4월부터 한성사범학교 부속 소학교로 개편되었다(박득준, 1995: 25-26).

이처럼 점차적으로 진행된 정부의 근대적 학교의 도입은 갑오개혁을 계기로 적극적인 양상을 띠게 된다. 이는 동학 농민 혁명과 맞물리면서, 보수적인 조선의 관료 지배체제를 약화시켰고, 개혁적인 성향의 개화지식인들이 협의제 입법기관인 군국기무처를 설치하면서 구체적으로 실천되기 시작하였다.

1894년 6월, 김홍집, 어윤중을 중심으로 하는 개혁적 성향의 관료들은 새로운 정부기구에서 교육행정사업을 전적으로 담당할 기구로 학무아문을 설치하였다. 학무아문은 이전의 조선 정부의 교육기구였던 예조 대신에 새로 만들어진 근대적 교육행정기구였다. 학무아문에는 대신 1명, 협판 1명, 참의 6명, 주사 18명이 두었다. 부서로는 전체 행정 사무를 담당하는 총무국, 옛 성현들의 사당이나 경적을 보관하고 관리하는 일을 맡은 성균관 및 상교서원 사무국, 중학교, 대학교, 기예학교, 외국어학교, 전문학교를 담당하는 전문학무국, 소학교, 사범학교를 맡아보는 보통학무국, 국문철자, 외국 서적의 번역 및 교과서 편집 등을 담당하

는 편집국, 재정 관리를 담당하는 회계국 등이 있었다(『고종실록』 권31). 이후 기구
를 확대 개편하면서 천문, 역법, 기상관측 등을 담당하는 관상국이 새로 설치되
었다(『고종실록』 권32).

이러한 학무아문의 설치는 기존의 조선 정부에서 교육사업을 담당하던 예조
와는 근본적으로 다른 것이었다. 예조는 예악, 제사, 연향, 조빙, 학교, 과거 등
외교, 교육, 문화 등 여러 사업을 복합적으로 담당하였다. 그러나 학무아문은 교
육행정사업을 전문적으로 담당하도록 조직의 역할 분담을 구체적으로 하였다.

학무아문이 설치됨에 따라 정부에서는 근대적인 학교교육을 실시하기 위한 일
련의 조치를 취하기 시작하였다. 그 대표적인 사례가 학무아문 「고시」의 발표이다.
「고시」는 국가의 공식적인 교육정책이자 지침에 해당한다. 학무아문 「고시」의 기
본 내용은 다음과 같다.

> 돌아보건대, 현재의 세계정세, 조선의 시국은 크게 변하였다. 모든 제도가 새로
> 워지고 있지만, 인재교육은 그 가운데 제일 시급한 일이다. 그러므로 본 아문
> 은 소학교와 사범학교를 세워, 먼저 서울에서 교육을 실시하려고 하니, 위로는
> 공경대부의 자식으로부터 아래로는 서민의 자식에 이르기까지 모두 이 학교에
> 들어와 여러 가지 글을 배워야 한다. 앞으로 대학교나 전문학교도 차례로 세우
> 려고 한다.

이에 학무아문에서는 자체 계획에 따라 소학교를 비롯하여 다양한 교육사업
을 추진하였다. 그러나 이러한 개혁을 추진하기 시작한지 몇 개월이 지나지 않은
1894년 9월에 일본 특명전권공사로 이노우에가 서울에 왔다. 이노우에는 국왕의
고문으로 자처하면서 그해 11월에 군국기무처를 강제로 해산하고, 학무아문을
중심으로 추진되던 교육 개혁은 5개월만에 저지당하고 말았다. 이에 김홍집을 비
롯한 혁신 관료들은 1895년 초에 국왕인 고종 명의로 전국 각처에 학교를 설립
하고 학교교육을 실시할 것에 대한 『교육입국조서』를 내리도록 요청하였다. 학
교교육을 실시하려는 『교육입국조서』를 공식적으로 공포한 것은 새로운 학교교

육을 법적으로 제도화할 수 있는 유리한 조건을 마련한 것으로, 근대적 학교교육 제도의 확립에 일보를 내디딘 것이었다(박득준, 1995: 35).

고종은 『교육입국조서』를 발표하여 덕을 기를 것[덕양(德養)]·몸을 기를 것 [체양(體養)]·지식을 기를 것[지양(知養)]의 삼양(三養)에 힘쓸 것을 강력히 주장하였다. 국민으로서 기본 교양교육과 실제 생활에 필요한 실용교육에 힘쓸 것을 강조하였다.

짐(朕: 고종)이 생각해 볼 때, 태조께서 나라를 세우시고 그 왕위를 줄기차게 계승한 지, 벌써 504년이 지났다. 이는 실로 이전 왕들의 교화와 은덕이 여러 사람에게 젖어든 것이요, 우리 백성이 충성하고 사랑을 다하였기에 가능한 일이었다. 그러므로 짐이 한량없이 큰 역사를 이어 나가고자 밤낮으로 걱정하는 것은 이전 왕들이 남긴 교훈을 받들려는 것일 뿐이니, 백성들은 나의 마음을 알아 받들지어다. 그대들의 선조는 이전의 왕께서 길러준 어진 백성이었고, 그대들은 또 선조의 충성과 사랑을 잘 이었으니, 바로 짐이 기르는 어진 백성이다. 짐과 그대들이 함께 선조들의 교훈을 받들어 억만년 편안함을 마저 이어가야 할 것이다. 아! 내가 생각컨대, 가르치지 아니하면 나라를 부강하게 만드는 것이 매우 어렵다.

세계의 형세를 두루 살펴보건대, 부강하고 독립적인 모든 나라는 그 백성의 지식 수준이 높다. 이렇게 지식 수준이 높은 것은 교육의 힘으로 된 것이니, 교육은 실제로 국가를 보존하는 근본이다. 그러므로 짐이 군사(君師)의 자리에서 교육의 책임을 스스로 맡는다. 또 교육은 그 길이 있는 것이니, 먼저 비실용적인 것과 실용적인 것을 분별하여야 한다. 책읽기나 글쓰기에서 옛 사람의 찌꺼기나 주워 모아 시세의 흐름과 국면을 파악하지 못하는 자는 그 문장이 비록 훌륭할지라도 아무런 쓸모도 없는 한 서생(書生)에 지나지 않는다.

이제 짐이 교육의 강령을 보이니, 비실용적인 것은 물리치고 실용적인 것을 취하도록 하라.

첫째, 덕을 기르는 일이다[德養]. 이는 오륜(五倫)의 행실을 닦아 인간관계를 문란케 하지 말고 세상의 질서를 유지하며, 사회의 행복을 증진시키는 것이다.

둘째, 몸을 기르는 일이다[體養]. 이는 몸의 움직임을 떳떳이 하여 부지런히 힘쓰는 것을 주로 한다. 즉 게으른 행동을 하거나 편안한 것만을 추구하지 말고, 괴롭고 어려운 것을 피하지 말며, 신체를 튼튼하게 하여 건강하게 병 없는 즐거움을 누리도록 하는 것이다.

셋째, 지혜를 기르는 일이다[智養]. 이는 사물의 이치를 깨쳐 나의 지식을 완전하게 한다. 즉 타고난 재능을 다하여 궁리하여 좋은 것과 싫은 것, 옳은 것과 그른 것, 긴 것과 짧은 것을 따져 거기에만 머물지 않으며, 내 것과 남의 것의 구역을 세우지 말고 자세히 연구하여 널리 통하기를 힘써야 한다. 그러고는 한 몸의 이익만을 위해 일을 도모하지 말고 모든 사람들을 위한 공중의 이익을 도모해야 한다.

이 세 가지가 교육의 기강이니라. 짐은 정부에 명하여 학교를 널리 세우고 인재를 양성하며 그대들 백성들의 학식을 증진함으로써 국가 중흥을 이룩하려고 한다. 그러니 백성들은 충성하고 애국하는 심성으로 그대의 덕(德)과 체(體)와 지(智)를 기를 지어다.

왕실의 안전은 백성의 교육에 있고, 국가의 부강도 백성의 교육에 있다. 백성이 수준 높은 경지에 도달하지 못하면, 어찌 짐이 나라를 제대로 다스렸다 할 수 있으랴! 정부가 어찌 감히 그 책임을 다하였다 할 수 있으며, 또 백성은 어찌 감히 교육의 길에 마음을 다하고 협력하였다 할 수 있으랴!

부모는 이것으로써 그 자식을 추동시키고, 형은 이것으로써 그 아우를 권면하며, 벗은 이것으로써 친구의 도를 행하도록 하여, 분발하기 바란다. 나라의 어려움을 극복할 사람은 백성일 뿐이요, 나라의 모욕을 막을 이도 오직 백성일 따름이다. 이는 백성의 당연한 직분이다. 지식의 수준에 따라 그것이 어디에 쓰여야 하는지 고민하되, 잘못된 점이 있으면 오직 그대들의 교육이 밝지 못한 탓이라고 말할 지어다. 모든 백성이 서로 한 마음이 되도록 힘쓰라.

그대들 백성의 마음이 또한 짐의 마음이니, 힘쓸지어다. 만약 이와 같이 된다면, 짐은 선대왕들의 덕광(德光)을 사방에 날릴 것이요, 그대들 백성 역시 선조들의 어진 자식과 착한 손자가 될 수 있을 것이니, 힘쓸지어다.

『교육입국조서』는 국가 중흥의 염원을 담고 있는 개화 조선의 교육 헌장이었다. 조서의 내용은 현재 한국교육의 원형적 형태를 이룰만한 의미심장한 언급을 하고 있다.

첫째, 가장 원론적인 것으로 "교육은 국가를 보존하는 근본이다."라는 인식이다. 흔히 교육을 '국가백년지대계(國家百年之大計)'라고 한다. 국가 정책 수립에서 100년 정도의 긴 안목을 가지고 계획을 하여 나라의 부강을 꾀하는 근본이 되는 정책이라는 의미이다. 고종은 어지러운 조선을 다시 부강한 국가로 끌어올리려는 기본 계획에서 교육입국(敎育立國)이라는 원칙을 천명하였다. 그것은 당시 세계정세를 파악해 볼 때, 이른 바 강대국으로 불리는 국가들은 모두 국민들의 지식 수준이 높다는 것을 깨닫고, 그것이 교육으로 말미암아 성취되었다는 것을 파악한 데서 비롯되었다. 어쩌면 세계정세의 흐름에 발 빠르게 대응한 것으로 판단된다.

둘째, 교육의 실용성을 중시하였다는 점이다. 허위의식에 빠진 교육으로는 격동하는 현실사회를 헤쳐 나가기 힘들다는 깨달음을 얻었다. 아마 서구 과학의 실제적인 힘을 보고 현실적이고 실천적인 교육의 중요성을 인식한 듯이 보인다. 물론 여기에는 당시 조선사회의 주요한 정신적 기반인 성리학적 사유의 한계가 반영되기도 했을 것이다.

셋째, 교육의 강령을 세 가지로 구체화하여 제시했다. 덕과 체와 지, 이것을 페스탈로치를 비롯한 근대 서구교육에서의 삼육론(三育論)에 비유하기도 한다. 그러나 그 내용은 차이가 있다. 『교육입국조서』는 형식상 당시 조선에서 지속되었던 유학경전 중심의 전통교육을 지양하고 세계정세상 새롭게 전개되는 신교육의 물결을 타려고 한 것은 사실이다. 그러나 내용상 조선 전통의 교육을 포기한 것이 아니라 전통의 창조적 계승을 중심으로 하고 있다. 그 근거로 덕양(德養)의 중심에 유학의 핵심 윤리인 오륜(五倫)을 두고 있고, 체양(體養)의 내용 또한 단순한 신체 단련을 넘어 몸동작을 떳떳이 하여 부지런히 힘쓰는 유학에서의 수신(修身)을 핵심으로 하며, 지양(智養)의 내용도 사물의 이치를 깨쳐 지식의 완성을 꾀하는 유학의 격물치지(格物致知)를 주요하게 다루고 있다.

이렇게 볼 때, 교육의 강령 자체는 유학교육의 탈피에 중점을 두기보다는 세계정세에 비추어 보아 강력한 국가를 건설하기 위한 기본 전제 조건으로 교육의 중요성을 다시 천명하면서 새로운 교육을 모색하는 기로에 있다. 그 핵심이 백성의 지식 수준을 끌어올려 국가 부강의 초석으로 삼는 일이다. 그것은 내용상 전통교육과 신교육의 조화라고 판단된다. 전통교육은 덕양의 기준이고, 체양과 지양은 신교육의 교육과정을 도입하여 실용을 숭상하는 방식으로 진행해 나갔다. 이런 교육과정은 전인적 애국인상을 길어내야 할 인간으로 상정한다.

이후, 대한제국의 수립과 더불어 근대적 교육 법규가 제정·공포되면서 한국 근대교육은 희망을 보이기 시작했다. 1895년 7월에 제정·공포된 「한성사범학교 규칙」은 근대교육을 주도하기 위한 핵심 내용이었다. 한성사범학교의 교육요지를 담고 있는 「한성사범학교 규칙」을 보면 다음과 같다.

◇ 한성사범학교 규칙 ◇

- 교육자에게 정신의 단련과 덕조(德操)의 마려(磨勵)는 중요하므로, 평소에 이를 권행(勸行)함
- 교육자에게 있어 존왕애국(尊王愛國)의 지기(志氣)는 중요하므로, 평소에 충효(忠孝)의 대의(大義)를 밝히고 국민의 지조(志操)를 진기(振起)함
- 교육자에게 규칙을 지키고 질서를 보전하며 사표(師表)의 위의(威儀)를 갖추는 것은 중요하므로, 평소에 장상(長上)의 명령 및 훈회(訓誨)에 복종하고 기거(起居) 언동(言動)을 바르게 함
- 신체의 건강은 성업(成業)의 기본이므로, 평소 위생(衛生)에 유의하고 체조에 힘써 건강을 증진시킴
- 교육자에게 교수법(教授法)은 중요한 것이므로, 소학교규칙(小學校規則)에 맞도록 힘써야 함

고종의 『교육입국조서』 발표 이후, 1895년 3월 정부 조직이 전반적으로 개편되면서 학무아문은 학부로 개칭되었다. 이제 조선의 교육은 학부의 정책과 지침에 의거하여, 근대적 학교교육을 시행하는 새로운 전기로 발돋움하고 있었다.

그것은 1895년 9월 학부령 제4호로 공포한 「고시」에 잘 드러난다.

> 교육은 개화의 근본이다. 애국하는 마음과 국가를 부강하게 만드는 방법이 모두 학문으로부터 시작되기 때문에 나라의 문명은 학교가 얼마나 부흥하고 쇠망하느냐에 달려 있다. 지금 전국의 23부 모든 곳에 아직 학교를 설치하지 못하고 있지만, 먼저 서울 안에 장동, 정동, 묘동, 계동 등 네 곳에 소학교를 설립하여 아동을 교육한다. 하지만 정동학교를 제외한 세 곳에 있는 학교의 건물이 협소하므로, 장동은 매동전 관상감으로 묘동은 혜동전 혜민서로, 계동은 재동으로 학교를 옮겨서 설치한다. 학도는 8세부터 15세까지 모집하며, 그 교육과정은 본국의 역사와 지리, 국문과 산술, 기타 외국 역사와 지리 등 시세에 적합한 서책들을 모두 가르쳐서 허문을 없애고 실용을 위한 교육을 발전시켜야 한다(『고종실록』 권33).

이처럼 학부의 고시에 의해 새로 설치되는 학교는 우리 말과 글로 된 국어, 역사, 지리 등 사회과목과 산술을 비롯한 자연과목을 학생들에게 가르쳤다. 그 교육내용에서는 근대적이고 민족적인 것이 주류를 이루었다.

한편, 조선 최고교육기관이었던 성균관은 1895년 7월 칙령 제 136호에 의거 성균관제가 새로 제정되면서, 이전과는 다른 형태를 띠게 되었다. 예를 들면, 수업연한은 3년이었고, 입학 자격은 나이 20세 이상 40세 이하, 품행이 바르고 상당한 지식을 가진 사람으로서 입학시험에 합격된 자로 하였다. 학과목의 경우에도 삼경과 서서, 언해를 강독하고 일용서류나 기사논설을 작문하며, 본국과 세계의 역사와 지리를 익히고, 사칙연산이나 비례 차분 등의 산술 공부도 하였다. 그리고 갑오개혁 후에, 4학과 향교, 사립교육기관인 서원은 폐지되었다. 왜냐하면 과거제도가 폐지되면서 4학, 향교, 서원은 교육기관으로서 존재 자체가 의미가 없게 되었기 때문이다.

3. 민중과 민족선각자들의 교육 구국 운동

민중과 민족 선각자들의 교육 운동은 근대를 지향하고 민족을 보전해야 한다는 의식 가운데 진행되었다. 다시 말하면 선진국들의 문물을 받아들여 근대화를 이루려는 개화사상과 우리 민족의 주체성과 정체성을 지속하려는 민족주의 정신을 지향하였다. 이에 사회단체 결성, 언론기관 설립, 학회와 학교의 설립 등 다양한 측면에서 전개되었다. 이 중에서도 학교의 설립은 교육 구국의 일꾼 양성에 주 목적을 두고, 건전한 인격과 건강한 신체의 함양에 역점을 두었다. 그 결과, 학교는 민족의식을 고취하고 애국사상을 함양한 애국 청년들을 중심으로 항일 운동의 근거지 역할을 하기도 하였다.

민중이 힘을 모아 세운 학교로는 최초의 근대식 학교인 원산학사(元山學舍, 1883)가 있다. 원산학사는 원산 덕원읍의 주민, 즉 지방 민중의 노력에 의해 설립된 학교이다. 원산은 부산·인천과 더불어 강화도 조약에 의해 개항되었다. 개항과 동시에 일본 상인들이 물밀듯이 들어오자 민중들은 스스로의 권익을 어떻게 지켜야 할 것인지 고민할 수밖에 없었다. 이에 덕원 지역의 의식있던 인사들이 온건개화파로서 덕원부사였던 정현석(鄭顯奭)에게 학교 설립을 요청하였다. 중요한 것은 덕원의 민중들이 자발적으로 학교 설립 기금을 모아 자제들에게 신지식 교육을 실시하려는 시도이다. 당시 조선이라는 신분사회에서 민중의 교육적 자각에 의한 학교 설립은 교육사적으로 엄청난 사건이다.

원산학사에서는 문예반, 무예반 외국어반 등 다양한 교육과정을 두었는데, 문예반에서는 경전의 의미를 가르치고 무예반에서는 병서를 가르쳤다. 원산학사는 외국의 도전에 대응하기 위해 민중이 자발적으로 성금을 모았다는 점, 외국인이나 관 주도의 교육에 앞서 민중의 광범한 근대화의 의욕에서 설립되었다는 점에서 큰 의의가 있다.

이 시기에 활동한 민족선각자들로 서재필, 윤치호, 유길준, 장지연, 박은식, 이동휘, 이기, 이용익, 오세창, 안창호, 최남선, 이승훈, 이상재, 남궁억 등 이루

헤아릴 수 없을 정도이다. 이들은 언론과 저서, 사회활동을 통하여 교육의 중요성을 일관되게 강조하였다. 특히, 민족의 부국강병(富國强兵)과 자립자강(自立自强) 등 주체의식을 기르는데 온 힘을 쏟으려고 하였다. 이런 개화와 근대화, 민족의식을 고취하기 위해 세워진 사학은 흥화학교(興化學校, 1895년), 을미의숙(乙未義塾, 1895년), 중교의숙(中橋義塾, 1896년), 낙연의숙(洛淵義塾, 1901년), 우산학교(牛山學校, 1902년), 보성학교(普成學校, 1905년) 등이 있다.

1907년에 안창호가 설립한 대성학교(大成學校)와 이승훈의 오산학교(五山學校)는 민족의식과 독립정신을 남달리 고취한 대표적인 학교이다. 도산 안창호는 구한말의 풍전등화 같은 국운을 바라보면서 자아혁신(自我革新)과 개조(改造)를 통해서 민족을 혁신하고 개조하려고 하였다. 여기에서 급선무가 교육이라고 주장하였다.

> 나는 단언하오, 독립 운동 기간일수록 더 교육에 힘써야 한다고. 죽고 살고 노예되고 독립(獨立)됨이 판정되는 것은 지력(知力)과 금력(金力)이오. 우리 청년이 하루 동안 학업(學業)을 폐하면 그만큼 국가에 해(害)가 되는 것이오. 또 국민에게 좋은 지식(知識)과 사상(思想)을 주고 애국(愛國)의 정신을 격발하기 위해 서적을 많이 간행하여 이 시기에 적합한 특수한 교육도 하여야 하고 학교도 세우고 교과서도 편찬하여 해외에 있는 이들에게도 가급적 교육을 실시하여야 하오(『도산전서』).

안창호는 이러한 교육의 중요성을 염두에 두고 대성학교의 교육방침을 네 가지로 설정하였다. 첫째, 건전한 인격의 함양, 둘째, 애국정신에 강한 민족 운동자 양성, 셋째, 국민으로서 실력을 구비한 인재의 양성, 넷째, 강장(强壯)한 체력의 훈련으로 이 교육방침을 실천하기 위해 무실역행(務實力行)과 주인정신(主人精神)을 강조하였다. 무실역행은 나 한 사람부터 성실한 사람이 되어야 민족중흥에 새로운 힘이 될 수 있다는 의미이다. 무실(務實)은 '실(實)을 힘쓰자'는 뜻으로 진실·성실·참·거짓이 없다는 말이다. 역행(力行)은 '행(行)을 힘쓰자'는 말이다. '힘써 행하라'는 말이 아니라 '행하기를 힘쓰자'는 뜻이다. 공리공론(空理空論)이나 교조적 명분론을 버리고 실천궁행하자는 의미이다. 그리고 주인정신은 책임과 독립을 강조하는 주체정신이다. 우리 민족의 구성원 모두가 역사와 민족에 대해 책임질 수 있다는 생각을 지닐 때 주인정신은 살아난다. 안창호는 이런 무실역행과 주인정신을 교육을 통해 심어주려고 하였다.

또한 이승훈도 민족의 장래와 운명이 교육에 달려 있다고 보고 오산학교를 설립한다. 그는 오산학교의 설립정신을 다음과 같이 표현하며 그 간절함을 보여 주었다(김기석, 1964).

> 지금 나라가 기울어져 가는 데 우리가 그저 앉아 있을 수 없다. 이 아름다운 강산, 선인들이 지켜온 강토를 원수인 일본 놈들에게 내어 맡긴다는 것이 정말 있어서는 안 된다. 총을 드는 사람, 칼을 드는 사람도 있어야 할 것이다. 그러나 그보다도 더 귀중한 일은 백성들이 깨어나는 일이다. 세상이 어떻게 돌아가는지를 모르고 있으니, 그들을 깨우치는 것이 제일 급선무이다. 우리는 우리를 누르는 자를 나무라기만 해서는 안 된다. 내가 못생겼으니 남의 업신여김을 받는 것이 아닌가. 옛 성현의 말씀에도 사람이 스스로를 업신여기면 남이 업신여긴다고 했다. 내가 오늘 이 학교를 세우는 것은 후진을 가르쳐 만분의 일이라도 나라에 도움이 되기를 원하기 때문이다. 한 마음으로 협력하여 나라를 남에게 빼앗기지 않는 백성이 되기를 부탁한다.

이처럼 오산학교는 민족의 영광을 바라보는 민족정신을 고취하려고 하였다. 그러기에 자신의 덕과 지혜, 힘을 길러 나라에 봉사하려는 희생정신을 바탕으로 신학문을 닦아 국가의 기둥이 되려는 학생들이 모여들었다.

전체적으로 볼 때, 민중과 민족 선각자들의 교육 운동은 공통적으로 서구의 신문화를 받아들여 민족과 국가의 번영을 꾀하려는 의도를 지니고 있었다. 특히 1905년 일제가 침략하면서부터는 교육 구국의 이념 아래 민족의 주체의식과 독립을 내세우는 쪽으로 나아갔다. 요컨대, 민족의식을 고취하고 신지식을 계발하여 국권을 회복하는 데 온 힘을 기울였다고 볼 수 있다.

4. 기독교 선교사들의 교육활동

　개신교가 우리나라에 본격적으로 전래된 것은 고종 19년(1882년) 미국을 비롯한 여러 나라와 수호조약을 체결한 이후부터이다. 1884년 당시 일본에서 선교하고 있던 감리교 선교사 매클레이Macley가 고종을 알현하고 교육과 의료사업 허락을 받고 난 후부터 교육활동이 이루어졌다. 이후 알렌Allen은 1885년 광혜원을 세워 최초로 서양식 의료기술을 전파하였고, 아펜젤러Appenzeller는 1885년 배제학당을 설립하였다. 스크랜튼Scranton부인은 1886년 우리나라 최초의 여학교인 이화학당을 열었다. 이렇게 하여 1910년까지 선교사들이 설립한 학교는 800여개교에 달했다.

　개신교 선교사들은 그들의 교리인 "예수께서 모든 성과 촌에 두루다니사 저희 회당에서 가르치시며 천국복음을 전파하시며 모든 병과 모든 약한 것을 고치시니라"라는 말씀에 따라 포교사업을 시작하였다. 당시의 학교와 기독교 선교 정책을 일러 주고 있는 재한장로교연합회공의회 선교정책(在韓長老敎聯合公議會 宣敎政策)을 보면, 그런 상황이 잘 나타나 있다(Paik 1970).

　기독교 선교사들은 병원을 설립하는 의료의 전파와 동시에 교육을 주요 포교의 수단으로 삼았다. 의료 행위를 통해 조선 사람을 불행에서 구하고, 교육을 통한 계몽의 방법으로 서양의 근대 문화를 소개했다. 그런 임무를 담당한 것이 바로 미션스쿨Mission School이었다. 이러한 선교사들의 교육활동은 서구의 근대적 교육제도를 도입하고, 서구식 민주주의 이념에 입각한 교육의 기회균등 사상을 보급하는데 기여하였다.

◇ 선교정책 ◇

1. 전도의 목표를 상류층보다 근로계급의 인도에 두는 것이 더 낫다.
2. 모성은 후대의 양육에 중요한 영향력을 미치므로 부녀자의 인도와 청소년의 교육을 특수 목적으로 한다.
3. 군 소재지에 초등학교를 설치함으로써 기독교 교육에 성과가 많을 것이니 선교부 소관학교에 재학하는 남학생을 교사로 양성하여 각 지방으로 파송한다.
4. 교육받은 교역자 배출도 우리 교육기관에서 실천해야 할 것이니 이점에 항상 관심을 두어야 한다.
5. 사람의 힘이 다할 때에 하나님의 말씀이 사람을 회개시킨다. 그러므로 모든 힘을 다하여 조속한 시일 내에 정확한 말로 성경을 번역하여 세상에 내어 놓는 것이 가장 중요하다.
6. 모든 문서사업에는 한자의 구속에서 벗어나고 순 한글을 사용하는 것이 우리의 목표가 되어야 한다.
7. 진취적인 교회는 자립하는 교회가 되어야 한다. 우리 교인 중에 남에게 의존하는 생활자의 수를 감소시킴을 목표로 하고 자립하는 교회와 헌금하는 교인 수를 증가시킨다.
8. 한국인 대중을 그리스도에게로 인도하는 일은 한국인 자신들이 하여야 한다. 그러므로 우리 자신들이 대중에게 전도하는 것보다 적은 수의 전도사를 철저하게 훈련시킨다.
9. 선교사 의사들의 사업이 좋은 성과를 얻으려면 개별적으로 환자를 병실이나 환자의 집에 오래 두고 시료(施療)하면서 전도하고, 의사가 본보기가 되어 환자가 마음으로 깊은 감격을 느낄 수 있는 기회를 가지게 할 것이다. 외래 환자 진료소사업은 비교적 성과가 적다.
10. 지방에서 와서 장기간 입원하였다가 퇴원한 환자들을 그들의 주소로 찾아가서 사후 상황을 계속하여 돌보아야 한다. 그들이 병원에서 받은 온정적 대우는 전도사가 접촉할 수 있는 기틀이 될 수 있기 때문이다.

한국교육사의 통합적 이해

－일제강점기 이전까지 남한과 북한의 교육사 인식－

제 9 장

조선교육의
새로운 국면

제 9 장
조선교육의 새로운 국면

　일제가 조선교육에 본격적으로 개입하기 시작한 것은 1904년 일본인 고문인 시데하라가 학정 참여관으로 부임하면서부터이다. 시데하라는 조선의 아동들이 사용할 교과서를 편찬하고, 일본인 교사를 채용하도록 하며, 각급 학교의 명칭을 변경토록 하는 등 조선교육에 깊게 관련하였다.

　특히, 1906년 통감부가 설치되면서 일본은 조선을 완전한 식민지로 만들기 위한 갖가지 시책을 추진하였다. 학제를 전면적으로 개편하여 식민지화 교육을 도모하고, 조선인은 고등교육을 받을 수 없도록 고등교육기관 설립을 불허하였다. 대신 실업학교를 두어 실업 기능인 양성에 주력하였다. 뿐만 아니라 동화 정책의 일환으로 일본어 교육을 강화하고 일본인 교원을 다수 배치하여 친일 교육을 실시하면서 학교 운영에도 관여하기 시작하였다.

　1910년 한일합방을 공포하고 조선총독부를 두어 무단통치를 강행하면서, 1911년 제1차 조선교육령을 제시하였다. 조선교육령은 조선의 교육을 법에 의해 공식적으로 통제한 식민지 교육의 확립이었다. 그것은 조선인 교육은 충량한 국민 육성을 목적으로 한다는 법령이었다. 특히 한국인의 교육기간을 단축하고 초등교육에 치중하게 하며, 중등교육에서는 실업교육을 강화하는 등 우민화를 꾀하였다. 나아가 일본어 교육을 강화하고, 교과서 내용을 통제하며, 조선의 학생들을 감시하고, 민족 운동의 온상인 사립학교를 탄압하였다.

1919년 3.1운동 이후, 약간의 변화가 있기는 했으나, 조선총독부의 교육은 본질적으로 여전히 민족교육을 탄압하고 일제 식민지 교육을 강화하는 방향으로 전개되었다.

1920~1930년대 식민지 교육이 한참 무르익을 무렵의 일제강점기 당시, 교육계의 인식을 보면 다음과 같다.

1. 5,000여년의 찬란한 문화는 종족이 하루아침에 이민족의 침입을 받아 문화, 종교, 언어, 습속이 파괴당하고 매몰되었는데 교육이 가장 심하다.
2. 한글과 한국의 역사는 한국인이 배우고자 하는 것인데 일본인들이 금지하고 대신 일본어와 일본의 역사를 가르친다.
3. 한국인 선생과 한글 서적은 모두 한국인이 요구하는 것인데 일본인들이 못하게 하고 일본인 선생과 일본 서적을 강요한다.
4. 배우는 권리는 한국인이 균등하게 누리고자 함인데, 일본인이 이를 제한하는 까닭에 태어나 배울 수 있는 학교가 없으며 배워도 직장을 구할 수 없으니 이를 통탄해 마지않는다.
5. 경성[서울]의 한글 신문인 조선일보(1928년 11월 25일자)에는 교육계의 큰 문제로 "일본인 교원 대신 한국인 교원 채용을 요구"라고 하였는데, 근래 조선 학생들의 사상 경향을 살펴보면 모두 열렬히 자국의 언어와 역사를 주장하는 데, 이것은 청년계의 향학열이 격발해서 민족적 자각의 소리가 고조되는 징조이다. 조선의 전통교육이 중국의 경(經)·사(史)·자(子)·집(集)을 근간으로 했으며, 자국의 문화에는 주의를 기울이지 않았기에 급기야는 비참한 결과를 가져왔다. 생각컨대 이러한 과거는 깨끗이 잊어버리고 자국의 언어와 역사를 배우고 닦는데 급급하지 않을 수 없다.
6. 한국의 공립보통학교는 외국의 초급 소학교를 말하는 데, 소학에서 중학, 전

문학교에 이르기까지 모두 일본인이 교장이고, 중요 직책, 직원, 교사도 역시 모두 일본인들이 점거, 50만 학생으로 하여금 머리를 조아리게 한다.

이러한 일제 식민지 교육은 근대 개화기 교육이 추구했던 교육 개혁들을 억압하면서, 조선의 문화적 전통을 급격히 단절시켜 민족 문화의 계속적인 발전을 꾀하지 못하게 만들었다. 더욱이 서구 문화는 침략적 제국주의 문화로 왜곡되어 근대화의 기반을 형성하는 데 큰 타격을 주었다.

1945년 일제로부터 해방된 우리나라는 38선을 경계로 이북은 소련이 이남은 미국에 의해 다스려지게 되었다.

남한의 경우, 미 군정청의 학무국은 한국인 7명으로 구성된 자문기관으로 '한국교육위원회'를 조직하여 교육문제 전반에 대한 심의와 결정을 하였다. 특히 일제 잔재의 불식, 평화와 질서의 유지, 생활의 실제에 적합한 지식 기능의 연마를 중시하였다. 또한 학무국 산하에 조선교육심의회를 두고 한국교육의 정초를 다지도록 하였는데, 이때 홍익인간의 교육이념을 채택하고, 6-3-3-4제의 단선제 학제와 1년 2학기제 등을 채택하였다. 주요 교육 시책으로는 교수 용어를 한국어로 하고 교과서를 편찬 보급하며 민주주의 이념의 보급과 교육자치제, 문맹퇴치를 위한 성인교육 등을 추진하였다.

이는 서양의 현대적 교육사조에 따라 교육방법을 민주화하기 위한 노력이었다. 전통적 교육의 권위적이고 주입적인 방법에서 벗어나 아동의 개성을 존중하고 자유롭고 창의적인 활동을 통해 학습하는 것이다. 이는 오천석에 의해 '새교육'이란 이름으로 소개되었는데, 민주주의 이념을 바탕으로 한, 미국의 진보주의 교육방법을 채택한 것이었다.

1948년 8월 15일 대한민국이 수립되고, 대한민국 교육법이 제정되면서 한국교육은 본격적으로 전개된다. 교육법은 '국민교육, 평등교육, 의무교육'이라는 교육의 대원칙을 밝혔으며, 교육자치제에 관한 규범을 두고, 민주교육을 위한 법적 장치를 마련하였다. 이후 6.25전쟁, 4.19혁명, 5.16쿠데타, 12.12쿠데타, 5.18광주 민주화 운동 등 정권의 교체와 시대상황의 변화에 따라, 교육의 양적 팽창과 질적 전환이 이루어져 왔다.

현재 대한민국은「헌법」제31조에 '교육에 관한 조항'을 다음과 같이 규정하고 있다. 모든 교육은 이를 근거로 한다.

이러한「헌법」에 의거하여 만들어진「교육기본법」제1장 제2조에는 교육의 목적을 다음과 같이 기술하고 있다.

◇ 교육에 관한 조항 ◇

◆ 모든 국민은 능력에 따라 균등하게 교육을 받을 권리를 가진다.
◆ 모든 국민은 그 보호하는 자녀에게 적어도 초등교육과 법률이 정하는 교육을 받게 할 의무를 진다.
◆ 의무교육은 무상으로 한다.
◆ 교육의 자주성·전문성·정치적 중립성 및 대학의 자율성은 법률이 정하는 바에 의하여 보장된다.
◆ 국가는 평생교육을 진흥하여야 한다.
◆ 학교교육 및 평생교육을 포함한 교육제도와 그 운영, 교육재정 및 교원의 지위에 관한 기본적인 사항은 법률로 정한다.

교육은 홍익인간의 이념 아래 모든 국민으로 하여금 인격을 도야하고 자주적 생활능력과 민주시민으로서 필요한 자질을 갖추게 하여 인간다운 삶을 영위하게 하고 민주국가의 발전과 인류공영의 이상을 실현하는 데 이바지하게 함을 목적으로 한다.

한편, 북한은 1946년「교육결정 제133호」를 발표하면서 교육체제를 임시로 개정하였다. 이후, 1948년 9월 9일 조선민주주의 인민공화국이 수립되면서,「사회주의헌법」제43조에서 다음과 같이 교육 목적을 규정하여 오늘에 이르고 있다.

국가는 사회주의 교육학의 원리를 구현하여 후대들을 사회와 인민을 위하여 투쟁하는 견결한 혁명가로 지덕체를 갖춘 공산주의적 새 인간으로 키운다.

한국교육사의 차원에서 볼 때, 남한인 대한민국과 북한인 조선민주주의 인민공화국 사이의 교육사 기술은 이질적인 측면이 많다. 민족통일을 전제로 한다면, 무엇보다도 시급한 작업이 남북 간의 분단 극복과 민족 동질성을 회복하기 위한 통일교육이다. 그것은 남한과 북한에서 서로 다른 프리즘으로 조명해온, 역사와 사상에 대한 배려, 교육에 관한 시각에 관심을 갖고, 교육문제를 다룰 때, 한 발짝 다가설 수 있다. 특히, 이데올로기가 해체되고, 다양한 교육철학이 시대정신을 휘감는 현대사회에서 남한과 북한의 교육 역사기술을 열린 태로도 이해할 때, 가능하다.

부 록

인간교육의 근원으로서 '효' 사상

Ⅰ. 한국교육사에서 『효경』의 위상과 가치

'효(孝)'는 우리 생활의 저변을 장식하고 있는 핵심적 가치이다. 그것이 드러
나는 형태는 다양하지만, 전통적으로 우리의 삶을 이어주는 중심 고리 역할을 해
왔다. 특히 '부모에 대한 자식의 경애'를 의미하는 말로, 부자관계를 규정하는 대
표적인 가족 도덕으로 간주되었다.

문자적으로 효(孝)는 다음과 같은 의미 맥락을 지닌다.

효는 부모를 잘 섬기는 일이다. 노(老)의 생략형인 노(耂)를 따르고, 자(子)를 따
랐는데, 아이가 노인을 업고 있는 모습이다(『說文解字』: 池澤 優, 2002: 44-5).

이처럼 '효(孝)'는 일반적으로 '부모에 대한 자식의 도리' 정도로 이해되어 왔
다. 물론 『논어』나 『맹자』 등 원시유학에서는 그러한 모습이 많이 드러난다. 예
를 들면, 『논어』에서 "효는 자신이 병에 걸리지 않도록 함으로써 부모에게 걱정
을 끼쳐드리지 않는 것", "지금의 효행은 부모를 부양하는 일을 가리킨다.", "젊은
이는 집안에서는 효행을 다하고 집 밖에서는 어른을 따르라."라고 한 것이나 『맹
자』에서 "효제충신을 다하고 집안에서는 자신의 부모님을 섬기며 바깥에서는 윗

사람을 섬긴다."라는 표현 등이 그런 부류에 해당한다.

그러나 『효경』이 경전으로 성립하면서, 효는 가정윤리나 가족도덕의 차원을 넘어 교육과 정치의 요체가 되는 기본 바탕으로 의미가 확장되었다. 다시 말하면, 혈연적 차원의 가족윤리에 머물러 있던 효가 새로운 차원의 인간질서로 인식되면서 사회·국가적 이데올로기로 전환되었다. 효는 『설문해자』에서 본 것처럼, 부모를 섬기는 일로 부모 봉양을 의미한다. 이는 혈연을 바탕으로 한 개별 가족경제의 형성과 관련이 있다. 그런데 주나라[西周]의 경우, 종법제도가 확립되면서 국가 자체가 혈연의 친소에 의해 구성된 거대한 대가족을 이루면서, 가정에서 부모자식 간의 도덕적 관계는 사회·국가에서의 군신관계로 확장되어 윤리와 정치의 통일이 일어났다. 『효경』도 바로 이 시기에 확립된 것으로 보인다.

『효경』은 십삼경(十三經)의 하나이다. 『효경』은 효(孝)를 중심 문제로 다루고 있기 때문에 붙여진 이름이다. 『효경』은 모두 1,799자에 불과한 짧은 글이지만, 십삼경 중에서 처음부터 경(經)을 붙인 것으로는 유일한 기록이다. 이는 『효경』이 중국을 비롯한 동아시아 사상에서 핵심을 차지하는 지위에 있음을 반증한다.

『효경』의 작자와 성립 시기에 대해서는 의견이 분분하다. 첫째, 공자가 지었다는 설, 둘째, 공자의 제자인 증자(曾子)가 지었다는 설, 셋째, 공자의 70여 제자의 유서라는 설, 넷째, 증자의 문하생들이 지었다는 설, 다섯째, 자사(子思)가 지었다는 설, 여섯째, 후세 사람들이 견강부회하여 이루어졌다는 설, 일곱째, 한나라 유학자들의 위작(僞作)이라는 설 등이 있다(『史記』; 『白虎通』; 『孔子家語』; 夏傳才, 1998: 325-327; 王余光 주편, 1993: 140-142). 이러한 설 중 어느 것도 확증할 만한 충분한 근거를 갖고 있지는 못하다. 다만 『효경』 본문에 공자와 증자의 이야기가 많이 나오고, 학통 상으로 보아 증자의 문인에 속하는 사람들, 즉 선진(先秦)시대 공자의 후학들이 관여한 작품으로 추측할 수 있다. 시대적으로 볼 때, 『맹자』와 『순자』 이후 이고, 『여씨춘추(呂氏春秋)』보다는 앞서는 기원전 3세기 중엽 정도에 성립되었다고 추론할 수 있다(夏傳才, 1998: 326).

『효경』이 언제 우리나라에 유입되었는지는 기록이 명확하지 않아 정확하게 고증하기 어렵다. 그러나 삼국시대, 특히 고구려 때, 유학과 관련한 서적이 보급된 사실과 백제 때 왕인(王仁)이 일본에 유학을 전한 사실로 미루어 볼 때, 유학의 핵심 경전인 『효경』도 이와 비슷한 시기에 전래되었다고 추측할 수 있다.

『구당서』와 『신당서』「고구려전」에 다음과 같은 기록이 있다. "고구려 사람들은 책을 매우 좋아하였다. 그리하여 큰 귀족의 가문에서부터 누추한 심부름꾼의 집에 이르기까지 각각 거리와 지방에 경당(扃堂)이라는 큰 집을 짓고 거기에서 자제들이 결혼하기 전까지 밤낮 책을 읽고 활쏘기를 연습하였다. 읽는 책은 오경(五經)을 중심으로 하는 경전, 사기(史記), 한서(漢書), 후한서(後漢書), 삼국지(三國志), 진춘추(晉春秋)와 같은 역사책, 옥자편통(玉字篇統), 자림(字林)과 같은 문자책, 문선(文選)과 같은 문장교육을 하였다(李萬珪, 1947: 42-43; 홍희유·채태형, 1995: 17-21)."

『일본서기통석』권38에 의하면, "284년 경전에 매우 밝았던 백제 사람 아직기가 일본에 건너가서 왕자의 스승으로 있었다. 이때 일본 왕이 아직기에게 물었다. '백제에 당신보다 훌륭한 박사도 있습니까?' 아직기가 대답하였다. '왕인이라는 사람이 있습니다.' 그 후 왕인도 일본에 초청되어, 왕자의 스승이 되었다. 왕인은 일본에 갈 때 『논어』와 『천자문』을 가지고 갔다(홍희유·채태형, 1995: 29).

그 후 우리 역사에서 『효경』이 핵심적 지위를 차지하게 되는 것은 통일신라시대이다. 통일국가를 이룬 신라는 신문왕(神文王) 2년(682년)에 당의 영향에 힘입어 국학(國學)을 설립하였다. 국학에서는 유학의 초기 집대성자인 공자(孔子)의 화상(畵像)을 모셨는데, 교육과정 또한 유학을 중심으로 편성하였다.

신라의 학제는 『주역(周易)』, 『상서(尙書)』, 『모시(毛詩)』, 『예기(禮記)』, 『춘추좌씨전(春秋左氏傳)』, 『문선(文選)』 등을 적절하게 나누어서 학업을 하게 하였다. 박사(博士) 및 조교(助敎) 1인이 『예기』, 『주역』, 『논어』, 『효경』으로 분류하기도 하고, 『춘추좌씨전』, 『모시』, 『논어』, 『효경』 혹은 『상서』, 『효경』, 『논어』, 『문선』으로 계열화하여 교수하였다. 학생들의 글 읽는 수준은 3등급의 품계 출신이 있었다. 『춘추좌씨전』, 『예기』, 『문선』을 읽어서 그 뜻에 능통한 동시에 『논어』와 『효경』에 밝은 자는 상(上) 등급으로 하고, 『예기』「곡례(曲禮)」와 『논어』, 『효경』을 읽은 자는 중(中)간 등급으로 하며, 「곡례」와 『효경』을 읽은 자를 하(下) 등급으로 한다. 만약, 오경(五經)과 삼사(三史), 제자백가(諸子百家)의 서적에 두루 통달한 자가 있으면, 특별히 발탁하여 등용하였다(『增補文獻備考』卷202권「學校考」).

신라의 학제에서 보는 바와 같이, 『논어』와 『효경』은 어떤 교육과정에서건 반드시 포함되었다. 즉 『주역』, 『상서』, 『모시』, 『예기』, 『춘추좌씨전』, 『문선』 중의 두 과목과 『논어』, 『효경』을 합쳐서 하나의 교육과정으로 정하였다. 이는 『논어』와 『효경』이 필수과목임을 의미한다. 이는 뒤이어 언급되고 있는 독서출신과에서는 유독 『효경』의 중요성이 더욱 강조되고 있다. 상·중·하 세 등급으로 나누어진 독서의 수준에서 상·중 등급에는 『논어』와 『효경』이 필독서이지만, 하 등급에서는 『효경』만이 언급된 점으로 보아, 『효경』이 가장 기본적이고 중요한 과목임을 확인할 수 있다.

교육과정에서 필수과목으로 지정되었다는 것은 인간의 삶에서 가장 절실하고 중요한 내용이 담겨 있다는 의미이다. 다시 말하면, 일상생활의 수신(修身)에 필수적인 교육내용이라는 말이다. 이는 중국에서 한 때 퇴조했던 유학의 부흥운동과 관련이 있다. 특히, 왕통과 한유는 유학 부흥과 통일에 힘쓰며, 교육의 이념을 새롭게 다듬어 나갔다. 왕통의 경우, 인의(仁義)는 교육의 근본이다. 선왕들은 이것으로 도덕을 계승하고 예악을 일으켰다고 하였고, 한유는 널리 사랑하는 것[博愛]이 인(仁)이요, 행하여 옳은 것이 의(義)요, 이것으로 말미암아 가는 것이 도(道)요, 몸에 만족하여 다른 것을 기다릴 것이 없는 것이 덕(德)이니, 그 도는 가기 쉽고, 그 가르침[敎]은 실천하기 쉽다고 하였다. 이렇게 인의도덕(仁義道德)을 교육의 목적으로 삼아 '인(仁)'을 교육의 최종 목표로 정하고, 일상생활을 도덕으로 무장하기 위하여 공자의 언행록인 『논어』와 『효경』을 중요시 하였던 것이다. 이것이 통일신라의 교육에서 『논어』와 『효경』을 중시한 이유이다(이만규, 1947: 63-64).

이러한 『효경』 중시의 정신은 유학을 기본 토대로 했던 고려시대의 국자감(國子監)에서도 그대로 이어진다. 그것은 국자감의 교육과정에서 "경전을 읽되 반드시 『효경』과 『논어』를 동시에 통달하게 한다."든가, "『효경』과 『논어』를 먼저 읽고 다음으로 여러 경전을 읽는다."는 대목에서 확인된다(『增補文獻備考』卷202권「學校考」). 통일신라의 국학에서 고려시대의 국자감에 이르기까지 최고교육기관의 교육과정상 『효경』과 『논어』가 필수과목이었다는 것은 우리나라 교육사상사에서 『효경』의 비중이 어느 정도였는지 가늠하게 한다. 이는 『효경』과 '효'정신이 우리나라 교육의 기본 바탕을 이루는 데 결정적인 역할을 하였음을 보여준다.

물론 조선시대의 경우, 신라나 고려 때처럼 『효경』이 교육과정상의 구체적인 과목으로 명시되어 있는 경우는 드물다. 하지만 조선은 유학을 국가 이데올로기로 정립하면서 출발한 국가이기에, 유학의 알맹이를 담고 있는 『효경』의 정신이 교육과정에서 기본적으로 전제되어 있는 것은 분명하다. 『효경』의 내용은 매우 짧으면서도 유학의 핵심을 담고 있다. 따라서 조선 유학의 기반을 제공한 주자가 그 내용의 대부분을 『소학(小學)』과 『근사록(近思錄)』, 사서오경(四書五經) 등 주요 경전의 기본 바탕으로 녹여내어 주석하고 편집하였기에, 교육과정상 『효경』을 구체적으로 거론하지 않았을 것으로 판단된다. 예컨대, 율곡의 경우 『격몽요결(擊蒙要訣)』의 「사친(事親)」「상제(喪制)」장에서 『효경』과 동일한 맥락의 사고를 구체적으로 담고 있다. 그러므로 우리가 유학의 사유양식을 논의하는 한, 『효경』은 삼국시대 이후 고려·조선시대를 거쳐 서구 근대교육이 실행되기 전까지, 우리의 전통교육을 구성하는 기초이자 본질적 양태를 담고 있는 경전이라고 생각한다.

본고에서는 이와 같이 한국교육 사상사의 기본 바탕을 형성하고 있는 『효경』을 교육학적으로 역주(譯註)하여, 현대 교육학적 맥락에서 교육의 의미를 성찰하고자 한다.

Ⅱ. 『효경』 전문의 내용

앞에서 『효경』이 언제 어떻게 성립되었는지 명확하게 파악할 수는 없다고 했다. 분명한 것은 『효경』의 시작이 공자와 증자의 담화 속에 있다는 점이다. 그것은 공자를 정점으로 하는 유학적 사유가 적극적으로 개입되어 있음을 의미한다.

공자는 『논어』의 첫 마디로 '학(學) − 배움'을 제시하였다. 왜 그랬던가? 그것은 『논어』 전 편에 흐르는 사유의 방향과 내용을 보면 쉽게 알 수 있다. 공자는 죽을 때까지 '자기 이해'와 '타인에 대한 배려'를 삶의 중심에 두고 배움으로 일관했다. 이른 바 '충서(忠恕)'라는 도리의 실천이 그것이었다. 충서는 삶의 실천 가운데 다양하게 표현되었다. 그 대표적인 문자적 상징이 '인(仁)'이고, 그것의 본질을 구성하는 것은 효제(孝悌)이다. 효제의 실천은 '삶의 예술'로서 공자 학문의 평생을 지배했다(한형조, 2004).

효제(孝悌)는 인(仁)을 실천하는 근본이다. 효제(孝悌)는 다시 효(孝)로 대표되며 인(仁)과 동일한 맥락에서 이해된다. 『효경』의 내용은 기본적으로 그것을 벗어나지 않는다. 이제부터 『효경』 전문의 번역를 통해 그 의미를 확인해 본다.

『효경』[1]

1. 효의 본질과 효치(孝治)의 당위성

공자가 집에 한가로이 있을 때, 증자가 옆에서 모시고 있었다.

공자가 말하였다.

"옛날 훌륭한 임금은 최고의 도덕성과 합리적 방법으로 세상을 잘 다스렸고, 백성들도 서로 화목하였으며, 어른 아이 할 것 없이 모두가 서로 미워하지 않았다. 너는 그 사실을 아느냐?"

증자가 자리에서 벌떡 일어나면서 말하였다.

"저는 총명하지 못합니다. 어찌 그런 사실을 알 수 있겠습니까?"

공자가 말하였다.

"효는 도덕을 실천하는 근본이고, 교화[교육]가 발생하는 근원이다.

다시 앉거라. 내 너에게 구체적으로 말해 주마.

사람은 몸뚱이와 팔, 다리, 털과 피부, 이 모든 것을 부모로부터 받았다. 그러므로 자신의 몸을 소중히 여겨서 함부로 다치거나 상하지 않게 해야 한다. 이

---

1) 『효경』 전문은 十三經注疏整理委員會, 『孝經注疏』(北京: 北京大學出版社, 2000)에 의거하여 의역함.

것이 효의 첫 걸음이다. 사회[공동체]에 나아가 올바른 길을 따라 일을 실천하고 후세에 이름을 드날려 부모까지도 빛나게 하는 것이 효의 완성이다.

효의 첫 번째 차원은 가정에서 부모를 잘 모시고, 다음 차원은 사회에 나가서 조직의 지도자[leader]를 합리적으로 존경하며, 가장 높은 차원은 사회에 나아가 올바른 길을 따라 열심히 일하는 것이다.

그러기에 『시경』에 다음과 같이 노래하였다.

'어찌 그대의 할아버지 문왕을 생각하지 않을 수 있으랴! 그 덕을 좇아서 더욱 닦아야 하리라.'"

2. 효(孝), 인간에게 주어진 본분이자 의무

2-1. 최고 지도자[경영자]

공자가 말하였다.

"자기 부모를 사랑하는 사람은 함부로 다른 사람의 부모를 미워하지 않고, 자기 부모를 공경하는 사람은 함부로 다른 사람의 부모를 멸시하지 않는다. 사랑과 공경을 다하여 부모를 모시고, 그런 다음에 덕행과 교화를 백성에게 베풀어, 온 세상에 모범을 보인다. 이것이 바로 최고 지도자의 본분이다.

그러기에 「보형」에 다음과 같이 기록하고 있다.

'한 사람의 훌륭한 행위를 우러러보고 따른다.'

2-2. 고위 관리자

고위직에 있으면서 교만하지 않아야 높은 자리를 지키고 위태롭지 않게 된다. 욕망을 절제하고 법도를 성실히 지켜야 재물이나 권세가 충만해도 넘치지 않게 된다. 높은 자리를 지키고 위태롭지 않게 되면 오래도록 귀한 신분을 간직한다. 재물이나 권세가 충만해도 넘치지 않게 되면 오래도록 풍족한 생활을 간직한다. 풍족한 생활과 귀한 신분이 그 몸에서 떠나지 않게 한 후에야, 나라를 보전하고 백성을 잘 살게 할 수 있다. 이것이 바로 고위 관리자의 본분이다.

그러기에 『시경』에 다음과 같이 노래하였다.

'늘 조심하고 신중하여라! 깊은 못에 있는 듯이, 살얼음을 밟는 듯이!'

2-3. 중간 관리자

옛날 훌륭한 임금의 올바른 법도가 아니면 함부로 따라 행하지 않고, 훌륭한 임금의 올바른 말이 아니면 함부로 말하지 않으며, 훌륭한 임금의 도덕에 맞는 행동이 아니면 함부로 행하지 않는다. 그러므로 올바른 법도나 말이 아니면 말하지 않고, 도덕에 맞는 행동이 아니면 행하지 않는다. 어떤 말을 하더라도 올바르며 어떤 행동을 하더라도 도덕적이다. 말이 세상을 가득 채우더라도 잘못이 없고, 행동이 세상을 가득 채우더라도 한탄하거나 미워함이 없다. 이 세 가지가 갖추어진 후에야, 자신의 지위와 녹봉을 보존하고 조상의 사당을 지속적으로 지킬 수 있다. 이것이 바로 중간 관리자의 본분이다.

그러기에 『시경』에 다음과 같이 노래하였다.

'이른 새벽부터 밤늦게까지 게을리 하지 않고, 한 사람만을 성심껏 받들어 섬기네.'

2-4. 하급 관리자

아버지를 모시는 마음으로 어머니를 모셔서 사랑이 같아야 하고, 아버지를 모시는 마음으로 임금을 모셔서 공경이 같아야 한다. 그러므로 어머니에게는 특별히 사랑을 취하고, 임금에게는 특별히 공경을 취하되, 이 둘을 겸비하여 모셔야 하는 사람이 바로 아버지이다. 본분을 지키는 마음으로 임금을 모시면 충성이 되고, 공경하는 마음으로 어른을 모시면 순종이 된다. 충성과 순종을 잃지 않고 윗사람을 모신 후에야 자신의 지위와 녹봉을 보전하고 집안의 제사를 지속적으로 모실 수 있다. 이것이 바로 하급 관리자의 본분이다.

그러기에 『시경』에 다음과 같이 노래하였다.

'새벽 일찍 일어나고 밤늦게 자며, 부지런히 직무를 수행하여, 너를 낳아주신 부모를 욕되게 하지 말라.'

2-5. 일반 국민

자연의 법칙을 잘 따르고, 육지와 바다의 특성을 잘 살려 의식주의 생산을 높이며, 몸가짐을 신중히 하고 재물을 절약하며, 부모를 잘 봉양한다. 이것이 일반 국민들의 본분이다.

그러므로 최고 지도자에서 일반 국민에 이르기까지 인간의 본분은 끝도 시작도 없기에, 그것을 지키지 못할까 걱정한 사람은 아무도 없었다.

3. 효치(孝治), 자연질서의 당위 규범화

3-1. 효치의 근원

증자가 말하였다.

"참으로 효는 큰 뜻을 지니고 있는 것 같습니다!"

공자가 말하였다.

"효는 천지자연의 불변적 원리이고, 합리적인 인간의 일이며, 모든 사람들이 실천해야 할 길이다. 불변적 원리이자 합리적인 인간의 일이므로 모든 사람이 기꺼이 기준과 법도로 삼아야 한다. 자연의 질서를 잘 따르고 육지와 바다의 특성을 잘 살려 생산력을 높여 세상을 잘 살게 한다. 그러므로 교화가 엄숙하지 않아도 이루어지고, 정치가 엄격하지 않아도 다스려진다. 옛날 훌륭한 임금은 효를 핵심 내용으로 삼아 교화를 할 때만이 모든 백성들이 감화한다는 것을 알았다. 따라서 솔선하여 백성들을 두루두루 사랑하자, 백성들도 자기 부모를 버리는 자가 없었다. 도덕적인 행동과 옳은 일을 베풀자, 백성이 고무되어 착한 행동을 하였다. 앞장서서 공경과 겸양을 실천하자, 백성들이 다투지 않았다. 예와 악으로 백성을 인도하자, 백성들이 화목하게 되었다. 좋아하고 미워하는 태도를 분명히 밝히자, 백성들이 하지 말아야 할 것을 알게 되었다.

그러기에 『시경』에 다음과 같이 노래하였다.

'밝고 위대한 윤태사여, 백성들이 그대의 높은 덕을 우러러 보도다!'"

3-2. 효치의 근거

공자가 말하였다.

"옛날에 훌륭한 임금은 효를 핵심으로 세상을 다스렸는데, 작은 나라의 신하들마저도 함부로 내버리지 않았으니, 하물며 공·후·백·자·남 같은 작위를 가진 공신들은 어떻게 대접했겠는가? 그러므로 모든 나라의 사람들로부터 환심을 얻었고, 선조들을 모실 수 있었다. 나라를 다스리는 자는 홀아비나 과부라 할지라도 함부로 업신여기지 않았으니, 하물며 예의를 갖추고 사는 선비나 일반 백성들은 어떻게 대접했겠는가? 그러므로 백성들로부터 환심을 얻었고, 선조들을 모실 수 있었다. 집안을 다스리는 자는 종이나 노비라 할지라도 함부로 대하지 않았으니, 하물며 집안에서 가장 소중한 처자식은 어떻게 대접했겠는가? 그러므로 사람들로부터 환심을 얻어 그 부모를 모실 수 있다. 그런데 살아 있을 때에는 부모가 편안히 지내게 하고, 돌아가시어 제사지낼 때에는 영혼이 흠향하게 한다. 이로써 세상이 화평하고 재해가 생기지 않으며, 화란이 일어나지 않는다. 그러므로 훌륭한 임금이 효로써 세상을 다스리면 모두 이와 같이 된다.

그러기에 『시경』에 다음과 같이 노래하였다.

'바른 덕행을 행하니 주변 나라들이 따른다.'"

4. 효치(孝治)의 구체적 방법

4-1. 최고 지도자의 교화

증자가 말하였다.

"감히 여쭈어 봅니다. 성인의 덕 가운데 효보다 더 중요한 것이 없겠습니까?"

공자가 말하였다.

"세상의 모든 생물 중에서 사람이 가장 귀하다. 사람의 행위 중에 효보다 더 큰 것은 없고, 효에서는 부모를 존경하는 것보다 더 큰 것이 없으며, 부모를 존경하는 일 가운데 하늘처럼 소중히 모시는 것보다 더 큰 것이 없으니, 이것을 두루 갖춘 이는 오직 주공뿐이었다. 옛날에 주공이 후직에게 제사를 올림으로써 하늘처럼 소중히 하였고, 주문왕의 명당을 높이 받들어 제사지냄으로써 하느님처럼 소중히 하였다. 이처럼 세상의 모든 사람들이 제각기 직책과 맡은 일에 합당하게 와서 제사를 도왔다. 성인의 덕 가운데 무엇이 효보다 중요하겠는가?

　부모를 친애하는 마음은 출생하여 부모의 품안에 있을 때 싹트고, 장성하여 부모를 봉양하면서는 나날이 부모에 대한 존경심이 더해간다. 성인은 존경심으로 공경하는 마음을 가르치고, 친애하는 마음으로 모든 사람을 사랑하는 마음을 가르친다. 성인의 교화는 강요하지 않아도 이루어지고, 정치는 형벌을 쓰지 않아도 다스려진다. 그 이유는 효를 바탕으로 삼기 때문이다.

　부모와 자식의 도리는 자연적인 것이요, 임금과 신하 사이의 의리도 이를 기준으로 확대되어 나오게 마련이다. 부모가 나를 낳으셨으니 대를 잇는 것이 가장 큰 일이다. 지극한 사랑과 도의로 자식을 양육하니 은혜가 가장 무겁다. 그러므로 자기 부모를 사랑하지 않으면서 다른 사람의 부모를 사랑하는 것을 도리에 어긋난다고 하고, 자기 부모를 공경하지 않으면서 다른 사람의 부모를 공경하는 것을 예의에 어긋난다고 한다. 법도에 어긋나는 일을 가르치면, 백성들이 본받을 것이 없게 된다. 착한 일에 마음을 두지 않으므로 모두들 나쁜 마음을 가지게 된다.

　비록 벼슬이나 재물을 얻었다 할지라도 건전한 사람은 그것을 귀중하게 여기지 않는다. 건전한 사람은 그러하지 아니하니, 말할 때는 도리에 합당한가 생각하고, 행동할 때는 즐길만한지를 생각한다. 도덕성을 갖추고 옳은 행동을 실천하여 존경받을 수 있도록 하고, 일을 할 때는 모범이 될 수 있도록 노력한다. 용모와 행동거지는 남이 우러러 볼만하게 하고, 나아가고 물러감에 법도가 될만하게 행동한다. 이렇게 하여 백성들에게 다가서면, 백성들은 이를 두려워하면서도 사랑하며, 법도로 삼아 본받게 될 것이다. 그러므로 도덕적 기풍이 가득한 교화를 이루어 정령을 시행할 수 있다.

　그러기에 『시경』에 다음과 같이 노래하였다.

　'선량하고 덕이 높은 최고 지도자는 법도에 어긋나지 않는다.'

4-2. 효와 불효의 기준

공자가 말하였다.

"효자가 부모를 모실 적에, 평소 집안에 있을 때는 공경하는 마음을 다하고, 봉양할 때는 즐거운 심정을 다하며, 부모가 병이 났을 때는 근심 걱정하는 마음을 다하고, 부모가 돌아가셨을 때는 슬픈 마음을 다하며, 돌아가신 후에 제사 지낼 때는 엄숙한 마음을 다한다. 이 다섯 가지가 갖추어진 후에야, 부모를 잘 모셨다고 할 수 있다. 부모를 모시는 자는 높은 자리에 있어도 교만하지 않고, 낮은 자리에 있어도 질서를 어지럽히지 않으며, 소인배들과 같이 있어도 다투지 않는다. 높은 자리에 있으면서 교만하면 망하고, 낮은 자리에 있으면서 질서를 어지럽히면 형벌을 받으며, 소인배들과 같이 있으면서 다투면 서로 상처를 입게 된다. 이 세 가지 일에서 벗어나지 못하면, 비록 날마다 쇠고기나 양고기, 돼지고기로 부모를 봉양할지라도, 오히려 불효가 될 것이다."

공자가 말하였다.

"다섯 가지 형벌에 속하는 범죄의 종류는 삼천 가지나 되지만, 그 죄 가운데 불효보다 큰 것은 없다. 임금에게 압력을 행사하는 자는 윗사람을 무시하는 자이고, 성인을 비난하는 자는 법도를 무시하는 자이며, 효도를 부정하는 자는 부모를 업신여기는 자이니, 이 세 가지는 세상을 매우 혼란스럽게 하는 원인이다.

4-3. 도덕 함양의 핵심

공자가 말하였다.

"사람들에게 사랑하는 도리를 가르치는 데는 효도보다 좋은 것이 없다. 사람들에게 예를 지키고 순종하는 도리를 가르치는 데는 우애보다 좋은 것이 없다. 나쁜 풍속을 개혁하는 데는 음악보다 좋은 것이 없다. 어른을 편안하게 모시고 사람을 잘 살게 하는 데는 예법보다 좋은 것이 없다. 예는 공경하는 것일 따름이다. 그러므로 어떤 사람의 부모를 공경하면 그 자식이 기뻐하고, 어떤 사람의 형을 공경하면 그 아우가 기뻐하며, 어떤 나라의 임금을 공경하면 그 신하가 기뻐

한다. 이처럼 한 사람을 공경함으로써 천만 사람이 기뻐하게 되고, 공경받는 자는 적어도 기뻐하는 자는 많게 된다. 이것이 효를 실천하는 가장 핵심적인 방법이다."

공자가 말하였다.

"최고 지도자가 효도를 핵심 가치로 삼아 사람들을 교화할 때에, 집집마다 찾아다니며 날마다 사람들을 만나서 가르치는 것이 아니다. 효도를 핵심 가치로 삼아 교화하는 것은 세상 모든 사람들의 부모를 공경하라는 것이다. 우애를 핵심 가치로 삼아 교화하는 것은 세상 모든 사람들의 형제자매를 공경하라는 것이다. 신하 노릇을 핵심 가치로 삼아 교화하는 것은 세상 모든 나라들의 임금을 공경하라는 것이다.

그러기에 『시경』에 다음과 같이 노래하였다.

"'화락하고 우애로운 최고 지도자는 바로 백성의 부모로다.' 가장 훌륭한 도덕성을 갖추지 않았다면, 누가 이와 같이 위대하게 백성들을 따르도록 할 수 있으랴!"

4-4. 안에서 밖으로의 확충

공자가 말하였다.

"건전한 인격자는 부모를 효도로써 모시기 때문에, 그 마음을 확충하여 충성하는 마음을 임금에게 옮길 수 있다. 형을 우애로써 섬기기 때문에, 그 마음을 확충하여 공순한 마음을 어른에게 옮길 수 있다. 집에서는 집안을 잘 다스리기 때문에, 그 마음을 확충하여 다스림을 관청으로 옮길 수 있다. 이렇게 하니, 그 행동이 안에서 이루어지고 이름이 후세에까지 세워지는 것이다."

4-5. 충고의 가치

증자가 말하였다.

"자애와 공경, 그리고 부모를 편안하게 모시고, 이름을 드날리는 문제에 대해서는 잘 들었습니다. 감히 여쭈어 보겠습니다. 자식이 무조건 부모의 명령을 따르는 것을 효라 할 수 있겠습니까?"

공자가 말하였다.

"그게 무슨 말이냐? 옛날에 최고 지도자는 충고해주는 신하가 일곱 명이 있었는데, 비록 자신이 법도를 잃더라도 나라[천하]를 빼앗기지 않을 수 있었다. 상급 관리자는 충고해주는 부하가 다섯 명이 있었는데, 비록 자신이 법도를 잃더라도 자신이 관리하는 조직[나라]을 잃지 않을 수 있었다. 중간 관리자는 충고해주는 부하가 셋이 있었는데, 비록 자신이 법도를 잃더라도 자신이 속한 공동체[가정]를 잃지 않을 수 있었다. 선비에게 충고해주는 벗이 있으면, 자신은 명예를 잃지 않을 수 있다. 부모에게 충고해주는 자식이 있다면, 자산은 늘 옳지 않은 곳에 빠지지 않을 수 있다. 그러므로 부모가 옳지 않은 일을 하였다면 자식은 부모에게 충고하지 않을 수 없고, 신하는 임금에게 충고하지 않을 수 없다. 따라서 옳지 않은 일을 하였다면, 반드시 충고해 주어야 하니, 무조건 아버지의 명령을 따른 것을 어찌 효도라 할 수 있겠느냐?

5. 효치를 넘어서

5-1. 자연과 인간의 만남

공자가 말하였다.

"옛날 훌륭한 임금은 아버지를 효도로 모셨기 때문에 하늘을 관찰하는 데도 밝았고, 어머니를 효도로 모셨기 때문에 땅을 살피는 데도 밝았다. 어른과 어린아이 할 것 없이 모두가 공순하였기 때문에 위에서 아래에 이르기까지 잘 다스려졌다. 하늘과 땅을 잘 밝히고 살피면 신명이 나타난다. 그러므로 비록 최고 지도자라 할지라도 반드시 존경해야 할 분이 있다. 바로 부모가 계심을 말하는 것이다. 반드시 우선해야 할 분이 있다. 바로 형이 있음을 말하는 것이다. 조상의 사당에 공경을 다하는 것은 부모를 잊지 않은 것이다. 몸을 닦고 행실을 삼가는 것은 선조의 이름을 욕되게 할까 두려워서이다. 조상의 사당에 공경을 다하면 선조의 영혼이 나타나 감응한다. 이는 효도와 우애의 지극함이 신명에 통하고 세상에 빛나서 통하지 않는 데가 없는 것이다.

그러기에 『시경』에 다음과 같이 노래하였다.

'서쪽에서나, 동쪽에서나, 남쪽에서나, 북쪽에서나, 복종하지 않는 자가 없다.'"

5-2. 사회화

공자가 말하였다.

건전한 인격자가 임금을 섬길 때의 자세는 하나, 관직에 나아가서는 충성을 다할 것을 생각한다. 둘, 관직에서 물러나서는 잘못을 고칠 것을 생각한다. 셋, 임금의 아름다운 점을 잘 드러나게 하여 백성들이 따르게 한다. 넷, 임금의 나쁜 점은 바로 잡아 고쳐서 악덕에 빠지지 않게 한다. 이렇게 해야 위아래가 서로 친애하고 화목하게 된다.

그러기에 『시경』에 다음과 같이 노래하였다.

'진심으로 사랑하니 어찌 말하지 않으리오. 가슴 깊이 지니고 있으니 어느 날인들 잊으리오!'

5-3. 삶의 지속

공자가 말하였다.

"효자가 부모의 상을 당했을 때는, 곡을 하되 애처로운 소리로 길게 끌지는 않는다. 예의를 갖추되 지나치게 꾸미지 않는다. 말을 하되 번잡스럽게 하지 않는다. 복장이 아름다워도 마음에 편안하게 느끼지 않는다. 음악을 들어도 즐겁게 느끼지 않는다. 맛있는 음식을 먹어도 달지가 않다. 이것은 슬퍼하고 서러워하는 정 때문이다.

부모가 돌아가신지 3일이 되면 음식을 먹는다. 이는 죽은 사람 때문에 살아 있는 사람이 다쳐서는 안 되고, 몰골이 초췌하더라도 살아 있는 사람의 성정을 잃지 않아야 한다는 점을 가르쳐 준다. 이것이 성인의 정치이다.

거상하는 기간을 3년을 넘지 않게 한 것은, 사람들에게 끝이 있음을 보여 준

다. 관과 곽, 수의 등을 만들어 장사지내고, 제기를 진설하여 애도하며, 가슴을
치고 발을 구르며 애통한 마음으로 모셔 보낸다. 좋은 묘 자리를 골라 편히 모신
다. 사당을 만들어 영혼을 모시고, 봄과 가을에 제사를 지내며 사모한다.

살아있을 때는 사랑과 공경으로 모시고, 돌아간 후에는 애통한 마음으로 모
셔야 한다. 그래야 사람이 지켜야 할 도덕의 근본을 다하는 것이다. 살아있을 때
와 돌아간 후의 예의가 다 갖추어져야, 효자가 부모를 모시는 일이 끝났다고 할
수 있다."

Ⅲ. 효의 교육학적 특징

지금까지 『효경』의 전문 번역을 통해 효의 총체적 모습을 읽어 보았다. 여기
에서 중요하게 지적할 부분은, 우리가 흔히 이해하고 있는 것처럼, 효의 의미는
부모와 자식관계에 한정되는 가족윤리의 차원을 넘어서 있다는 점이다. 효는 참
된 인간 실현의 근본으로 이해되기도 하고, 정치와 교화의 근원으로 인식되기도
한다. 또한 부자관계, 군신관계 등 인간의 개인적·사회적 행위의 근원적인 원리
이자, 윤리체계의 초점이라고 볼 수 있다(금장태, 1982: 28). 다시 말하면, 효는 가
정에서 부모를 모시고 봉양하는 것에서 시작하여, 사회에 봉사하고 이바지 하는
것이 중간과정에서 할 일이고, 종국적으로는 효도와 충성을 온전하게 실천하고
입신출세하여 완전한 사람으로서 의의 있는 생활을 보내는 인물이 되는 것을 말
한다(김익수, 1977: 80).

때문에 『효경』은 효의 본질과 효를 핵심으로 인간을 경영해야 하는 당위성
을 강조한다. 그리고 인간에게 주어진 본분이자 의무로서 다양한 계층의 효를 자
세하게 설명하고, 그 방법론을 구체적으로 제시한다. 이것은 궁극적으로 '인간됨'
을 지향하는 교육으로 귀결된다. 『효경』은 스스로 그것을 힘주어 강요하고 있다.
"효는 도덕을 실천하는 근본이고 교육[교화]이 발생하는 근원이다."라고.

그렇다면, 인간에게서 '효(孝)'가 어떤 의미를 차지하고 있기에 인간교육의 근
원이 되는지, 교육학의 입장에서 탐구해 보기로 하자.

1. 교육적 이념과 본질로서의 효: 삶의 지향과 방향

인간에게서 교육의 본질은 다양하게 이해된다. '인격의 완성', '사회 문화의 전달', '체제의 유지', '사회 혁신 기반의 조성' 등 개인의 발달과 사회의 진보를 아울러 표명한다(김정환·강선보, 1997). 동양에서는 전통적으로 "인간은 배우지 않으면 인간의 길이 무엇인지 알지 못한다(『禮記』「學記」)."라는 언표로, 배움의 필요성을 직접적으로 일러 주었다. 조선시대의 율곡(栗谷) 또한 "인간이 이 세상에 태어나서 배우고 묻지 않으면 올바른 사람이 될 수 없다(『擊蒙要訣』)."고 선언하며, 교육의 본질을 피력하였다. 이처럼 동양의 전통적인 배움, 즉 교육은 '올바른 인간의 길[道]'을 구체적으로 알고 그것을 실천하는 일에 집중된다.

이러한 올바른 인간의 길을 가게 하는 실천적 기준이 바로 효이다. "효는 도덕을 실천하는 근본이다." 도덕은 우주적 생명력이며, 인간의 삶을 지속하는 기본 바탕이다. 따라서 효는 인간 삶의 전반적인 질서에 생명력을 불어 넣는다. 『효경에 의하면』, 그것은 다음과 같은 이유에서이다.

첫째, 자기 생명력의 근거를 확인하여 행위 규범을 정할 수 있기 때문이다. 모든 인간은 부모로부터 탄생한다. 따라서 부모로부터 물려받은 전체 존재를 온전히 실현함으로써 존재의 이유를 점검할 수 있다. 이는 개인의 발견과 확인 작업이다.

둘째, 자기 위치를 인식하여 질서의식을 획득할 수 있기 때문이다. 인간은 사회공동체에 속하게 된다. 그리고 그 속에서 자신의 길을 발견하고 그 길을 따라 간다. 그것은 개인의 사회화 과정이다.

셋째, 자기의 사명을 실천하여 세계에 기여할 수 있기 때문이다. 인간은 제각기 맡은 일을 하는 존재이다. 자신의 속한 공동체 속에서 자신의 능력과 임무에 따라 열심히 일하는 존재이다. 즉 자기의 소명의식을 확인하고 실천하는 일이다.

이러한 인간의 생명력은 효의 본질적 차원을 거론할 때, 말해졌다. "효의 첫 번째 차원은 가정에서 부모를 잘 모시고, 다음 차원은 사회에서 조직의 지도자를 합리적으로 존경하며, 가장 높은 차원은 사회에 나아가 올바른 길을 따라 열심히 일하는 것이다."

앞에서 효의 문자적 의미를 언급했지만, 효는 기본적으로 수직적 질서이다. 그러므로 가정에서 부모를 잘 모시는 행위 규범은 부모−자식 사이의 관계이고, 사회에서 조직의 지도자를 합리적으로 존경하는 질서의식은 사회에서 지도자−구성원 사이의 관계에서 발생하는 윤리체계이다. 효는 이런 차원을 포괄하면서도 올바른 길을 따라 열심히 일하는 자기 충실로 귀결된다.

이런 측면에서 효는 인간의 자기 인식에서 싹트는 삶의 지침이다. 인간의 성장과정 자체로 설명하면, 다음과 같이 이해할 수도 있다. 가정생활에서는 부모를 잘 섬기고, 사회생활에서는 국가와 사회[직장]에 헌신하며, 자기 삶에 최선을 다하는 일이다. 이런 삶의 실천 가운데 자신의 이름이 저절로 드러나고, 자신의 존재 근거인 부모까지도 빛이 나게 된다.

이와 같은 효의 본질이 우리의 전통교육의 핵심인 유학교육의 이상이자, 이데아idea였다. 유학은 늘 자기로부터 출발한다. 그것은 공자에게서 자기 충실을 의미하는 충(忠)으로 표현되고, 위기지학(爲己之學)으로 이해된다. 위기지학은 효의 시작처럼 '자기 존재의 확인'에서 비롯된다. 자기 존재의 확인은 자기 사랑에서 출발한다. 인간은 자기 사랑에서 출발하여 타자에 대한 사랑으로 나아간다. 그것이 공자가 말한 서(恕)이며, 타인에 대한 배려이다. 타인에 대한 배려는 "내가 하고 싶지 않은 일을 타인에게 베풀지 말라(『論語』「顔淵」)."라는 인(仁)으로 드러난다. 인은 사랑의 정신이고, 그것은 육친(肉親)의 정이 흐르는 효에서 극치를 보인다. 육친애를 바탕으로 하는 효는 사회적 사랑으로 확대되어 공동체의 효가 된다.

교육은 '개인과 사회'에서 인간의 자기 충실이라는 울타리를 벗어나지 않는다. 개인은 자기 충실을 통하여 자기의 존재를 좀 더 명확하게 확인할 수 있다. 동시에 사회에서의 자기 충실을 통하여 자기의 위치와 사명을 깨달을 수 있다. 자기 확인과 타자와의 관계 속에서의 위치의 인식은 인간 삶의 생명력으로 작용한다. 교육이 개인의 성장·발전과 사회의 유지·진보에 기여하기 위해서는 개인과 사회에서 인간의 충실이라는 궁극적 이념에 접근해야 한다. 그 실천의 구체적 내용은 개인의 처지와 위치에 따라 달라질 수 있다.

2. '효'교육의 목적과 내용: 본분과 의무의 체득

효의 본질은 모든 인간이 지향해야 하는 하나의 이데아이다. 그러므로 인간 삶의 당위가 된다. 모든 계급 계층은 자신의 위치에 맞는 행위 규범이 주어지고 그것을 습득하고 이행하기 위한 준거를 지녀야만 한다. 다시 말하면, 나라를 경영하는 최고 지도자로부터 일반 국민에 이르기까지 제각각의 본분과 의무를 지녀야 하는 것이다. 그것은 효를 핵심으로 하는 인간교육의 목적이자 내용이 된다.

첫째, 최고 지도자의 경우, 부모를 사랑하고 공경하는 태도로 온 세상에 모범을 보여야 한다. 최고 지도자는 오늘날 민주주의 체제에서는 최고 통치자인 '대통령'에 비유할 수 있다. 교육자로 환원하면 국가 최고의 원로 스승격인 정신적 지도자 정도에 해당할 것이다. 이러한 최고 지도자는 이 세상을 경영하는 막대한 책임을 맡고 있다. 따라서 어떤 자세로 임하냐에 따라 국가의 흥망성쇠가 가름된다. 최고 지도자가 솔선하여 사랑과 존경으로 부모를 모신다면, 국민들도 모두가 감화되어 자기 부모를 사랑하고 존경하게 될 것이다. 따라서 최고 지도자는 자신의 교육적 실천을 여기에 두어야 한다.

둘째, 고위 관리자의 경우, 교만함에 대해 경계하고, 욕망을 절제하며, 법질서를 성실히 이행해야 한다. 고위 관리자는 대통령 바로 다음가는 자리로 국무총리나 부총리 정도의 최고위급 지도자이다. 이러한 고위 관리자는 최고 지도자에게서 권력을 위임받은 실권자이다. 실권자는 그 사회의 최고의 지성인들이다. 그들의 고민은 나라와 국민이 잘살 수 있도록 법도를 지키고 도리를 다해야 한다. 따라서 겸양의 예를 지키고, 아껴 쓰면서 국민을 사랑해야 한다. 즉 절제 있는 생활을 통하여 고위 관리자로서의 품위와 긍지를 잃지 말아야 한다.

셋째, 중간 관리자의 경우, 올바른 법도, 올바른 말, 올바른 행동으로 자신의 본분을 다해야 한다. 중간 관리자는 장·차관 급에 해당하는 경영자로서 실무에서 최고의 지위를 지닌 사람이다. 즉 중간 관리자는 최고 지도자나 고위 관리자를 직접 모시고 나라의 일을 맡은 사람이다. 정부에서 외국의 장·차관급에 해당하는 예방객들을 접대하고, 때로는 다른 나라에 나가 외교활동을 하기 때문에, 옷차림에서 말과 행동에 이르기까지 예법에 맞아야 한다. 그것은 국가에 충성할 때 더욱 공고해지고, 나라의 안정과 번영을 가져온다.

넷째, 하급 관리자의 경우, 충성으로 자기의 지도자를 모시고, 순종으로 윗사람을 모셔야 한다. 하급 관리자는 실제 업무를 담당하는 공무원을 지칭한다. 즉 하급 관리자는 나라의 공무를 다스리는 구체적인 직책을 맡은 사람이다. 따라서 누구보다도 국가에 충성하고 지도자를 잘 모시며, 사회의 연장자나 윗사람에게 공경과 순종의 덕을 다해야 한다. 『효경정의(孝經正義)』에서는 공무에 종사하는 하급 관리자의 효를 다음과 같이 해설하였다.

공무에 종사하는 것은 본래 부모를 안심시키기 위해서이지 자신의 영화로운 삶이나 귀한 자리를 탐내어서가 아니다. 부모를 안심시키고자 하는 마음으로 일하면 나라와 국민들에게 충성하게 되고, 자기의 영화로운 삶을 탐낸다면 충성하지 않게 된다.

하급 관리자는 이러한 마음으로 윗사람을 성심성의껏 모시고, 신중하고 충성스럽게 나라의 일을 거들어야 한다.

다섯째, 일반 국민의 경우, 의식주의 생산성을 높이고, 근검절약하며, 부모를 봉양해야 한다. 일반 국민은 공공의 이익을 위해 일하는 공적인 직분이 없는 평민이다. 평민은 자신의 힘에 의지하여 자기와 가족의 삶을 책임진다. 따라서 천지자연의 이치를 따라 부지런히 일하여 의식주를 해결할 수 있는 소득을 얻어야 한다. 동시에 재물을 아끼고 몸가짐을 신중히 하여 사회적으로 잘못을 저질러 죄를 짓지 않아야 한다. 또한 부모에게 봉양을 다해야 한다. 일반 국민은 삶에 필요한 물질을 생산하는 하층계급이다. 의식주를 해결하고, 신중히 행동하며, 부모를 봉양하는 효를 실천하기 위해, 평민에게서 생산성은 효의 기초로서 엄청나게

강조된다. 즉 물질적 생산과 기본적인 도덕생활이 삶의 전 과정에서 의무적으로
부과되어 있다.

이와 같은 다섯 가지 계층의 효는, 계층의 성격과 사회적으로 담당한 직분에
따라 다르다. 인간에 따라 어떤 본분과 의무를 다해야 하는가? 다섯 가지 계층은
인간 삶의 다양한 양태를 범주화 한 것으로 이해할 수 있다. 즉 인간의 행위 반
경은 이러한 다섯 가지의 구획 속에 포괄된다. 이처럼 인간의 본분을 모두 담고
있는 효는 인간 행위의 기준이 되는 것이다. 효를 모든 행위의 근원이라고 한 이
유가 여기에 있다.

다시 말하면, 애당초 효는 부모와 자식 사이의 관계로만 이루어졌다. 그러나
그 반경이 확대되어 사회화의 과정을 거치고 다양한 사람들과의 관계 속으로 이
입되면서, 국가사회 질서체계로 발전되었다. 따라서 효는 인간의 일상생활을 규
율하는 핵심이 되어 왔고, 그것을 학습하는 것이 우리 교육의 원천을 이루어 왔
다. 이런 점에서 효는 모든 인간이 자신의 본분과 의무를 확인하는 교육의 목적
이자 내용이 된다. 그러기에 효는 모든 사람이 기꺼이 법도로 삼아야 한다.

3. '효' 교육의 방법: 효치(孝治)의 실천

바람직한 인간의 길로서 효, 교육의 본질적 이념인 동시에 목적이자 내용인
효는 어떻게 구체화되고 실천의 길로 인도될 수 있는가? 『효경』은 주요한 방식
몇 가지를 지시하고 있다.

먼저, 최고 지도자의 교화(敎化)를 제시하였다. 고대 중국에서 유학으로 점철
된 우리의 전통사회에 이르기까지, 최고 지도자는 최고교육자의 자리를 겸하였
다. 그에게는 백성을 다스리는 통치자로서 백성을 훌륭하게 만들어야 하는 책임
이 있었다. 그렇다면 가르침이란 어떤 의미인가?

교[가르침]는 어떤 의미인가? 본받음이다. 윗사람이 하는 일을 아랫사람이 본
받는 것이다. 백성은 소박하므로 가르치지 않으면 훌륭하게 성장할 수가 없다
(『白虎通』「三敎」).

순자(荀子)도 "선한 행위로 사람을 인도해주는 것을 교[가르침]"라고 하였다(『荀子』「修身」). 화(化; 감화)는 이러한 교[가르침]가 깊이 스며들어 체득되었음을 의미한다. 즉 인간의 행위가 이전의 바람직하지 않던 모습에서 올바른 모습으로 바뀐 상황과 같다. 최고 지도자는 우주 천지의 이치를 밝히고, 솔선수범하여 백성들을 교화하는 덕치를 실천하였다. 그것은 인간 행위에서 옳음과 그름, 선과 악을 밝히고 백성들이 해야 할 일과 하지 말아야 할 도덕규범을 정하여 미리 실천의 지침을 주는 일이었다. 이 덕치교화(德治敎化)의 핵심이 바로 효이다. 교육은 '예방교육'과 '치료교육'의 차원으로 구분해 볼 수 있다. 훌륭한 지도자는 일상에서 예방적 차원의 교육을 앞세우며, 치료적 차원의 교육을 실시할 정도의 사회상황을 조성하지 않는다.

두 번째, 효를 실천하는 방법의 핵심은 도덕(道德)을 함양하는 일이다. 인간에게 가장 중요한 도덕으로, 예(禮)와 악(樂)을 꼽는다.

예는 본래 '하늘에 제물을 바치고 빌면서 하늘로부터 계시를 받는다'는 의미이다. 이는 하늘을 섬긴다는 뜻이다. 따라서 하늘의 질서 앞에 경건해야 한다. 인간의 삶이 자연질서를 따른다고 할 때, 인간이 예를 따르고 질서를 지키며 순종하는 것은 당위적인 의무이다. 예를 지키고 순종하게 하는 방법이 바로 '제(悌)'의 윤리이다. 제는 형이나 연장자에게 우애롭고 공손하게 대하는 일이다. 예는 사회질서를 외형적으로 안정시켜 준다. 악은 자연의 아름다운 리듬을 타고 나와 사람의 정감을 순화시켜 준다. 즉 인간의 성정(性情)을 내면적으로 다스려 준다. 그러므로 인간은 예악으로 하늘의 이치와 자연의 절주(節奏)에 맞추어 사람의 마음을 순화하고 사회공동체를 살아가는 모든 사람의 기풍과 습속을 개량하고 향상시킨다. 음악은 내면에서 우러나와 인간을 차분하고 평온하게 만들고, 예의는 밖으로 꾸며져서 외형적으로 수식된다.

최고의 지도자는 이러한 예악을 체득하여 효를 가르친다. 교육자로서 지도자나 관리자의 교화는 솔선하여 덕행을 실천하는 일을 벗어나지 않는다. 그리하여 일반 국민을 감화시키고 일반 국민들도 도덕을 지키게 하는 것이다. 이때 지도자나 관리자의 도덕은 다름 아닌 효제(孝悌)의 실천이다. 먼저 자기 집안에서 실천하고, 계속하여 다른 집안과 사회공동체로 확장하는 일일 뿐이다. 집안에서 효제를 하던 덕행을 그대로 옮겨서 최고 지도자에게 충성하고, 사회의 어른이나 선배를 잘 섬기며, 관리자의 위치에 가서는 맡겨진 직무를 잘 이행하면, 저절로 높은 이름이 후세에까지 전해진다(장기근 역주, 1979: 514-515).

일반적으로 효의 최종 단계인 입신양명(立身揚名)에 대한 오해가 있다. 이는 막무가내로 권세를 획득하거나 재물을 쌓아 부귀한 지위에 올라 출세했다고 하고 그것으로 이름을 후세에 드날리는 것이 아니다. 집안에서 사회생활에 이르기까지 효제를 지키고 실천한 후에 알찬 공적이 있으면 이름이 저절로 드러나는 것을 말한다. 즉 먼저 효를 실천하여 자신의 본분과 의무를 다하면서 삶을 알차게 채우는 것이 요점이다. 이는 교육에서 내면의 수양인 수기(修己)·성기(成己) 및 위기지학(爲己之學)과 연결된다.

세 번째, 효를 실천하는 중요한 방법 중의 하나가 '충고'이다. 충고[諫諍]는 아랫사람이 윗사람의 과오나 비행을 간(諫)하여 바로 잡는 일이다. 흔히 부모나 윗사람이 명령을 하면 무조건적으로 받아들이는 것으로 이해하기 쉬우나, 진정한 효는 그것이 아니다. 그러나 충고를 할 때는 신중해야 한다. 먼저 올바름과 그름, 선악에 대한 판단이 바르게 서야 한다. 그리고 충고하는 태도는 어떤 경우에도 사랑과 공경의 정신에서 우러나와야 한다.

이상에서 살펴 본 것처럼, 효치(孝治)의 핵심은 '교화-도덕의 함양-충고'로 드러났다. 교화는 교육자의 가르침을 중심으로 일어나는 행위이고, 도덕의 함양은 배우는 자의 자기 실천이 중심이며, 충고는 올바르지 않은 가르침에 대한 아랫사람의 성찰이 중심에 자리한다. 이는 교육의 방법 측면에서 가르침과 배움의 상하관계가 상호 침투되어 있음을 보여준다.

Ⅳ. 현대사회에서 '효' 교육의 가능성

『효경』에서 드러난 효의 의미는 분명 부모와 자식관계의 가족윤리의 차원을 넘어서 있다. 그것은 인간 삶에서 개인적·사회적으로 형성되는 모든 행위의 근원에 자리하면서, '인간됨'을 지향하는 교육의 근원이었다. 즉 효는 도덕을 실천하는 근원적인 힘이고, 우주적 생명력이며, 인간의 삶을 지속하는 기본 바탕이다. 따라서 자기 생명력의 근거를 확인하여 행위 규범을 정할 수 있고, 자기 위치를 인식하여 질서의식을 획득할 수 있으며, 자기의 사명을 실천하여 세계 발전에 기여할 수 있는 것이다. 이러한 본질을 지닌 효는 인간의 성장과정 전체에서 적용되고 실천되어야 하는 당위적 사명이다. 가정에서는 부모를 잘 섬기고, 사회에서는 국가와 사회에 헌신하며, 자기 삶에 대해 최선을 다하는 일이다.

　　모든 계층의 인간은 자신의 위치에 맞는 행위 규범으로서 효를 지니고 있게 마련이다. 나라를 경영하는 최고 지도자로부터 일반 국민에 이르기까지 제각각의 본분과 의무를 지닌다. 효는 그것을 핵심으로 하는 인간교육의 목적이자 내용이다. 원래 효는 부모와 자식 사이의 관계로만 이루어졌다. 그러나 범위가 확대되어 사회화의 과정을 거치면서 국가사회 질서의 윤리체계로 승화되었다. 그것은 효가 인간의 일상생활을 규율하는 핵심이 되었다는 의미이다. 따라서 삶의 핵심을 익히는 삶의 예술이 배움이자 교육이라고 할 때, 그것을 학습하는 교육의 원천이 된 것이다. 효를 교육[교화]의 근원으로 삼고, 사람 사이의 관계 맺기를 시도할 때, 효치(孝治)가 된다. 이때 효치는 교육의 방법론으로서 자리한다.

　　『효경』에서 효치(孝治)의 핵심은 '교화-도덕의 함양-충고'로 드러났다. 삶의 예술이 될만한 내용을 잘 선정하고 가다듬어 위에서 교육하는 양식이 교화이다. 그 교화에 따라 스스로 삶의 예술을 익히는 작업이 도덕의 함양이다. 그 과정에서 오류가 발생할 때, 조심스런 충고가 요구되고, 이는 인간 사이의 성찰을 가능하게 하는 주요한 제도적 장치가 된다.

　　'효'를 주축으로 하는 우리 전통교육은, 언뜻 보기에, 진부한 유물에 지나지 않을 수도 있다. 분명한 것은 효는 결코 가족주의적 윤리에 한정할 수 없으며, 강력한 사회성을 지니고 있는 질서체계라는 점이다. 더구나 그 속에는 인간의 본분과 의무라는 이념이 실천적으로 잘 녹아 있어 삶의 예술적 가치를 더해준다. '효'는 확실히 왕정(王政)과 민본(民本)이 행해지던 과거의 교육적 사유이다. 민주(民主)적 사회의 흐름은 그 구체적인 삶의 양식에서 많은 차이가 있다. 그럼에도

불구하고, 인간에게 주어진 본분과 의무의 이념적 설계를 생각한다면, 효는 민주
주의 교육이념과 거리가 멀지 않다고 생각한다. 책임과 권리와 의무를 중시하는
우리 시대의 충실한 교육적 원천이 될 수 있다.

조선시대 향교교육

Ⅰ. 서언

중국을 비롯한 동아시아에서 형식교육으로서 학교교육은 오래 전부터 발달하였다. 『맹자』에서 언급한 것처럼, 중국에서는 고대부터 "상(庠)·서(序)·학(學)·교(校)를 설치하여 백성들을 가르쳤다. 상(庠)은 봉양한다는 뜻이고, 교(校)는 가르친다는 뜻이며, 서(序)는 활쏘기를 익힌다는 뜻이다. 하(夏)나라에서는 교(校), 은(殷)나라에서는 서(序), 주(周)나라에서는 상(庠)이라 하였으며, 학(學)은 하은주(夏殷周) 세 나라가 공통적으로 쓴 명칭으로, 모두 인륜(人倫)을 밝히는 곳이었다(『孟子』「滕文公」上)." 중국 고대의 문명국가로 대표되는, 이른 바 삼대(三代)라고 하는 하은주의 학교가 어떤 성격과 규모를 지닌 교육기관으로 존재했는지 구체적으로 파악하기는 어렵다. 그렇다하더라도, 여러 가지 기록으로 볼 때, 명인륜(明人倫), 즉 인간사회의 윤리적 질서체득을 교육 목적으로 하는 교육기관이었음은 분명하다.

우리 전통교육기관인 향교(鄕校)도 이런 학교 가운데 하나이다. 향교는 문자 그대로 시골에 세운 향학(鄕學)이다. 국왕이 거주하고 있는 중앙(서울)에는 국가의 최고 고등교육기관인 태학(太學)을 설치하였고, 지방에는 그것을 대신할 향교를 설치하여 인재 양성과 백성 교화를 실천하였다. 이러한 향교가 언제 설치되었는지는 불분명하다. 하지만 역사 기록으로 미루어 볼 때, 고려시대 인종 때로 추측된다. 『고려사』에는 인종 5년(1127년)에 "여러 주에 조서를 내려 학교를 세워 교도를 넓혔다."라는 기록이 있고, 인종 20년(1142년)에 "시험에 응시하는 지방 학생들은 계수관 향교의 都會에서 증명을 주도록 했다."라는 기록에서 향교가 처음 등장하는 점으로 보아 인종 때부터 본격적으로 향교가 설치된 것으로 판단된다. 이 이전에도 지방에 학교가 존재했지만, 대성전(文廟)과 명륜당을 제대로 갖추고, 유교의 제사 기능과 교육(講學) 기능을 동시에 수행한 향교의 등장은 이 시기이다

(이만규, 2010; 김호일, 2000).

　그러나 당시 국가에서 설립한 향교의 교육활동이 아주 번성한 것은 아니었다. 전통교육이 근대 학교교육처럼 민중을 위한 보편적 교육이 아니라 은퇴한 관료나 유명한 학자들을 중심으로 학생들이 결집하는 양상으로 전개되다보니, 국가기관에서 교관을 파견하는 관학인 향교는 자발적으로 학문을 업으로 삼던 학자들 중심의 사학에 비해 상대적으로 활발하지 못한 측면이 있었다. 고려시대의 경우, 사학12도가 성행했고, 조선의 경우 서원이 발달하면서, 향교의 교육적 기능이 주춤하거나 쇠퇴하기도 했다. 그렇다하더라도 향교는 국가에서 세운 공식적인 지방교육과 교화의 중심 공간으로서 그 전통을 면면히 이어왔다.

　본고는 이러한 향교의 교육기관으로서의 특징과 교육이념, 역할 및 기능을 간략하게 정돈하고, 현대교육적 시사점을 고민하려는 시도이다. 우리나라에서 향교가 본격적으로 시작된 것은 고려시대였지만, 그 성행의 정도는 조선시대가 활발했던 것 같다. 따라서 본고에서는 고려시대 향교보다는 역사 기록이 풍부하고 그 양식이 뚜렷하게 남아 있는 조선시대 향교의 특징과 교육이념, 그리고 역할을 중심으로 고찰한다. 각 지방의 주요한 지역에 설치한 향교는 어떤 교육이념을 지니고 있는가? 지방에서 어떤 위상을 가지고, 학교로서의 역할과 기능을 수행했는지 주요 특성을 중심으로 검토해 본다.

II. 고등교육기관으로서 향교의 자리매김

　한국교육사에서 향교는 '중등교육기관'으로 표현되어 있는 경우가 많다. 이는 향교의 교육이념과 본질을 제대로 이해하지 못했기 때문에 발생한 오류로 생각된다. 서구의 근대교육에서 중등교육기관은 청소년들이 주로 다니는 중학교나 고등학교를 의미한다. 초등-중등-고등교육 차원에서 볼 때, 향교는 그 어떤 제도적 기관에도 대비하기 어려운 독특한 교육의 場이기에 현대의 중고등학교와 같은 중등교육기관으로 상정해서는 곤란하다. 특히, 서당을 초등교육기관, 향교와 4학을 중등교육기관, 성균관을 고등교육기관으로 보고, 서당 → 향교/사학 →

성균관의 순서로 진학할 수 있다는 주장은 근대 서구교육의 위계 틀에 짜 맞춘 위험한 발상이다.

향교를 중등교육기관으로 자리매김해서는 곤란하다는 근거는 다양하다. 가장 분명한 증거는 『경국대전』의 규정이다.

> 부(府)와 대도호부(大都護府), 목(牧)에는 90명의 유생(儒生)을 두고, 도호부(都護府)에는 70명, 군(郡)에는 50명, 현(縣)에는 30명의 학생을 둔다. 이때 나이가 16세 이하인자는 액내(額內)에 들지 않는다(『經國大典』「禮典」).

여기에서 16세 이상의 학생이 액내생라는 점을 눈여겨볼 필요가 있다. 향교에는 액내생(額內生)과 액외생(額外生)이 있었다. 이 중 액내생은 국비 지급 혜택을 받는 정원 내 학생으로 비양반 자제들로 채워졌다. 액외생은 향교의 생도가 되기를 꺼리는 양반 자제들이었다. 향교의 생도는 군역이 면제되었기 때문에 이를 면제받으려는 양반 자제들이 향교를 들락날락하였는데, 강(講)시험을 보여 합격한 사람은 향교에 소속되고 강(講)에서 떨어지면 군역에 충당되었다. 특히 16세 이하, 이른 바 소학 단계의 어린이는 액내에 들지 못했다(송찬식, 1976; 한국정신문화연구원, 1992: 368-369).

액내는 정원 안에 드는 생도를 말한다. 주지하다시피 유학에서는 15세를 기준으로 소학(小學)과 대학(大學)으로 구분한다. 15세는 요즘으로 따지면, 중학교 2, 3학년 정도의 청소년에 해당되는 나이지만, 어린이와 어른으로 나누어 볼 때, 어른의 초입 단계로 편입된다. 공자가 스스로 "15세에 학문에 뜻을 두었다(『論語』「爲政」)."는 점으로 미루어 보면, 15세의 의미는 자율적 판단과 자기 생애에 대해 독립적이고 책임을 느끼는 시기로 인식된 듯하다. 그러므로 16세 이상의 정원 내 학생을 고려하는 향교는 대학 수준에 해당한다고 보는 것이 타당하다. 이는 향교를 고등교육기관으로 이해해야 마땅하다는 법적 근거이다.

주자의 경우, 소학의 입학 시기를 8세, 대학은 15세로 제시하였다(『大學章句』「序」). 소학과 대학에 입학하는 나이, 대상 등은 문헌에 따라 약간 다르게 기록되어 있기도 하다. 『상서대전』의 경우, 소학은 13세, 대학은 20세로 기록되어 있다. 그렇다고 하더라도 16세를 기준으로 정원을 규정하고 있는 향교의 학생 수준은 소학에서 대학으로 넘어가는 성동(成童)이 중심이고, 이들은 소학의 수준을 벗어나는 시점이자 대학에 들어가려는 시기의 학생으로 볼 때, 대학에 보다 가깝다.

두 번째 근거는 향교의 교육과정에서 찾을 수 있다. 향교는 국가 최고의 고등교육기관인 성균관과 거의 유사한 교육과정을 이행하고 있다. 그것은 유교의 기본 경전인 사서오경을 중심으로 교육을 진행하고 있다는 점이다. 이는 성균관의 학령과 안동향교의 학령을 비교해 봄으로써 어느 정도 짐작할 수 있다. 성균관에서는 "항상 사서오경(四書五經) 및 제사(諸史) 등의 글을 읽으며 장자, 노자, 불경과 같은 잡류와 백가자집 등의 책을 끼고 다니는 자는 벌한다."고 되어 있고, 안동향교에서는 "항상 소학(小學), 의례(儀禮), 사서오경(四書五經), 성리대전(性理大全)과 제사서(諸史書)를 읽게 한다. 그리고 노장과 불경, 잡류, 백가자집 등을 책을 끼고 다니지 못하게 한다."라고 되어 있다. 여기에서 교육내용상 성균관과 향교의 차이는 크지 않다. 유교의 핵심 철학이자 성균관의 교육과정인 사서오경과 역사서인 제사를 공통으로 한다는 차원에서 향교는 교육내용상 대학의 성격을 띠는 것이 분명하다. 이외에 소학이나 의례는 지방의 백성 교화나 풍속 순화와 연관되는, 지방대학으로서 향교 고유의 특징을 반영한다고 생각된다.

사서오경은 소학 단계의 아동이 아니라 대학 수준의 성인들이 공부하는 내용이다. 다만, 향교는 지방 교화의 차원에서 도덕윤리적 성격이 강한 『소학』과 『삼강행실록』, 『효경』 등이 가미되어 있다는 점에서 성균관에 비해 수준이 떨어진다.

이외에도 향교가 과거제와 어느 정도 연관되어 있음을 고려할 필요가 있다. 과거시험에서 문과(文科)는 소과(小科)와 대과(大科)로 구분된다. 이때 향교는 향시(鄕試)로 대표되는 소과의 관문이다. 소과를 대비하고 준비하여 생원·진사가 되었을 때, 성균관에 진학할 수 있다는 점에서 결코 일상생활 예절, 쇄소응대진퇴지절(灑掃應對進退之節)과 예악사어서수지문(禮樂射御書數之文)을 다루는 하학(下學)의 차원에 머무는 소학이 아니다. 다시 말하면 과거는 지방 향리나 중앙 관료로의 진출을 꾀하는 성인들의 공부, 상달(上達)의 차원이므로 소학의 단계에서 준비하는 내용으로만 채워질 수 없다. 그것은 궁리정심수기치인지도(窮理正心修己治人之道)를 익히는 차원에서 논의되는 것이 설득력이 있다(『大學章句』「序」). 이는 고등교육기관으로서 향교와 성균관의 관계를 성찰하는 계기가 된다. 즉 향교는 고등교육 가운데서 낮은 단계이고 성균관은 고등교육의 높은 단계이다. 이는 왕정사회의 군현제에서 가능한, 서울의 임금과 그 임금이 파견한 지방의 수령이 담당하는 교육적 역학관계에서 고려해야 한다. 다시 말하면 지방과 서울이 지닌 교육적 상황이나 환경을 반영한, 교육적 안배와 배치의 차원에서 판단할 문제이다.

또한 고려할 사항은 조선 중기 이후, 서원의 발달과 더불어 향교의 교육이 주춤했다는 점이다. 이는 초등 수준의 교육기관에 해당하는 서당과 무관한, 고등교육기관들 사이의 경쟁으로 볼 수 있다. 당시 향교는 지방의 관학으로서 고등교육의 낮은 단계에 속했지만 나름대로 자신의 지위를 확보하고 있었다. 하지만 서원은 당대 명망 있는 학자들을 중심으로 부흥한 사학으로서 고등교육의 높은 수준을 유지하고 있었다. 향교는 이러한 서원에게 자신의 자리를 내준 것이다. 이런 차원에서 보아도, 향교는 서원에 비견되는 수준 있는 교육기관이었지, 결코 서당의 상위 개념으로 논의될 중등교육기관이 아니다. 다만, 교육기관의 규모나 위계질서를 고려하여, 다음과 같이 언급할 수는 있다. 서당은 초등이나 초급 수준의 교육기관, 향교나 4학은 중등이나 중급 수준의 교육기관, 성균관은 고등 혹은 고급 수준의 교육기관으로 안배하여, '초－중－고' 혹은 '하급－중급－상급'으로 구분할 수는 있을 것이다. 그러나 이 또한 현대 공교육의 학제 개념에서 볼 때, 명료하게 정돈하기에는 난점이 있다.

요컨대, 향교는 중앙의 태학, 성균관을 대변하는 지방 학교이다. 따라서 태학을 중앙에 있는 국가 최고의 국립대학, 최고 고등교육기관이라고 할 때, 향교는 태학의 축소양식인 지방의 국공립 대학, 즉 낮은 수준의 고등교육기관에 해당한다. 이런 점에서 오늘날에 빗대어 말한다면, 향교는 지방의 국공립대학이다. 형식과 내용에서 중앙의 태학을 그대로 모방한 교육기관인 동시에, 규모가 작을 뿐이다. 과거제도와 연관해 볼 때, 구조상 차원이 다르지만, 교육적 차원에서 서울의 성균관 교육을 지방에서 대리하는 역할에서 조명한다면, 향교는 성균관의 지방분교적 성격을 띤다.

Ⅲ. 향교의 설치 목적과 교육이념

유교는 중국을 위시하여 한국과 일본, 베트남 등 동아시아 사유에 결정적인 영향을 미쳤다. 수기치인(修己治人), 수기안인(修己安人)의 위기지학(爲己之學)을 중시하면서, 교육의 본질적 기능을 개인 삶의 충실과 그것의 사회적 실현에 두었다. 유교에서는 기본적으로 교화(敎化)의 근본이 학교에 있고 학교를 통해 인륜(人倫)을 밝히고 인재를 양성하려는 전통이 있었다. 조선 왕조의 지배계층은 이전 왕조와는 달리 유교(성리학)을 치국의 이념으로 삼았다. 이에 국가 통치이념인 성리학을 백성들에게 보급시키기 위해 성리학적 소양을 갖춘 관리를 양성할 필요가 있었다. 특히 지방의 인재를 육성하기 위한 교육의 실천과 지방의 백성을 교화하기 위해 향교는 적극적으로 활용되었다. 세조 7년(1461년)의 기록은 중앙과 지방에서 동시다발적으로 백성을 교육하고 교화해야 함의 절실함을 잘 보여주고 있다.

> 임금이 모든 도의 관찰사에게 명령하였다. "근래에 학교에서 제대로 교육을 하지 않고 기강도 해이하다. 이는 위에서 다스리는 사람이 학문을 권장하고 격려하는 일을 지극하게 하지 않았기 때문에 발생한 사태이다. 중앙(서울)에서는 내가 일찍이 직접 성균관에 나아가서 4학에 재학하고 있는 유생까지 불러 모아 놓고 그들의 재주를 시험하면서 학문을 권장하고 격려하게 하였다. 각 도의 관찰사들도 내 뜻을 잘 이해하고 체득하여 주현에 다닐 때마다 향교에 나아가, 몸소 여러 유생을 시험하고 또 교관이 모범이 될 수 있도록 격려하여 가르침에 부지런하고 힘쓰게 하라(『국역증보문헌비고』(학교고 2)."

지배계층의 입장에서는 성균관을 비롯한 서울의 4학과 지방의 향교를 통해, 유교 통치체제에 필요한 관료 자원의 확보와 새로운 통치체제의 정치이념에 맞게 백성을 교육할 필요성이 있었다. 4학은 중앙(서울)에 설치한 관학으로, 성균관보다 급이 낮고 문묘 기능이 없다. 즉 강학(교육) 기능은 있으나 제사 기능이 없다. 반면에 향교는 지방에 설치하였고 4학과 비슷한 급이나 성균관을 그대로 모방하였으므로 강당(명륜당: 교육기능)과 문묘(대성전: 제사기능)가 있다. 이러한 향교는 지방에서 피지배계층인 백성에게 중요한 교육의 장이었다. 모든 백성들이 쉽게 들어갈 수 있는 곳은 아니었지만, 과거의 소과, 즉 지방의 향시에 합격하여 생원·진사가 되어 양반으로의 신분 상승을 꿈꿀 수 있는 주요한 교육 공간으로 생각되기도 했다.

향교를 통해 백성을 교육하려는 사고는 유교의 정치 원칙에서 확인할 수 있다. 유교는 노심자(勞心者) - 노력자(勞力者), 성인/군자(聖人/君子) - 민(民), 군자(君子) - 소인(小人) 등의 관계를 통해 지배 - 피지배의 통치 구조에 정당성을 부여했다. 성인만이 예악형정(禮樂刑政)을 제정할 수 있고, 성인은 그것을 통해 백성을 통치하고 교육해야 한다. 동시에 백성은 성인의 지배와 인도를 받아, 인륜을 밝힐 수 있을 때, 올바른 사람이 될 수 있다. 이처럼 유교의 정교(政敎)이념을 백성의 의식과 삶에 뿌리내리게 하고 사회의 일반적 가치기준으로 정립하려는 교육적 노력을 조선 초기의 지배계층은 교화로 이해하였다(정재걸, 1989: 12). 이른 바 "화민성속(化民成俗)"으로 대변되는 교화는 학교를 세우고 오륜을 깨닫고 실천하게 하여 훌륭한 인재와 지방의 선한 풍속을 유지하는 유교 정치의 구현이다. 이런 교화를 위한 조선 초기 임금들의 고민은 『조선왕조실록』 곳곳에 드러난다.

풍속은 나라가 활력 있게 살아가는 원동력이요, 교화는 나라에서 먼저 해야 할 중요한 일이다. 교화가 제대로 되면 풍속이 아름답게 되고 나라가 제대로 다스려진다(「태종실록」 권19).

위에서 다스리는 사람이 모범적으로 실천하여 아랫사람이 본받게 되는 것을 풍화라 하고, 훈훈하게 쪼여 점점 물들게 하는 것을 교화라 한다(「세종실록」 권119).

나라를 다스리는 도리는 인륜을 두텁게 하고 풍속을 이루는 것뿐이다. 교화를 일으키고 풍속을 장려하는 방도를 의논하라(「세조실록」권12).

대개 위에서 행하는 것을 아래에서 본받는 것을 風이라 하고, 훈도되어 물들 듯이 젖어 가는 것을 교화라고 한다(「성종실족」권174).

조정은 한 나라의 중심이며 풍속과 교화의 근본이다. 교화는 밖으로부터 오는 것이 아니다. 가까운 데서 멀리까지 미치는 것이다. 그러므로 예로부터 나라에서 백성들에게 풍속과 교화에 심혈을 기울여 풍속을 두텁게 하고 바르게 하는 도리에 관한 것을 강구하지 않음이 없었다(「성종실록」권200).

한나라의 지도자로서 왕이나 지배계층이 정교를 행하여 아랫사람이 본받는 것을 '풍(風)'이라고 한 것은 백성에 대한 지배층의 도덕적 영향력을 의미한다. 아울러 훈도되어 물들듯이 젖어가는 것을 '화(化)'라고 한 것은 백성의 의식과 생활 습관이 지배층의 도덕적 영향력에 따라 형성됨을 일러준다. 이처럼 교화는 지배층이 백성의 도덕적 모범이며 백성은 그런 지배층에게 순응하는 것을 전제로 한다. 백성은 선한 본성을 갖추었지만 그것을 주체적으로 펼쳐나갈 비판적 능력이 결여되어 있다. 그러므로 지배계층이 군자가 되어 백성을 훈도해야 한다는 논리이다. 따라서 지배계층이 도덕적 통솔을 통해 백성의 지지를 받으려는 교화는 유교를 지도이념으로 도입한 조선 초기 지배계층에게 정치의 요체로 인식되었다. 요컨대, 정교의 핵심인 교화는 지배이념인 유교에 근거하여 인륜과 풍속을 정비하는 작업이었다.

향교는 이러한 유교의 지배질서를 공고히 하기 위한 교육적 장치이다. 그러기에 그 교육이념은 유교의 이념에 투철할 수밖에 없다. 수기치인을 비롯하여 성기성물(成己成物)과 내성외왕(內聖外王)이라는 유교의 교육이념은 유교교육의 방향을 지시하는 지남(指南) 역할을 한다. 엄밀하게 말하면, 교육이념은 대소(大小)의 개념을 모순 없이 포함하는 총괄적인 것이어야 하고, 어느 일부분에만 반영되거나 실천되는 것이 아니어야 한다. 동시에 모든 교육활동을 정당화하는 근거가 되어야 하고, 시간과 장소에 따라 변하지 않아야 하며, 비교적 장시간 계속되어야 한다. 뿐만 아니라 확고한 기초와 항구성을 지니려면 부정적인 것보다는 긍정적인 것이 바람직하다. 다시 말하면, 교육이념은 포괄성과 보편성, 기본성과 일관성, 지속성과 긍정성을 지니고 있어야 한다(오천석, 1973). 이는 교육이념이 교육의 세계에서 가장 큰 중심이자 교육의 원리로서 위대한 축의 역할을 한다는 의미이다. 그러기에 유교에서 추구했던 교육이념은 유교교육의 전 과정을 지배하는 하나의 궁극적 신념이 된다.

조선의 지배계층이 받아들인 주자학, 즉 성리학에 의하면, 교육은 인간의 윤리적 품성을 도야하는 데 유용한 이념적·제도적 장치이다. 향교를 설치한 이유도 이런 차원을 벗어나지 않는다. 조선의 지배계층은 초기부터 그들의 지배 이데올로기인 성리학을 확대 보급시키기 위해 교육체제의 정비를 단행하였다. 향교를 전국적 규모에서 설치한 이유도 거기에 있었다. 태조는 각도의 군현에 일제히 학교를 세우게 한 뒤, 그 책임을 각 도의 수령에게 부여하고, 학교의 흥폐 여부에 따라 수령의 치적을 밝히게 하였다(『국역증보문헌비고』). 이러한 정책은 지방의 교육열을 고조시켰고 향교의 발달을 유도했다(신묘현, 1989: 6).

다시 강조하면, 학교를 적극적으로 설치한 목적은 간단하다. 첫째, 유교이념을 확산시키는 작업이고, 둘째, 각 지방에 있는 인재를 육성하며, 셋째, 임금의 손에 직접 닿지 않는 각 지방의 백성을 교화시켜 백성의 의식을 지배체제에 순응하도록 만들기 위해서였다.

앞에서 언급했듯이, 향교는 조선 초기에 정비된 중앙 행정기구의 지방조직인 군현제에 따라 설립되었다. 군현제는 향촌사회의 백성을 임금을 대신하는 각 군현의 수령에게 위임하는 제도이다. 따라서 모든 다스림의 권한과 성공 여부가 수령에게 달려 있었다. 향교교육도 예외가 아니었다. 지방의 정사를 담당한 수령은 향교교육을 충실히 이행해야 할 책임과 의무를 지니고 있었다. 군현제에 따라 향교를 설립하고 향교교육에 대한 수령의 책임을 강화하였다는 사실은 백성에 대한 직접적 지배라는 군현제의 목적과 긴밀한 연관을 갖는다(정선화, 2002: 31). 다시 강조하면, 군현제는 향촌사회의 백성에 대한 직접적인 지배를 확보하기 위해 정비되었다. 그런데 향교의 설치는 군과 현의 등급과 반드시 일치하지는 않았지만, 대체적으로 군과 현의 규모에 따라 향교를 세우고 그 교육을 담당할 교수를 파견하였다.

이처럼 조선 초기 향교의 전국적인 확대를 통하여 지방교육을 강화하려던 이유는 중앙에 비하여 지방을 통제하기가 어려웠기 때문이다. 중앙에는 집권세력과 이해를 같이 하는 부류가 밀집되어 있으므로 적극적인 통제 정책을 펴지 않더라도 집권층의 이념을 수렴할 수 있었지만, 지방의 경우는 그렇지 않았다. 여말 선초 새로운 왕조 개창에 반대하는 많은 유신들이 지방에 내려가 은거하였으며, 또한 지방에는 토착세력 중 고려조의 영향이 남아 있어 새로운 왕조의 입장에서 볼 때, 지방을 통제하기 어려운 차원이 있었다.

이러한 시대적 상황에서 지방에서 고려조의 영향력을 불식시키고, 새로운 왕조의 이념을 뿌리내리게 하는 작업은 무엇보다도 시급한 일이었다. 이러한 기능을 효과적이고 지속적으로 수행할 수 있는 제도로 백성을 유교적으로 의식화시킬 학교가 부각되었고, 조선의 향교에 대한 정책이 전례 없이 강화되었다. 즉 조선의 지배계층은 군현제와 과거제, 그리고 지방교육 정책을 유기적으로 연결함으로써 자신들의 권력을 확고히 하려고 노력했다(이원재, 1983; 유현경, 2002). 향교는 그런 정치 문화의 산물이다.

Ⅳ. 향교의 역할과 기능

위에서 살펴본 것처럼, 조선의 향교는 유교적 지배질서를 강화하기 위한 목적에서 설치되었다. 교육이념도 철저하게 유교이념과 일치되는 동시에, 그것을 전국적으로 전파해야 하는 책무성을 띠고 있었다. 그런 가운데 향교의 역할과 기능은 크게 두 가지로 요약된다. 하나는 지방의 '인재 양성'이고 다른 하나는 지방 '백성 교화'이다. 이는 조선을 건국한 태조의 즉위 교서에서부터 강조되었다.

중앙(서울)에는 국학(성균관)을 두고, 지방에는 향교를 설치하여 생도를 뽑아 강학에 힘쓰게 하여 인재를 육성하게 할 것이다. 아울러 지방의 풍속과 직결되는 충신·

> 효자 · 의부(義父) · 절부(節婦)는 매우 중요하니 특별히 권장해야 한다. 각 지방 관아
> 의 관리들은 향교를 순방하여 지방 백성들의 삶을 살피고 훌륭한 사람은 조정에
> 알려 우대하여 발탁 등용하고, 문려를 세워 정표하게 할 것이다(「태조실록」 권1).

태조가 언급한 것처럼, 조선의 군왕들은 건국 초부터 자신들이 채택한 유교
이데올로기의 전파를 위해, 관학을 통해 유교적 소양을 갖춘 인재를 양성하고,
백성들을 유교적 사회질서에 순응하는 인간으로 만들어 나가려고 했다.

그런데 지방의 경우, 향교교육으로 순수한 국가의 인재, 즉 고급 관료를 양
성하기보다는 지방의 하급 관료나 지방 백성을 교화하려는 목적이 더욱 크게 작
용하고 있었다고 판단된다(유현경, 2002: 13-18). 태종 10년에 사간원에서 올린 시무
상소(時務上疏)에 의하면, 당시 국가의 고급 관료 진출은 그다지 희망적이지 않았
다. 왜냐하면 그 숫자가 넘쳐나고 있었기 때문이다.

> 식년시를 통해 33인을 뽑는다고 했을 때, 이들을 나누어 삼관의 권지로 임명하
> 여 6~7년을 지내야 비로소 9품을 제수한다. 성균관은 8년, 예문관 · 교서관은 4
> 년이 지나야 6품에 승진한다. 이렇게 본다면, 30세나 40세가 되어 시험에 합격
> 한 자는 삼관에서 늙을 것이 뻔하다(「태종실록」 권20).

이처럼 조선 초기부터 중앙의 관직은 포화 상태였다. 그럼에도 불구하고 전
국적 규모에서 향교 설치를 강행한 것은 중앙의 관료로 쓸 인재를 선발하기보다
는 각 지방의 백성을 교화하려는 의도가 강하였다고 판단된다. 물론, 사간원의
상소가 향교교육의 방향 설정과 반드시 연관되는 것은 아닐 수도 있다. 당시 중
앙의 고급 관료는 순수하게 과거시험을 통해 진출했다기보다는 조선 초기의 혼
란한 사회정황에 따라 집권자들에 의한 논공행상이 이루어졌을 것이고, 혹은 음
관의 관행에 따라 관직이 포화 상태에 이르렀을 수도 있다. 그렇다고 하더라도
중앙 관료의 증가는 지방의 유능한 인재를 별도로 선발하여 올릴 필요성을 반감
하는 데 기여한 것은 분명하다. 이런 차원에서, 모순에 빠질지라도, 중앙 정부는

지방 수령에게 향교 설립을 적극적으로 추동하면서도 중앙 관료로서의 인재 양성이나 추천에는 소극적이었을 것으로 추측할 수 있다.

학교제도나 위계상으로 보아도, 향교는 중앙의 성균관과 직결되어 졸업과 동시에 그곳에 입학할 수 있는 하급 단계의 교육기관이 아니었다. 성균관을 대신하는 지방의 독립된 교육기관이라는 점에서 중앙의 관료 양성보다는 지방 백성을 교육하고 교화하는 역할과 기능이 부여되었음을 짐작할 수 있다.

이는 세종의 발언에서도 확인된다. 세종은 중앙(서울)에 설치하였던 성균관이나 학당과는 다르게 향교의 교육적 역할을 분명하게 부여했다.

> 내가 국학(성균관)에 가서 석전례를 행하고 훌륭한 인재(선비)를 뽑을 것이다. 이때 성균관과 오부학당에서 배우는 사람과 조사 이외에는 시험을 보러 오지 못하게 하라(『세종실록』 권44).

세종은 서울 소재의 성균관과 학당의 유생, 조사에게는 응시를 허락한 반면, 향교나 그 외의 유생에게는 응시를 허락하지 않았다. 이런 군왕의 자세를 보아도 향교의 역할과 기능은 중앙의 관료나 인재 양성보다는 인륜을 밝혀 지방 백성을 교육하고 교화하는 데 있었음을 알 수 있다.

향교교육을 위해 중앙 정부는 서적 반포를 적극적으로 시행하였다. 그것은 향교교육의 내용을 체계화하는 데 기여하였다. 세종 때 펴낸, 『삼강행실도』(혹은 『삼강행실록』)는 충·효·열에 관한 기본 덕목을 담고 있는데, 이는 백성들에게 널리 가르치기 위한 구체적 교육내용을 선별하여 담은 윤리 교과서에 해당한다. 세종은 『삼강행실도』의 반포 교습에서 부위자강, 군위신강, 부위부강 등 유교적 지배질서인 삼강의 의미를 강조하며 백성의 교화를 염원하였다.

> 자식은 부모에게 효도를 다할 것을 생각하고, 신하는 임금에게 충성을 다할 것을 생각하며, 아내는 남편에게 자기의 도리를 다하게 되어, 교화가 행하여지고 풍속이 아름다워져서 더욱 아름다운 세상에 이르게 될 것이다(『세종실록』 권64).

유교에서 삼강오륜은 윤리의 핵심이다. 이 중에서도 삼강은 오륜과는 달리, 중국의 한나라 이후 중앙집권적 지배질서를 유지하기 위한 일종의 상하 복종 윤리이다. 이를 지방 향교에 이르기까지 보급하려고 노력한 것은, 중앙－지방 사이의 상하 복종 윤리, 즉 지방을 유교적 질서로 편입하려는 매우 적극적인 의향을 드러낸 것이다.

이런 최고지도자의 노력은 조선 중기에 이르기까지 꾸준히 진행된다. 그 사례는 성종의 언급에서 더욱 구체적으로 드러난다.

나는 생각한다. 나라를 다스리는 방법은 교화보다 선행되어야 할 것이 없다. 교화를 행하는 일은 반드시 학교에서 시작된다고 본다. 나라에서 학교를 세워 인재를 기르는 일은 아주 중요하다. 그러나 학자들이 허원한 곳에 빠져 우리 유교의 기본 덕목인 효제충신을 근본으로 하지 않을까 두렵다. 때문에 일찍이 지방의 여러 도에 명령하여 『소학』과 『삼강행실도』를 널리 간행하게 하고, 백성들 모두 학습하여 효과가 드러나기를 바랐다. 그런데 속리들이 게을러 이를 제대로 이행하지 않아 실효를 거두지 못하였다고 들었으니 참으로 탄식하는 바이다. 여러 신하들은 내가 품은 뜻을 본받아 전철을 밟지 말고 지금 지방의 여러 읍에 설치한 향교의 학생들에게 어른과 아이를 논할 것 없이 모두 『소학』을 익히게 하라. 그리하여 어린 자에게는 그 문장을 외우게 하고 어른들에게는 그 뜻을 통하게 한 후에 사서를 읽도록 할 것을 법제로 정하기 바란다. 또 암송한 것을 시험할 때에는 능숙하고 능숙하지 못함을 해마다 기록하여 아뢰고, 향교마다 널리 사표가 될 만한 사람인 누구인지 묻고 성명을 적어 아뢰도록 하라. 그리고 교수와 훈도를 정하여 실효를 거두도록 노력하고, 이들이 단순히 글의 도구가 되지 말게 하여, 모든 백성들이 배우지 않는 이가 없고, 고을마다 가르치지 않는 곳이 없게 하여, 모두에게 효제의 도리를 알게 하고 글 읽는 소리가 그치지 않게 하여, 풍속과 교화를 옮기려는 나의 뜻에 부응하게 하라(「성종실록」 권69).

성종이 향교의 역할과 기능에 거는 기대는 남달랐다. 지방의 백성을 교육하고 교화하려는 향교의 기능 강화를 위해 어려운 상황에도 불구하고 『소학』

과 『삼강행실도』를 간행하여 반포하고, 그 공부의 중요성을 부각하여 법제화까지 명령하고 있다. 특히, 경서보다 『소학』과 『삼강행실도』를 중요시 했다는 데서 당시 지배계층의 의도와 향교의 기능을 엿볼 수 있다(정선화, 2002: 35). 조선 초기 지배계층에게 삼강오륜은 인간이면 반드시 지켜야 할 도리이자 나라를 다스리는 요체로 인식되었다. 그 내용이 『소학』에 잘 제시되어 있기에, 향교교육에서 교화를 위한 필수적인 교과서로 채택되었다. 아울러 조선 초기에 각급 학교를 통해 『소학』을 강조하고 과거시험에서 『소학』에 대한 이해를 전제로 하였던 것으로 보아, 『소학』은 교생의 도덕적 자각이나 사회윤리의 확립을 위해 여러 차례 강조되었다.

과거 합격자를 두고 보아도, 지방이라는 제도적·지리적 불리함으로 인해 매우 적은 숫자만이 향시에 합격하였다. 더구나 2차 시험인 복시까지 고려한다면 지방 출신으로 과거에 합격하는 숫자는 지극히 미미하였다. 이러한 점을 미루어 볼 때, 당시 향교의 기능이 지방 인재의 육성은 물론 유교이념의 확산을 통한 지방민의 교화에 보다 큰 관심을 두었음을 알 수 있다.

한편, 향교의 존재는 피지배계층인 일반 백성에게는 새로운 의미로 다가왔다(이성무, 1980: 60). 사농공상, 혹은 양반과 상민(良人)의 지배－피지배의 신분제 사회에서, 인간다운 삶을 담보하는 것은 양반이라는 신분이었다. 따라서 일반 백성들은 양반이라는 신분을 꿈으로 상정했을 것이다. 그 꿈을 성취하는 지름길이 바로 향교를 통한 교육과 과거시험 합격이었다. 조선시대는 신분질서가 엄격한 사회였지만, 법적으로는 모든 백성들에게 교육과 과거시험에 참여할 길이 열려 있었다. 그러므로 양인들은, 여건만 허락한다면 누구나 향교에 들어가서 공부를 하고 과거시험에 합격하고 싶은 마음이 있었음에 분명하다. 지방의 향교를 중심으로 치러졌던 소과에 합격할 경우, 생원·진사가 되어 양반의 지위는 확보할 수 있었다. 왜냐하면 이들은 장차 대과에 응시하여 양반 관료가 될 수 있는 예비 관료로서의 지위를 누릴 수 있었기 때문이다. 대과에 응시하지 못하거나 불합격하더라도 그 지방의 하급 관리나 훈도가 되어, 지역에서 나름대로의 권한을 확보할 수도 있었다.

　이러한 신분 상승에 대한 갈망이 아니더라도 양인들이 향교에 입학하고 싶은 이유는 또 있었다. 그것은 향교의 교생에게 주어진 군역 면제라는 특전이다. 경제적 능력을 비롯하여 교육 환경 차원에서 양반에 비해 열악했던 양인들은 생원·진사시에 합격하는 것은 현실적으로 매우 힘든 일이었다. 하지만, 군역 면제를 통해 삶의 또 다른 길을 모색하는 작업은 엄청난 혜택으로 받아 들여졌음에 분명하다.

　이처럼 『소학』, 『삼강행실도』를 비롯한 명인륜 교육이나 과거시험을 위한 활동 이외에도, 향교는 지역 백성의 교화를 위한 다양한 역할을 자임했다. 대표적인 활동이 석존제(釋奠祭), 향음주례(鄕飮酒禮), 향사례(鄕射禮), 양노례(養老禮), 특별강습(特別講習) 등이다.

　석전제는 문묘가 설치된 교육기관인 성균관과 향교에서 거행되었다. 봄(음력 2월)과 가을(음력 8월)의 첫 정일(丁日)에 공자를 비롯하여 선현을 추모하기 위해 올리기 때문에 정제(丁祭) 혹은 상정제(上丁祭)라고도 한다. 이런 석전제는 유교의 창시자인 공자를 추모한다는 차원에서 유교 문화를 전파하고 보급하는 하나의 상징이다. 조선시대에는 건국 초기인 태종 때부터 각 지방의 향교에서도 실시되었던 것으로 보인다. 석전제는 대개 지방관의 참여하에 이루어 졌지만, 거기에 참여하는 여러 헌관과 집사의 분정(分定)은 여러 차원에서 중요한 의미를 지니고 있었다. 한 고을의 선비들이 함께 모여 유교를 선양하는 자체도 중요하지만, 초헌관, 아헌관, 종헌관 등 여러 헌관과 집사가 지니는 일정한 서열은 그 지역사회에서 학덕(學德)과 문지(門地), 인망(人望)을 가름하여 정해진다. 때문에 특정 인물에 대한 중요성을 나타내는 척도가 되었다. 이는 지방의 백성을 교화하고 그 지역의 의식을 통일하는 데 크게 기여하였다(신묘현, 1989: 44).

　향음주례는 말 그대로 술 마시며 잔치를 베풀던 지방의 행사이다. 매년 음력 10월에 吉日을 택하여 고을의 유생이 모여 술을 마시며 잔치를 베푸는 예식이다. 이때 나이가 많고 덕과 재주가 있는 사람을 주빈으로 하였는데, 이는 유교의 윤리질서와 연관된다. 즉 지방의 마을에서는 나이가 많은 사람, 덕망이 적은 사람보다는 많은 사람을 우대하고, 재주가 있는 사람을 존중하는 유교적 삶의 양식이 반영된 것이다. 이 예식이 있을 때는 원근의 선비들과 학생들이 모여오고 구경꾼들도 많이 모여들었다. 의식은 매우 성대하였고, 한 마을을 교화시키는데 큰 영향력을 미쳤다(한기언, 1983: 124).

향사례는 활쏘기 의식인데, 향음주례 이후에 활쏘기를 통해 예를 익히는 지방 고을의 예식이다. 이때 주빈으로 고려하는 주요 사항은 부모에게 효도하고 형제 간에 우애가 있으며 임금에게 충성스런 신하로 예법을 좋아하며 유교적 질서를 어지럽히지 않는 자를 모신다는 점이다. 이는 유교의 핵심인 오륜에 충실한 자를 지역사회에서 공식적으로 권장하는 장을 만들어, 지역의 모든 백성들에게 본보기로 삼는 일이다. 이처럼 덕행 있는 사람을 표창하는 동시에 그 지방 백성들에게 존경심과 숭앙하는 마음을 길러 한 고을의 모범이 되게 하는 공식적인 행사는 궁극적으로 한 지역사회를 교육하는 의미를 지닌다.

양노례는 각 지방관들이 예속(禮俗) 행정의 하나로 행한 일이 많았다. 주로 향교의 교정에서 행해졌는데, 해마다 가을 끝자락 무렵에 지역의 노인들을 모시고 잔치를 베풀었다. 이 또한 유교적 효의식을 강조하며 지방 풍속의 순화에 기여하였다.

특별강습은 『삼강행실도』를 한글로 번역하여 경외사족의 가장 부로와 교수훈도에게, 지방의 글을 모르는 부녀자와 어린이를 향교에 모아 놓고 가르쳤다. 이들 중에 대의를 통하거나 깨달아 행실이 뛰어난 자가 있으면 지방 감사가 상을 주기도 하였다.

이처럼 향교는 교생을 교육하는 일 이외에도 민간의 도덕적·예양적 풍속을 수립하는 역할에 충실했다. 이는 당시 수령이 이행해야 할 정치적·교육적 책무성이었다. 한 지역의 주요 교육기관이나 유력한 교육자는 지방 문화를 지도하고 향상할 의무가 있었다. 이런 의미에서 향교의 교육을 현대적 의미로 이해한다면, 그것은 지역사회 교육이자 향토 학교의 정신을 발휘하는 기능이 있었다(한기언, 1983: 123). 조선의 모든 백성들에게 유교적 질서를 가르치려는 의도 하에 진행된 향교교육은 앞에서 언급한 태조 원년에 내린 조서를 보아도 알 수 있듯이, 고려조에서 조선조로 이행되는 시기, 다시 말하면 불교와 유학의 지배 이데올로기의 교체의 과정에서 유교의식과 문화의 정착과 보급을 위한 지방 교화의 중심 역할을 하였다.

그러나 조선 초기에 중후기로 갈수록 향교는 사학으로서 고등교육기관 수준인 서원의 설립과 함께 주춤하며 교육적 기능이 크게 위축된다. 여러 가지 시대 상황이 있겠지만, 관학이 지닌 한계가 크게 작용한 것으로 이해된다. 향교의 교육이 백성의 기대에 미치지 못했을 수도 있고, 향교 교관의 실력과 신분이 점차 추락하는 현상처럼 향교에 대한 부정적 이미지가 드러나면서 향교 이외의 다른 교육적 대안이 요구되었다. 아울러 조정에서도 유교국가로서의 기틀이 어느 정도 잡히게 된 15세기 후반부터 지방의 관학에 필요한 과중한 재정적 부담을 싫어하였다. 다양한 사회정치적 사건과 더불어 15세기 이후에는 많은 양반 관료들이 지방에 자신의 기반을 마련하고 사립대학에 해당하는 서원을 일으켜 훌륭한 선비들이 향교로부터 이탈하는 현상이 발생했다.

V. 결어

지금까지 살펴본 것처럼, 조선시대 향교는 지방의 국공립 고등교육기관으로서 전국적 단위에서 설치되었다. 그 이유는 크게 두 가지로 정돈할 수 있다. 하나는 통치체제에 필요한 관료, 즉 인재 양성이고, 다른 하나는 새로운 통치체제인 유교의 정치이념에 입각하여 백성을 교화하려는 것이었다. 다시 요약하면, 향교는 유교의 이념 아래 지방의 인재 양성과 지방 백성의 교화, 풍속의 순화라는 중층적 목적을 지니고 있었다.

인재 양성이라는 교육적 차원에서 볼 때, 향교는 조선 초기부터 적극적으로 진흥되었고, 각 지방의 수령이 교육을 책임져야 할 만큼 그 중요성을 부여하였다. 특히 『소학』을 비롯한 人倫의 기초를 강조한 교육내용과 석전제, 향음주례, 향사례, 양로례 등 유교적 의례를 통하여 유교적 의식을 함양하는 데 적극 기여하였다.

백성 교화와 풍속의 순화라는 차원에서, 향교는 유교의 정치 이데올로기 주입과 삼강오륜을 통한 인간의 윤리질서를 확립하려는 의도를 강하게 드러냈다. 그것은 유교적 교육이념과 정치체제에 충실한 양식이었다. 그것은 향교의 교육을 책임지는 각 지방의 수령에게는 도덕규범을 통해 유교적 인간으로 인도하는 일종의 사명감이기도 했다.

그런데 시대는 바뀌었다. 현재는 군현제가 이루어지는 왕정시대가 아니다. 자유와 평등을 구가해야 하는 민주주의 시대이다. 왕정과 민주라는 이 거대한 정치체제의 차이는 그 간극을 메우기가 쉽지 않다. 현재의 관점에서 향교를 인식하는 것도 그러하다. 대신 향교가 지닌 이념과 역할을 현대교육적 차원에서 다시 성찰할 필요는 있다. 적용과 응용의 문제는 시대정신에 맞게 연구해야 한다. 여기에서는 몇 가지 시사점만 던진다.

첫째, 향교는 지역사회의 교육을 담당했던 핵심기관이었다. 그런 점에서 지방 자치 시대에 맞는 지역사회 교육의 한 축으로 발돋움할 수 있다.

둘째, 향교는 유교적 도덕질서를 교육의 핵심 내용으로 하였다. 민주주의 시대에 '민주적 유교'라는 용어가 가능하다면, 민주적 질서의 새로운 양상을 교육하고 연구하는 교육연구기관으로 자리매김할 수 있다. 이는 전통의 현대화 연관된다.

셋째, 향교는 지방 풍속의 순화라는 자치정신의 모범적 사례에 해당한다. 이는 각 지역의 특성을 살려, 교육 문화의 활성화를 도모할 수 있는 하나의 사례이자 계기로 작용할 수 있다.

서당의 교학과 현대성

Ⅰ. 서당 약사

전통적으로 서당은 글방, 서재(書齋), 서방(書房), 책방(冊房) 등으로 불리었다. 우리는 이러한 서당의 연원이나 형태, 모습을 정확히 알 수 없다. 멀리는 그 연원을 삼국시대까지 거슬러 올라가 고구려의 민간사설교육기관인 경당(扃堂)에서 찾기도 하고, 신라의 설총이 경서를 이두로 가르칠 때부터 있었다고도 하지만 확실하게 증명할 수 없다(박래봉·김정일, 1980). 그런데 12세기 전반 고려 인종 때, 송나라 사람인 서긍(徐兢)이 고려를 유학한 후 다음과 같이 기록한 것은 주목을 끈다.

> 마을 거리에는 경관(經館)과 서사(書社)가 두 세 개씩 서로 마주 보고 있으며, 혼인하지 않은 아이들이 무리를 지어 스승에게 경서를 배우고 조금 더 장성한 청년이 되어서는 각각 저희들끼리 벗을 택하여 절간에 가서 공부한다. 아래의 일반 백성이나 아주 어린아이들까지도 역시 동네 선생을 찾아가 배웠는데, 매우 번성하였다(『고려도경 高麗圖經』 권40, 유학조).

여기에서 '경관'이나 '서사' 등 서당과 비슷한 글방들이 보인다. 이는 불교가 성행하던 고려시대, 낙향한 유교 지성인들이 고향의 서재에 머물며 인근의 자제를 가르치면서 서재학당을 출현시킨 것과 관련되는 듯하다. 이들의 서재에 붙여진 이름이 우리에게 익숙한 ○○헌(軒), ○○재(齋), ○○당(堂)이라고 했는데, 이것이 일종의 서당으로 생각된다(한동일, 1985).

그런데 우리 의식에 좀 더 친근하게 다가와 있는 서당은 유교 문화, 특히 신유학(新儒學; Neo-Confucianism)을 찬란히 꽃피운 조선조에서 융성하였다고 여겨진다. 왜냐하면 기록상 '서당'이라는 명칭이 조선 성종 때 구체적으로 드러나기 때문이다.

> 왕이 경기 관찰사 이철견에게 명하기를 "이제 들으니, 전 서부령 유인달이 광주에 살면서 별도로 〈서당〉을 세우고, 열심히 가르치자 마을 중의 자제가 서로 모여 배워서 생원·진사가 그 문하에서 많이 나왔다고 하는 데, 그것이 사실인가? 그대는 그 사실 여부를 직접 물어보고 아뢰어라."하였다(『조선왕조실록』「성종실록」권15, 성종 3년 2월 15일).

이에 대해 경기 관찰사는 그 사실을 다음과 같이 조사하여 아뢰었다.

지난 번의 명을 받들어 자세히 조사하고 물어 보았습니다. 광주 사람 유인달이 지난 경진년부터 서부령을 그만두게 된 뒤에 집 옆에 〈서당〉을 짓고 가르침을 시작하였는 데, 서생 최수담과 한문창 등 34인이 와서 배웠고, 최수담은 과거에 합격하고 한문창 등 10인은 생원·진사에 합격하였다고 합니다(『조선왕조실록』「성종실록」권18, 성종 3년 4월 28일).

이로 미루어 볼 때, 서당교육은 성종 이전부터 시작되어 이 시기에는 이미 많은 지성인들이 관심을 가지고 있었던 것으로 판단된다. 그리고 이런 교육은 계속성쇠를 거듭하다 효종 10년에 오면 「서당학규(書堂學規)」까지 제정하여 정부에서까지 장려할 정도였다. 송준길이 정한 학규의 본문을 분석하면 다음과 같다.

1. 지방 향촌이 각각 서당을 세우고 각각 훈장을 정하여 그 효과가 상당하다.
2. 근래에는 그 법이 폐지되었으니 이제 마땅히 예전의 법을 따라서 단단히 일러서 거행하게 하라.
3. 훈장은 그 고을에서 고르도록 하되 대학장의의 예에 의거한다.
4. 수령은 때때로 직접 가서 그 학동을 시험하고 감사와 도사와 교양관도 또한 시험하고 혹은 제술을 시켜라.
5. 만일 실제로 효과가 드러나는 자가 있으면 대전에 따라 훈장에게는 조세를

> 면제하고 학생에게는 상을 주며 그 가운데 가장 드러난 자는 임금에게 아뢰
> 어 훈장에게는 동몽교관을 주든지 혹 다른 관직을 주어 권장의도를 보이라
> (이만규, 1947, 252-253).

그 후 조선조가 쇠락하고 일제 식민지로 바뀌면서 서당도 변화를 겪게 된다. 가장 중요한 것은 서구식 국민교육의 형태가 수입되면서 근대국가에서 비롯된 의무교육 형식의 학교체제가 들어서면서 겪는 충돌이었다. 서당도 예외는 아니었다. 일제 식민시대의 서당은 전통적인 유학교육을 바탕으로 하는 재래 서당도 있었지만 신문명을 일부 흡수한 '개량 서당'의 형식을 띤 것도 성행하였다(차석기, 1999). 이 시기 서당은 사숙(私塾), 혹은 의숙(義塾)·서숙(書塾)·학숙(學塾) 등으로 불리었다. 이와 같은 서당의 전통은 해방 후에도 미미하나마 명맥을 유지해왔으나, 6.25를 거치면서 학교교육의 발달과 의무－강제교육 정책으로 거의 단절되고 말았다.

이 조그마한 글은 이러한 과정을 거치면서 역사 속으로 사라져간 서당의 교육방법론을 살펴보고, 그것은 현대교육에서 어떤 기능을 하며, 교육방법의 전통으로서 어떻게 이어갈 수 있을 지 고민해보려는 것이다.

II. 옛 서당의 교육방법

서당의 교육방법은 어떻게 보면 의외로 단순하다. 즉 강독(講讀; 글을 읽고 그 뜻을 밝혀 주며 이해하기)과 제술(製述; 시문이나 글을 지음), 그리고 습자(習字; 글자를 익히는 일)가 주로 행해졌기 때문이다. 다시 말하면, 읽고 이해하고 쓰고 익히기가 주요 공부였다.

강독은 천자문(千字文), 동몽선습(童蒙先習), 통감(通鑑), 소학(小學), 사서삼경(四書三經), 사기(史記) 등으로 수준을 높여서 교육했고, 제술은 오언절구(五言絶句), 칠언절구(七言絶句), 사율(四律), 십팔구시(十八句詩), 작문(作文)까지 했다고 하는 데, 조그만 동네나 산골의 서당에서는 제술을 하지 않은 곳도 있었다고 한다. 그리고

습자 연습은 바른 글씨체인 해서(楷書)를 연습시켜 일정 수준에 도달하면 흘림체인 행서(行書)를 쓰게 했다고 전한다. 이들 교육내용을 학습하는 데 구체적으로 어떤 교육방법을 활용했던가?

1. 대체적인 교육방법

서당의 교육방법에 대한 구체적인 기록은 찾아보기 힘들다. 따라서 일제 식민지 시대에 서당교육을 받은 어른이나 최근까지 남아있던 서당교육 출신자들의 증언 등을 미루어 짐작할 수밖에 없다. 서당에서 가르치는 방법은 대개가 비슷했다. 그 큰 줄거리는 다음과 같다.

먼저, 천자문이나 동몽선습 같은 교재를 골라, 한 자씩 한 자씩 가르쳤다. 예컨대, 천자문의 경우, 〈하늘 천(天) 따 지(地) 가믈 현(玄) 누루 황(黃)……〉. 즉 천·지·현·황이라는 글자를 하나씩 하나씩 훈과 음을 구체적으로 일러 주었다.

그 다음은 음독하는 법을 가르쳤다. 즉 '천·지·현·황'으로 소리내는 법, 읽는 법을 가르쳤던 것이다. 이런 방법의 끊임없는 반복 암송이 가장 기본적인 교육방법이었다. 이때 학동들은 자기 혼자서 읽고 그 의미를 저절로 이해하는 단계까지 나아가야 했다.

이것이 바로 구독(句讀)의 문리(文理), 즉 그 구절의 의미가 무엇인지 구체적으로 이해하게 되는 상황이다. '천지현황'의 경우, '하늘은 가믈가믈 거리고 땅은 누르스름하다.' 이는 읽은 구절의 뜻과 음을 터득한 후에 생기는 글의 온전한 이해이다. 문리는 바로 글의 이치를 파악하는 글의 개략적이고 전반적인 이해이다.

이러한 문리가 생긴 후에 그 구절이나 한 문장의 대의(大義)인 큰 뜻을 좀 더 풀어서 응용하고 확장하여 의미해석을 하면서 가르친다. 즉 '천지현황'이라고 했을 때, '하늘은 가믈가믈 거리고 땅은 누르스름하다'로 끝나는 것이 아니라, 하늘은 왜 가믈가믈 거리는가? 가믈거린다의 의미는 도대체 무엇인가? 하늘을 보라. 아지랑이가 아롱아롱대듯 끝없이 푸른듯한 창공에 무언가 알 수 없는 것이 아롱대지 않는가? 아래에서 보면 파란 하늘이, 위에 올라 가면 아무런 색도 아닌 허

공인 것, 그런 상태가 하늘의 가믈거림이다. 땅은 왜 누르스름한가? 흙이란 우리에게 무엇인가? 흙은 우리 모두를 살아있게 하는 원천이다. 거기에서 곡식이 나고 만물이 자란다. 뿐만 아니라 우리가 발딛고 있는 땅이다.

이런 대의 파악이 이루어지면 가르침은 일단락 된다. 그 후에는 가르치는 스승없이 스스로 풀이하여 읽는다. 이것이 서당교육에서 가르침의 대강이다.

다시 정리하면, ① 낱 글자 익히기 ② 소리내어 읽기(음독) ③ 문장 해석(구독의 문리) ④ 문장의 의미 확장(대의) ⑤ 스스로 풀이(자습)의 순서로 단계적 학습을 진행해 나갔다.

2. 강독·제술·습자, 그 외 활동들

강독은 서당교육의 가장 기본이 되는 방법이다. 훈장이 먼저 읽고 뜻을 풀이하면 학동은 따라서 읽는다. 이는 구체적인 읽기와 뜻풀이 과정을 말한다. 오늘날 교육에서 일반적으로 통용되는 교수방법과도 비슷하다. 훈장은 먼저 강(講)을 하여 글자의 의미를 해석해 주고 읽는 방법 등을 일러준다. 그리고 학동들에게 따라 읽게 하였다. 초보자들에게는 분판 또는 종이의 왼쪽에 모범 글씨를 쓴 후, 그 모범 글씨를 따라 쓰게 하였다. 이 과정은 매일 아이의 실력에 맞춰 배울 범위를 정하고, 하루 종일 숙독시키면서 진행되었다. 그리고 다음 날 전부 외워 통달한 후에야 다음 진도를 나갈 수 있었다. 즉 철저한 암송(暗誦)의 과정이었다. 매일 외우고 노래부르듯 읽어야 했다. 만약 외우지 못하면 회초리로 종아리를 맞고 다 외울 때까지 읽히었다. 이 엄격한 과정이 하루에 5시간 정도 행해졌다.

이런 강독과정은 단순히 보면 철저한 지식 주입의 교육으로 오해할 수 있다. 그러나 주입이 아니다. 자득(自得)이다. 스스로 외우고 스스로 읽고 스스로 터득하는 과정이다. 어떤 학동들은 암송과정에서 산 가지를 놓고 외웠는지 못외웠는지 셈을 해가면서 숙독 훈련을 했다. 사실 훈장이 가르치는 것은 가장 기본적인 것이다. 아직 잘 모르기 때문에, 어두운 동몽(童蒙)의 상태에 있기 때문에, 한 번 일깨워주는 것일 뿐이다. 동몽에서 몽(蒙)은 『주역』의 네 번째 괘로 동양교육 철학의 원초적인 사유를 담고 있다. 여기에서는 발몽(發蒙) - 포몽(包蒙) - 곤몽(困蒙) - 동몽(童蒙) - 격몽(擊蒙)의 순으로 어리석음을 깨우쳐 가는 방법과 이치가 언급되어 있다. 우리나라를 비롯하여 과거 동양에서는 어리석음을 깨우치는 방법이 바로 교육의 근본문제였다. 일깨움이 있은 후에 알고 모르는 것은 학동 자신의 책임이다. 그래서 다음에는 다시 지식을 주입하는 글의 가르침이 아니라 회초리라는 깨우침의 도구를 써서 학동을 깨칠 뿐이다. 이 어찌 주입식 지식교육인가? 강독은 가르침과 배움의 교학상장(教學相長)인 자기 수양, 즉 깨달음의 과정일 뿐이다. 교학상장은 『예기(禮記)』「학기(學記)」에 나오는 말인데, 그에 대한 해설은 다음과 같다.

> 좋은 안주가 있다고 할지라도 먹지 않으면 그 맛을 알 지 못한다. 비록 최선의 길이 있다고 하나 배우지 않으면 그 좋은 것을 알지 못한다. 이런 까닭으로 배운 연후에야 부족함을 알고, 가르친 연후에야 곤궁함을 안다. 부족함을 안 후에야 능히 스스로 반성하고 곤궁함을 안 후에야 스스로 힘쓴다. 그러므로 〈가르치고 배우는 것이 서로 돕는다〉고 하는 것이다.

이를 불교 『벽암록 碧巖錄』에서는 〈줄탁동시(啐啄同時)〉로 표현한다. 즉 「줄」은 병아리가 달걀 속에서 껍질을 쪼는 것이고, 「탁」은 어미 닭이 밖에서 달걀 껍질을 쪼는 것이다. 이 둘이 동시에 이루어질 때, 생명의 탄생이 이루어지듯 교육의 과정도 교사와 학생 사이에 동시에 이루어져야 함을 일러준다.

이는 끝이 없어서 밤에 글 읽는 것을 장려했고, 열 두 시가 넘도록 암송하며 글 읽는 소리가 그치지 않는 경우도 많았다고 한다.

또 중요한 것 중에 하나가 계절에 따라 글 읽는 내용이 달랐다는 점이다. 봄, 여름, 가을, 겨울, 사계절의 변화는 인간의 사상 감정을 다르게 조절하는 자연의 혜택이다. 아무래도 여름에는 더위에 지치는 것이 인간이다. 그래서 가능한 한 인간의 머리를 덜 쓰는 시(詩)나 율(律) 같은 흥취를 끄는 것을 장려하였다. 요즘으로 말하면 음악 같은 흥취를 돋구는 과목을 주로 교육했다. 그리고 봄과 가을에는 『사기』와 같은 역사서나 옛 이야기를 읽었고, 겨울에는 좀 까다로운 경서를 읽혔다. 이 또한 계절과 인간의 사상 감정을 조화시키려는 과학적인 교수방법이었다.

제술과 습자는 강독 중간중간에 혹은 강독이 끝난 후 이루어졌다. 제술은 새로 나온 한자음을 익힌다든가, 4율, 오언절구, 칠언절구 등의 시를 짓게 하거나 고학년에게는 운(韻)을 주고 글을 짓게 하였다. 즉 구체적인 시나 문장을 쓰게 했다. 그 처음에 주로 짧은 글인 시를 짓게 했던 것이다. 이는 요즘의 짧은 글짓기나 동시를 쓰게 하는 교육과 비슷하다.

습자교육은 글자를 바르게 쓰는 것을 위주로 하였다. 이는 마음을 바르게 한다는 의미와도 통한다. 그래서 정자인 해서(楷書)를 원칙으로 하여 행서나 초서로 나아갔다. 습자는 한 점 한 획에 힘을 주어 일일이 연습시킨다. 특히 오랜 시간 동안 점과 획을 충분히 익히고 난 후 글씨를 쓸 수 있게 되었을 때, 훈장이 글을 종이에 써서 준다. 그러면 그것을 받아 어린아이는 그 위에 모방하여 굵게 쓰기 연습을 하고, 조금 나이가 있는 학동은 자기가 써와서 수정을 받았다.

제술과 습자는 각각 하루 1~2시간 정도 이루어졌다. 이렇게 볼 때 서당은 강독과 제술, 습자교육에만도 하루 7~9시간 이상 교육하는 그야말로 학업에 여념 없는 배움의 집이었다.

이런 과정은 철저하게 개인의 능력에 따른 학습이 이루어졌다. 재질에 따라 빠른 아이도 있고 늦은 아이도 있었다. 따라서 익히는 과정에 따라 진도도 달랐고, 배우는 책도 달랐다. 그래서 훈장이 먼저 한 번 가르치고 난 후, 단계에 따라 좀 우수한 학동이 보조로 지도하기도 하고, 한 명씩 훈장 앞에 가서 훈장이 글자를 가르쳐 주면 제자리에 와서 읽어보고 외우고 붓으로 써 보이기도 했다. 그후 익힌 것을 훈장 앞에서 읽어보고, 외우고, 써보고 해서 확실하게 하지 못하면 그 다음 진도를 나가지 않았다. 또 큰 소리로 읽고 쓰기도 하는데, 비슷한 능력을 가진 학동 1, 2명을 동시에 지도하기도 하였다. 이때 암송하는 방법은 가부좌 자세로 앉아 상체를 앞뒤로 혹은 좌우로 흔들면서 소리내어 읽었다. 이런 과정은 다음 날 확인 학습으로 이어지고, 완전히 암송하여 익혔으면, 다음 진도를, 그렇

지 않으면 익힐 때까지 암송에 들어갔다. 이 방법은 한문을 읽을 때, 묵독보다는
강약을 넣어서 소리내어 읽는 것이 좋다는 것을 의미한다. 왜냐하면 문장의 문맥
을 잡기에 좋고 장시간 읽기에서 오는 졸음을 방지하는 데도 좋기 때문이다.

그 외 중요한 교육방법으로 유희를 학습과 연관시켜 지식과 삶의 지혜를 터
득하게 한 것이 있다. 예컨대, 고을 이름을 알아 맞추는 놀이의 한 형태인 골모
듬이라든가 비슷한 글자 맞추기, 수가지 놀이, 제기차기, 얼음지치기, 자치기, 씨
름, 날씨가 더운 여름에 서당에서 가까운 산 밑의 시원한 곳에 원두막 같은 것을
쳐놓고 글공부를 하는 여름글, 땅뺏기 놀이 등 방과 후나 쉬는 시간을 이용해 행
해졌다. 그 뿐만 아니라 강독에도 일상적인 것과 정기적인 것으로 나누어졌다.
즉 서당의 일상생활에서 일정한 진도가 끝났을 때의 괘책례(掛冊禮: 책걸이), 서당
의 학동 중 성적이 가장 우수한 자를 선발하여 베푸는 장원례, 그리고 백일장 등
정기 행사도 있었다. 또 예법 지도가 구체적으로 이루어졌는데, 그 중심은 효제
충신(孝悌忠信)이었고, 그 기본은 겸손하며 부끄러워 할 줄 아는 도리에 있었다.
그 외에도 배움을 시작하기 전에 행하는 개접례(開接禮: 개강의식)도 행하였고, 가끔
씩 '마음을 씻는다'는 의미로 심산 계곡이나 약수터에 가서 목욕을 하기도 했다.
이러한 서당의 행사는 대개 학습과 밀착되어 있었으며, 형식적인 의식과 같은 형
태는 적었다.

3. 교수법

위에서 이루어진 교수방법은 사실 다음과 같은 교육방법의 원리적인 측면을
담고 있다. 전체적으로 보면 '아동의 재질에 맞도록 학습 진도와 분량을 정하고
충분히 암송하여 뜻을 알도록 하였으며, 알기 쉽게 설명하고 인내성을 가지고 가
르친다'는 것이다(이만규, 1947, 280-282). 이를 이덕무는 다음과 같이 설명했다(이덕
무, 『사소절 士小節』하, 「동규 童規」).

먼저, 많은 분량을 한꺼번에 가르쳐서는 안 된다. 많은 글보다는 자세하게
익히는 것이 필요하다. 실제로 200자를 익힐 능력이 있는 학동도 100자만 가르

쳐서 정신적으로 여유가 있게 하였다. 이렇게 하면 글공부를 싫어하거나 괴로워하지 않고 스스로 터득하는 묘한 이치가 있다고 한다.

두 번째, 글을 가르칠 때는 수다스럽게 말을 많이 하지 말아야 한다. 수다스런 말은 절대 금기이다. 재주가 높고 낮음에 따라 자세하고 간략하게 해설할 것이니 어린아이가 어찌 진득하게 앉아 있겠는가? 마음 약한 녀석은 초조하고 번민할 것이다.

세 번째, 글 뜻이 아주 묘한 것은 말하지 않아야 한다. 일상 세계와 동떨어진 잘 알아듣지 못하는 지나치게 심오한 말을 하면 학동은 하품을 하거나 기지개를 켜고, 오직 '예예'하면서 복종하는 척하며 벌떡 일어설 마음만 생긴다.

네 번째, 멍청한 학동일수록 참고 용서해야 한다. 즉 인내심을 가지고 끝까지 하나하나 학동의 수준과 능력에 맞게 가르쳐 주어야 한다.

다섯 째, 방언이나 글 뜻을 풀이한, 혹은 사물의 이름을 잘 알게 해주는 『훈몽자회』 같은 책을 가르쳐라. 이런 교재를 통해 풍부한 상식을 얻고 식견을 넓힐 수 있다.

여섯 째, 습자서를 가르쳐서 글자를 구체적이고 확실하게 익히게 한다. 그렇게 하여야 모든 경서와 사서에 막힘없이 통하게 되는 것이다.

그리고 학동의 심리를 잘 살펴서 효과있는 교수법도 고민하였는데, 엄하게 단속하지 말고, 너무 너그럽게 놓아 두어서도 안 되며, 적절하게 조종하고, 재주가 있더라도 지나치게 칭찬하지 말고, 실없이 함부로 농담하지 말며, 좋고 그른 것을 분명히 하여 나쁜 것에 물들지 않게 했다.

4. 교육적 의의

옛 서당의 교육방법은 당시 세계관 속에서는 상당히 과학적인 듯하다. 특히, 교육방법적인 측면에서만 본다면, ① 학습량을 적당하게 하여 암송하는 방법, ② 배운 내용에 대한 완전 학습,③ 수준별 개별교육, ④ 적절한 상벌제도, ⑤ 암송에서의 몸동작, ⑥ 강독을 통한 평가, ⑦ 도덕과 예법 지도 등으로 요약할 수 있다. 이를 다시 정리하면 교재의 수준은 학동의 능력을 감안하여 쉽고 알만한 것을 제공하며, 훈장은 강독을 통해 문제를 다 풀어주지 않고 학동이 스스로 사고하여 풀게 하고, 풀이한 것이 맞지 않으면 두 번 세 번 거듭 풀게 하고, 학동의 능력을 고려하여 많은 양을 가르치지 말며, 능력보다 적은 양을 가르쳐 부담감과 싫증을 내지 않게 하고, 공부하기를 싫어하고 스스로 생각하지 않으면 다양한 벌칙을 통해 마음을 다잡게 해주었다. 벌칙으로는 당번 근무를 서게 하거나 실외에 서게 하기, 청소, 나머지 공부, 달초(撻楚; 회초리) 등이 있다.

이는 현대교육의 측면에서 다음과 같은 의의와 가치를 담고 있다(김경수, 1988).

첫째, 학문 전수의 기능이다. 서당에서 학동들은 암송을 통해, 그리고 서당의 전반적인 생활을 통해 배움의 의미를 구체적으로 인식하고 그것을 후세에 전하는 토대를 닦았다.

둘째, 조기교육의 실행이다. 서당은 아주 어린아이에서부터 20세, 심지어는 40세가 넘은 어른에 이르기까지 다양한 구성인자가 있었다. 무학년제 학급이랄까? 더구나 학동들에게 부과되는 대부분의 문장 학습은 언어교육을 겸하고 있었다. 이는 서당교육이 글과 말을 어릴 때부터 익히는 조기교육의 한 사례임을 보여준다.

셋째, 전인교육의 실천이다. 전인교육은 지·덕·체육을 총괄하는 단순한 지식의 전달만이 아니라 인간의 바탕을 이루는 인격의 함양을 위한 교육이다. 앞에서 살펴 본 것처럼 서당교육은 암송을 비롯하여 서당의 전 생활이 인간의 온전한 삶을 위해 조직되어 있다. 이는 유학의 최종 목표인 천인합일(天人合一)의 경지, 즉 성인으로 가는 길과도 통하며, 서당의 생활 자체가 하나의 수양과정으로서 전인교육을 실천하고 있음을 알 수 있다.

넷째, 개인별 수준교육이다. 서당은 철저한 개인교육이었다. 능력에 따라 진도를 달리하고 익히지 못하면 진도를 나가지 않았다. 훈장－접장－생도로 이어지는 계통을 통해 개인별로 능력에 맞게 서당생활이 진행되었다. 그래서 항상 제각기 다른 진도에 따라 서로 다른 글 읽는 소리로 시끄러웠다.

다섯 째, 깨달음의 교육이다. 즉 훈장은 모든 것을 가르쳐 주지 않는다. 강독은 한 두 번으로 족하다. 그 이후 학동은 스스로 암송을 통해 문리를 터득하며 대의를 깨우쳐 가야 한다. 그것이 서당 학습의 기본 원칙이었다.

여섯째, 평생교육의 훈련 기능을 지니고 있다. 암송은 서당의 주요한 학습의 원천이었다. 이는 자신을 수양하는 도구로써 선비들이 평생동안 사용한 공부방법이다. 그래서 「맹자」를 삼 천 번 읽었다느니 「주역」을 몇 천 번 읽었다는 얘기가 나온다. 이런 평생교육은 서당에서의 수련의 결과일 것이다.

III. 현대성

1. 서당교육과 현대 의무교육

시대는 변했다. 서당이 학교로서 기능하던 시대에는 상상도 못하던 일들이 벌어졌다. 산업 '혁명(革命)'이라고 명명하듯, 그 이후 인간은 자기 존재의 파멸을 너무나 뼈저리게 경험하고 있다. 그리고 지금까지 우리가 논의한 의미의 서당은 현재 이땅에는 없는 듯하다. 꼭 존재해야만 한다는 필연성도 없다. 즉 서당은 죽었다.

제도교육은 근대국가가 교육을 의무적으로, 혹은 강제적으로 담당하면서부터 급격히 발전했다. 제도교육, 공교육은 지금 우리 교육의 대부분이다. 우리는 그것을 부정할 수 없다. 공교육은 그만큼 우리의 삶에 기여했다. 한편 그만큼 부정적인 측면도 많이 낳았다. 그런데 왜 여기 이땅에서 서당을 거론하는가? 한 마디로 대답한다면 교육 전통의 회복을 위해서이다.

2. 전통교육

전통은 문자 그대로 보면, '계통을 이어받아 전해 내려오는 것'이며 '후세 사람들이 답습하여 존중하는 과거의 풍습·습관·도덕·양식' 등을 말한다. 과거─현재─미래라는 시간의 구조로 볼 때, 전통은 절대 과거에 머물러 있는 삶의 양식이 아니며, 현재에 살아있고, 미래로 나아가는 힘을 지닌 것이다(에드워드 쉴즈, 1992). 전통은 절대 옛날, 혹은 과거가 아니다. 살아있는 현재이다. 아니 현재이어야 한다.

'서당교육'은 계통을 이어받아 오늘날 전해지지는 않았다. 그러므로 교육 전통이 아니다. 그러나 나는 그 속에 담긴 정신을 존중한다. 이런 점에서는 서당교육의 방법적 양식들은 하나의 교육전통이다. 그래서 지금 현대국가의 거대한 제도교육의 가장자리에서 서당교육의 방법을 논의해 본 것이다. 어떤 형식으로 그 전통의 회복이 가능한가?

3. 길

아마, 아주 오랫 동안 교육은 지금의 제도교육을 다양하게 보완하는 차원으로 자기의 길을 갈 것이다. 그리고 더욱더 세련된 교육방법론들이 등장할 것이고 적용될 것이다. 사회의 변화 속도에 따라 진행될 것이다. 그것은 그렇게 예견되는 길이다. 그렇다고 반드시 정도(正道)인 것은 아니다.

서당교육은 과거처럼 이루어질 수 없다. 서당교육은 한문을 주축으로 이루어졌고, 한문 중심의 사고는 우리 시대의 몫이 아니라 우리 선조들의 삶이었다. 우리는 그 영향을 상당부분 받고 있을 뿐이다. 그리고 우리는 한글을 쓰고 있다. 우리는 한글로 사고한다. 서당교육은 앞에서 말한 전통이라는 측면에서 한 자리를 차지할 수 있을 뿐이다. 즉 현대교육이 나아가지 못한 부분에서 새로운 차원을 열어갈 수 있는 정신 경지를 제공한다. 단지 그것에서 시작해야만 한다.

서당교육의 전통을 잇는 방법은 다양하다. 현재 학교교육 내에서 서당교육의 방법을 부분적으로 적용할 수도 있고, 방과 후 활동의 하나로 서당식 교육을 채택할 수 있다. 또 옛날처럼 전일제로 공부할 수는 없을지라도 방과 후나 시간이 날 때마다 뜻있는 사람이 훈장 노릇을 하며 마을 단위로 열 수 있다. 이는 일상생활에서 자연스럽게 행해지는 것이지 일상과 동떨어진 '수련회' 차원이 아니다. 물론 이때의 교육내용은 한문으로 사고하는 방법만을 써서는 안 된다. 이런 점에서 현대식 서당은 다양한 차원에서 검토될 수 있다. 중요한 것은 전통 서당의 교육방법을 중심에 놓고 사고해야 한다는 점이다.

다시 확인하면, 현대 이 시점에서 서당교육의 유의미성은 앞에서 열거했던 것 이상이다. 우리가 언제 손짓 발짓 입짓을 통한 몸짓을 하며 공부해보았던가? 언제 놀이를 통한 공부를 해보았던가? 자연스레 예의를 몸에 익혔던가? 근대 이후, 교육은 항상 '과학'이라는 미명 하에 수량화와 계량화, 그리고 기계적 인간관을 강요했다. 서당의 정신 경지, 교육 전통은 바로 이에 대한 유기체적 인간관의 회복이다. 교육으로 죽은 인간을 교육으로 살리려는 전통의 건설적 회귀이다.

참고문헌

본 QR코드를 스캔하시면, '한국교육사의 통합적 이해'의 참고문헌을
참고하실 수 있습니다.

찾아보기

ㅊ

저자 약력

신창호(申昌鎬)_이메일: sudang@korea.ac.kr

고려대학교 문학사(교육학, 철학)
한국학중앙연구원 문학석사(철학)
고려대학교 교육학박사(Ph.D, 한국교육철학)
한국고전교육원 교수
현 고려대학교 사범대학 교육학과 교수

주요 저서
『대학』 유교의 지도자 교육철학(2010, 교육과학사)
유교의 교육학 체계(2012, 고려대학교출판부)
교육과 학습(2012, 온고지신)
배려와 학습(2013, 박영사)
교육학개론(2014, 박영스토리)
한글논어(2014, 판미동) 외 다수

한국교육사의 통합적 이해

초판인쇄	2014년 8월 8일
초판발행	2014년 8월 18일
지은이	신창호
펴낸이	안상준
편 집	김선민 · 김효선
기획/마케팅	서원주
표지디자인	홍실비아
제 작	우인도 · 고철민
펴낸곳	㈜박영story
	서울특별시 금천구 가산디지털2로 53
	등록 2014. 2. 12. 제2014-000009호
전 화	02)733-6771
f a x	02)736-4818
e-mail	pys@pybook.co.kr
homepage	www.pybook.co.kr
ISBN	979-11-85754-28-4 93900

정 가   18,000원